商务大数据基础

主　编　张劲松　马建军
副主编　刘　阳　陈　旭
　　　　于　琪　王相成

科学出版社

北　京

内 容 简 介

随着信息技术的快速发展，基于大数据的智能分析已应用于许多领域，世界也变得越来越智能化。大数据分析技术的应用领域的不断扩展，不仅改变了传统的商业模式，而且推动了经济全球化与社会变革。本书编写的目的是向新商科专业学生普及商务大数据分析的基础理论和知识，主要包括三部分内容：商务大数据的基础理论、基于流程的商务大数据分析、企业大数据应用案例。教材的编写注重理论与实践相结合，同时将业财融合、产教融合的思想融入内容中，引导学生理解商务大数据技术和理论，使其成为懂数据、会分析的复合应用型技术人才。教材介绍了企业商务大数据应用的综合案例，基于仿真平台使学生转换学习场景，引导学生掌握商务大数据理论与实务的企业实践应用的技能。

本书既可以作为高等院校新商科专业本科生、研究生和 MBA、MPAcc 学员学习之用，也适合作为企业管理人员在职学习的参考用书。

图书在版编目（CIP）数据

商务大数据基础/张劲松，马建军主编. —北京：科学出版社，2021.12
ISBN 978-7-03-070650-8

Ⅰ. ①商… Ⅱ. ①张… ②马… Ⅲ. ①商业统计–统计数据
Ⅳ. ①F712.3

中国版本图书馆 CIP 数据核字（2021）第 232043 号

责任编辑：王京苏 / 责任校对：王晓茜
责任印制：赵 博 / 封面设计：蓝正设计

科 学 出 版 社 出版

北京东黄城根北街 16 号
邮政编码：100717
http://www.sciencep.com

三河市骏杰印刷有限公司印刷
科学出版社发行 各地新华书店经销
*

2021年12月第 一 版 开本：787×1092 1/16
2024年 7 月第三次印刷 印张：10 1/2
字数：249 000

定价：**68. 00 元**
（如有印装质量问题，我社负责调换）

前　言

2020 年 8 月 21 日，国务院国有资产监督管理委员会发布《关于加快推进国有企业数字化转型工作的通知》，全面部署企业数字化转型工作，数字化转型成为企业"十四五"规划的重要战略。企业数字化转型就是将生产、管理、销售各环节与云计算、互联网、大数据相结合，促进企业研发设计、生产加工、经营管理、销售服务等业务数字化转型，催生新业态、新模式。而其中大数据是所有应用的基础，大数据可用于描述在信息时代，数据的爆发性增长和数据价值的可利用性。数据将是未来企业的核心竞争力，商务大数据分析已经成为当今企业获取竞争力的重要源泉。

哈尔滨商业大学和山东浪潮铸远教育科技有限公司为顺应时代的发展变化，积极进行校企产学研合作，开创性地探索商务大数据分析的高等教育合作工作。双方发挥各自领域的核心优势，组织编写了国内首部商务大数据分析基础教材，以期改变目前的教材空白局面。参与编撰的专家不仅包括国内外财务领域、计算机领域知名的教授，还包括实务界的专家及企业大数据工程建设者和管理者。积极探索产教融合、校企合作，既保证了商务大数据基础理论的前沿性和专业性，又保证了商务大数据分析实务的操作性和实用性。

本书着眼于为大学本科生提供关于商务大数据的基本知识体系，基于数字经济、大数据与商业模式创新，介绍了商务大数据理论基础、商务大数据的获取和存储及商务大数据分析，最后以 W 集团商务大数据应用案例展示商务大数据基础理论的企业应用。

目前，商务大数据分析仍然是一门年轻的学科，正处在不断发展变化之中，其理论框架和内容有待进一步丰富和完善。本书由哈尔滨商业大学会计学院院长、博士生导师张劲松教授和山东浪潮铸远教育科技有限公司总经理、中国高校共享财务专业委员会秘书长马建军任主编，负责全书内容结构和章节体系设计。哈尔滨商业大学会计学院副教授刘阳、陈旭，山东浪潮铸远教育科技有限公司研发部经理于琪、浪潮集团大数据产品部总经理王相成任副主编，协助主编工作。本书前言和第一章由张劲松执笔，第二、三章由刘阳执笔，第四、五章由陈旭执笔，第六章由马建军、于琪、王相成执笔。最后由张劲松、马建军对全书进行总纂定稿。山东浪潮铸远教育科技有限公司教师发展研究院副院长秦丽、研发部经理于琪，山东能源临沂矿业集团有限公司大数据中心崔希国主任、财务部部长赵治国、大数据分析室会计师张琦参与了本书资料、数据的收集整理工作，付出了艰辛的劳动。

由于编写时间仓促，加之水平所限，如有任何疏漏，希望得到国内外同行、专家的批评和指正，并提出宝贵意见。

编　者
2021 年 11 月

前 言

目　　录

第一章

商务大数据概论

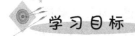

学习目标

随着数字化商业的迅速发展，大数据在商务领域的应用日益广泛。大数据对企业商业模式产生了重要影响，主要是转变了企业发展面临的内外部环境、加大了企业的竞争压力、为商业模式创新创造了新的契机。通过本章的学习，需要了解西方发达国家大数据发展战略的异同，重点掌握大数据技术对商业模式产生的影响、基于大数据的典型商业模式，理解推进商务大数据发展的主要保障措施。

第一节　数字经济与大数据国家战略

一、数据科学与数字经济

（一）数据科学

随着信息技术的发展，世界变得越来越智能化。基于数据的智能分析已应用于许多领域，通过模型分析可以解释经济社会行为与活动。为此，许多科学方法在实践中都涉猎了数据科学领域。数据科学是数据推理和算法设计的多学科融合，以分析的方式解决复杂的问题。"分析科学"在技术上被称为"分析学"，换句话说，它是对信息进行及时分析，并提出有价值的决策。一个组织如果打算通过数据驱动来扩展和增强业务，那么数据科学就是一个秘密武器。将数字商业和数据科学的分析原理与商业实践和大数据相结合，为工程与技术和企业管理等主要学科之间提供了一个接口。

数据科学可以简单定义为从数据中提取有用知识的一系列技能和技术。数据科学涉及三个不同领域的交叉与融合：数学（代数、微积分等）和统计学领域；数据领域（特定领域的知识，如医疗、金融、工业等）；编程领域（语言知识、语言库、设计模式、体系结构等）。这些领域相互融合共同构成了数据科学定义中的技能和技术。它们包括获取数据、数据清理、数据分析、创建假设、算法、机器学习、优化、结果可视化等。

数据科学汇集了这些领域和技能，支持和改进了从原始数据中提取见解和知识的过程。什么是"有用的知识"？就是具有某种价值、可以回答或解决现实世界中问题的知识。数据科学也可以定义为：研究应用数据处理和分析方面的进展，为我们提供解决方法和答案的领域。

（二）数字经济

当今世界，科技革命和产业变革日新月异，数字经济蓬勃发展，深刻改变着人类生产生活方式，对各国经济社会发展、全球治理体系、人类文明进程产生了深远影响。"数字科技"作为新时代大数据和现代科技结合的新技术、新思维，在实践中支撑了数字经济的发展，而数字经济正在成为引领经济增长和经济结构优化的新动能，推动中国经济迈向高质量发展的新时代。相比工业经济，数字经济以信息网络作为基础设施，以平台应用作为生产工具，以数据作为基本生产要素，其发展对地理、资源、环境依赖度更小，更加符合新发展理念的要求。但从数字经济自身发展而言，随着信息技术不断创新、监管治理能力提升，数字经济发展也是一个提档升级、不断向高质量发展迈进的过程。

随着产业数字化进程提速，数字经济与传统产业加速融合。"十三五"时期，我国数字经济实现跨越式发展，数字经济总量跃上新台阶，数字产业化基础更加坚实。2020年上半年，我国规模以上互联网和相关服务企业完成业务收入 5907 亿元，同比增长14.1%。截至 2020 年 6 月，我国电商直播、短视频及网络购物用户规模较 3 月增长均超过 5%，电商直播用户规模达 3.09 亿，较 3 月增长 4430 万，规模增速达 16.7%，成为上半年增长最快的个人互联网应用，为促进传统产业转型提供了积极助力。网络零售用户规模达 7.49 亿，占网民整体的 79.7%。

二、数字中国的起源与发展

（一）数字中国的建设与展望

2015 年 9 月 5 日，国务院印发《促进大数据发展行动纲要》，纲要系统地部署大数据发展工作。信息技术与经济社会的交汇融合引发了数据迅猛增长，数据已成为国家基础性战略资源。坚持创新驱动发展，加快大数据部署，深化大数据应用，已成为稳增长、促改革、调结构、惠民生和推动政府治理能力现代化的内在需要和必然选择。

全球范围内，运用大数据推动经济发展、完善社会治理、提升政府服务和监管能力正成为趋势，有关发达国家相继制定实施大数据战略性文件，大力推动大数据发展和应用。大数据推动社会与经济的进步，主要体现在以下三个方面：大数据成为推动经济转型发展的新动力；大数据成为重塑国家竞争优势的新机遇；大数据成为提升政府治理能力的新途径。

《促进大数据发展行动纲要》中提出三方面主要任务。第一，加快政府数据开放共享，推动资源整合，提升治理能力。其中包括若干重大工程：政府数据资源共享开放工程；国家大数据资源统筹发展工程；政府治理大数据工程；公共服务大数据工程。第二，推动产业创新发展，培育新兴业态，助力经济转型。其中包括若干重大工程：工业和新兴产业大数据工程；现代农业大数据工程；万众创新大数据工程；大数据关键技术及产

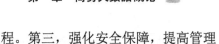

品研发与产业化工程；大数据产业支撑能力提升工程。第三，强化安全保障，提高管理水平，促进健康发展。采取的措施包括：健全大数据安全保障体系，强化安全支撑。其中包括若干重大工程：网络和大数据安全保障工程。

（二）大数据发展行动确定的主要任务

1. 加快政府数据开放共享，推动资源整合，提升治理能力

（1）大力推动政府部门数据共享。加强顶层设计和统筹规划，明确各部门数据共享的范围边界和使用方式，厘清各部门数据管理及共享的义务和权利，依托政府数据统一共享交换平台，大力推进国家基础数据资源，以及国家信息系统跨部门、跨区域共享。

（2）稳步推动公共数据资源开放。在依法加强安全保障和隐私保护的前提下，稳步推动公共数据资源开放。推动建立政府部门和事业单位等公共机构数据资源清单，按照"增量先行"的方式，加强对政府部门数据的国家统筹管理，加快建设国家政府数据统一开放平台。

（3）统筹规划大数据基础设施建设。结合国家政务信息化工程建设规划，统筹政务数据资源和社会数据资源，布局国家大数据平台、数据中心等基础设施。

（4）支持宏观调控科学化。建立国家宏观调控数据体系，及时发布有关统计指标和数据，强化互联网数据资源利用和信息服务，加强与政务数据资源的关联分析和融合利用，为政府开展各行业领域运行动态监测、产业安全预测预警以及转变发展方式分析决策提供信息支持，提高宏观调控的科学性、预见性和有效性。

（5）推动政府治理精准化。在企业监管、质量安全、节能降耗、环境保护、食品安全、安全生产、信用体系建设、旅游服务等领域，推动有关政府部门和企事业单位将市场监管、检验检测、违法失信、企业生产经营、销售物流、投诉举报、消费维权等数据进行汇聚整合和关联分析，统一公示企业信用信息，预警企业不正当行为，提升政府决策和风险防范能力，支持加强事中事后监管和服务，提高监管和服务的针对性、有效性。推动改进政府管理和公共治理方式，借助大数据实现政府负面清单、权力清单和责任清单的透明化管理，完善大数据监督和技术反腐体系，促进政府简政放权、依法行政。

（6）推进商事服务便捷化。加快建立公民、法人和其他组织统一社会信用代码制度，依托全国统一的信用信息共享交换平台，建设企业信用信息公示系统和"信用中国"网站。在全面实行工商营业执照、组织机构代码证和税务登记证"三证合一""一照一码"登记制度改革中，积极运用大数据手段，简化办理程序。建立项目并联审批平台，形成网上行政办公系统。鼓励政府部门高效采集、有效整合并充分运用政府数据和社会数据，掌握企业需求，为完善相关政策提供支持。

（7）促进安全保障高效化。加强有关执法部门间的数据流通，在法律许可和确保安全的前提下，加强对社会治理相关领域数据的归集、发掘及关联分析，强化对妥善应对和处理重大突发公共事件的数据支持，提高公共安全保障能力，推动构建智能防控、综合治理的公共安全体系，维护国家安全和社会安定。

2. 推动产业创新发展，培育新兴业态，助力经济转型

（1）发展工业大数据。推动大数据在工业研发设计、生产制造、经营管理、市场营销、售后服务等产品全生命周期、产业链全流程各环节的应用，分析感知用户需求，提升产品附加价值，打造智能工厂。建立面向不同行业、不同环节的工业大数据资源聚合和分析应用平台。抓住互联网跨界融合机遇，促进大数据、物联网、云计算和三维（three dimensional，3D）打印技术、个性化定制等在制造业全产业链集成运用，推动制造模式变革和工业转型升级。

（2）发展新兴产业大数据。大力培育互联网金融、数据服务、数据探矿、数据化学、数据材料、数据制药等新业态，提升相关产业大数据资源的采集获取和分析利用能力，充分发掘数据资源支撑创新的潜力，带动技术研发体系创新、管理方式变革、商业模式创新和产业价值链体系重构，推动跨领域、跨行业的数据融合和协同创新，促进战略性新兴产业发展、服务业创新发展和信息消费扩大，探索形成协同发展的新业态、新模式，培育新的经济增长点。

（3）发展农业农村大数据。构建面向农业农村的综合信息服务体系，为农民生产生活提供综合、高效、便捷的信息服务，缩小城乡数字鸿沟，促进城乡发展一体化。

（4）发展万众创新大数据。适应国家创新驱动发展战略，实施大数据创新行动计划，鼓励企业和公众发掘利用开放数据资源、激发创新创业活力、促进创新链和产业链深度融合、推动大数据发展与科研创新有机结合，形成大数据驱动型的科研创新模式，打通科技创新和经济社会发展之间的通道，推动万众创新、开放创新和联动创新。

（5）推进基础研究和核心技术攻关。围绕数据科学理论体系、大数据计算系统与分析理论、大数据驱动的颠覆性应用模型探索等重大基础研究进行前瞻布局，开展数据科学研究，引导和鼓励在大数据理论、方法及关键应用技术等方面展开探索。

（6）形成大数据产品体系。围绕数据采集、整理、分析、发掘、展现、应用等环节，支持大型通用海量数据存储与管理软件、大数据分析发掘软件、数据可视化软件等软件产品和海量数据存储设备、大数据一体机等硬件产品发展，带动芯片、操作系统等信息技术核心基础产品发展，打造较为健全的大数据产品体系。大力发展与重点行业领域业务流程及数据应用需求深度融合的大数据解决方案。

（7）完善大数据产业链。支持企业开展基于大数据的第三方数据分析发掘服务、技术外包服务和知识流程外包服务。鼓励企业根据数据资源基础和业务特色，积极发展互联网金融和移动金融等新业态。推动大数据与移动互联网、物联网、云计算的深度融合，深化大数据在各行业的创新应用，积极探索创新协作共赢的应用模式和商业模式。

3. 强化安全保障，提高管理水平，促进健康发展

（1）健全大数据安全保障体系。加强大数据环境下的网络安全问题研究和基于大数据的网络安全技术研究，落实信息安全等级保护、风险评估等网络安全制度，建立健全大数据安全保障体系。建立大数据安全评估体系。切实加强关键信息基础设施安全防护，做好大数据平台及服务商的可靠性及安全性评测、应用安全评测、监测预警和风险评估。妥善处理发展创新与保障安全的关系，审慎监管，保护创新，探索完善安全保密管理规范措施，切实保障数据安全。

（2）强化安全支撑。采用安全可信产品和服务，提升基础设施关键设备安全可靠水平。建设国家网络安全信息汇聚共享和关联分析平台，促进网络安全相关数据融合和资源合理分配，提升重大网络安全事件应急处理能力；深化网络安全防护体系和态势感知能力建设，增强网络空间安全防护和安全事件识别能力。开展安全监测和预警通报工作，加强大数据环境下防攻击、防泄露、防窃取的监测、预警、控制和应急处置能力建设。

三、西方发达国家的大数据发展战略

当前，大数据所蕴含的战略价值已经引起多数发达国家政府重视，相继出台大数据战略规划和配套法规以促进大数据应用与发展。在政府大数据战略部署和政策推动下，发达国家的政府部门、企业、高校及研究机构都开始积极探索大数据应用。为抢占先机，取得大数据领域的国际竞争优势，各国都制订了大数据战略规划，将大数据应用上升为国家战略。

（一）美国大数据战略规划

2011 年美国总统科技顾问委员会提出建议，认为大数据具有重要战略意义，但联邦政府在大数据相关技术方面的投资不足。作为回应，美国白宫科技政策办公室建立了大数据高级监督组以协调和扩大政府对该重要领域的投资，并牵头编制了《大数据研究与发展计划》（以下简称《计划》）。2012 年 3 月 29 日，《计划》正式对外发布，标志着美国率先将大数据上升为国家战略。

《计划》旨在大力提升美国从海量复杂的数据集合中获取知识和洞见的能力。具体实现三个目标：①开发能对大量数据进行收集、存储、维护、管理、分析和共享的先进的核心技术；②利用这些技术加快科学和工程学领域探索发现的步伐，加强国家安全，转变现有的教学方式；③扩大从事大数据技术开发和应用的人员数量。

第一波纳入《计划》的联邦政府部门主要有：国家科学基金会、国家卫生研究院、能源部、国防部、国防部高级研究计划局、地质勘探局。六大部门合计投资两亿多美元，以促进大数据相关研发。大数据发展不能仅靠政府努力，因此《计划》还鼓励相关产业、大学和研究机构、非营利机构与政府一起努力，共享大数据提供的机遇。

（二）澳大利亚大数据战略规划

2012 年 10 月，澳大利亚政府发布《澳大利亚公共服务信息与通信技术战略 2012—2015》，强调应增强政府机构的数据分析能力从而促进更好的服务传递和更科学的政策制定，并将制定一份大数据战略确定为战略执行计划之一。2013 年 2 月，澳大利亚政府信息管理办公室成立了跨部门工作组——"大数据工作组"，启动了《公共服务大数据战略》（以下简称《战略》）制定工作，并于 2013 年 8 月正式对外发布。

《战略》以六条"大数据原则"为指导，旨在推动公共部门利用大数据分析进行服务改革，制定更好的公共政策，保护公民隐私，使澳大利亚在该领域跻身全球领先水平。这六条大数据原则分别为：数据是一种国家资产；数据共享和大数据项目开发过程中严保用户隐私；数据完整和过程透明；政府部门间以及政府与产业间应共享技术、资源和能力；与产业和学术界广泛合作；加强政府数据开放。《战略》还决定成立数据分析卓越中心，该中心将通过构建一个通用的能力框架帮助政府部门获得数据分析能力，并促成政府与第三方机构合作以培养分析技术专家。《战略》列举了 2014 年 7 月前需完成的

6 项大数据行动计划，分别为：制定信息资产登记簿；跟踪大数据分析的技术发展；制定大数据最佳实践指南；总结明确大数据分析面临的各种障碍；强化大数据分析的相关技术和经验；制定数据分析指南。具体工作将由大数据工作组与数据分析卓越中心共同协作完成。

（三）英国大数据战略规划

2013 年 10 月 31 日，英国发布《把握数据带来的机遇：英国数据能力战略》。该战略由英国商业、创新与技能部牵头编制。战略旨在促进信息经济条件下，英国在数据挖掘和价值萃取中的世界领先地位，为英国公民、企业、学术机构和公共部门创造更多收益。为实现上述目标，战略从强化数据分析技术、加强国家基础设施建设、推动研究与产研合作、确保数据被安全存取和共享等几个方面做出了部署，并做出 11 项明确的行动承诺，确保战略目标真正得以落地。

（四）法国大数据战略规划

为抓住大数据发展机遇，促进本国大数据领域的发展，以便在经济社会发展中占据主动权，2013 年 2 月，法国政府发布了《数字化路线图》，宣布将投入 1.5 亿欧元大力支持 5 项战略性高新技术，而大数据就是其中一项。2013 年 7 月 4 日，法国中小企业、创新和数字经济部发布了《法国政府大数据五项支持计划》，包括引进数据科学家教育项目；设立一个技术中心给予新兴企业各类数据库和网络文档存取权；通过为大数据设立一个全新的原始资本，促进创新；在交通、医疗卫生等纵向行业领域设立大数据旗舰项目；为大数据应用建立良好的生态环境，如在法国和欧盟层面建立用于交流的各类社会网络等。

四、各国的大数据战略规划比较分析

（一）共同点

1. 战略目标基本相同

均旨在通过国家性战略规划推动本国大数据技术研发、产业发展和相关行业的推广应用，确保本国在大数据时代的领先地位。

2. 战略规划均具有明确的行动计划和重点扶持项目

例如，美国大数据战略明确阐明了政府拟重点发展的领域和相关项目，特别指明了相应的资金支持；法国为本国的大数据发展制定了五步骤的支持项目；澳大利亚具体地列举了一年内的大数据行动计划和具体时间节点；英国更具体规定了 11 项政府将采取的行动承诺。

3. 战略规划指定了明确的管理机构和执行机构

美国由白宫科技政策办公室牵头建立了大数据高级监督组，通过协调和扩大政府对大数据的投资，提供合作机遇，促进核心技术研发和劳动力发展等工作以促进大数据战略目标的实现。澳大利亚设立跨部门大数据工作组负责战略落地，同时配备专门的支撑机构从技术、研究等角度为大数据工作组提供支撑。英国战略分别针对技术能力、基础设施和软硬件建设、推进合作、数据开放与共享等角度指定具体的负责机构，同时，由数字经济委员会负责根据战略进一步制定战略具体实施路径。

（二）差异点

1. 战略规划的推动路径略有差异

美国重在"以点带面"，通过公布重要部门的大数据项目规划，扶持重要领域的大数据技术研发，进一步带动其他部门和社会各界对大数据技术的研发和推广应用。澳大利亚重在"方法指导"，通过设定大数据原则指导各部门正确应用大数据，同时注重技术跟踪、指南制定。英国政府和法国强调政府"铺路打基础"的作用，阐明政府在人才培养、基础设施建设、资金扶持、项目规划、合作环境搭建中的基础保障作用。

2. 战略制定机构不同

战略规划推动路径的差异一定程度上也与政策制定机构不同相关，美国、澳大利亚的战略制定机构主要是科学技术相关部门。美国白宫科技政策办公室是美国的高级科技咨询机构，该办公室主任被任命为总统科技顾问。澳大利亚政府信息管理办公室职责是就信息与通信技术（information and communication technology，ICT）投资管理、工程实施、ICT政策执行为澳大利亚政府及其机构提供建议，指导政府应用信息技术为公众提供更好的服务、提升自身运作效率。而英国和法国的战略制定机构则是与经济发展相关的部门，制定大数据战略旨在充分挖掘大数据对生产、经济发展的重要作用。

第二节 大数据时代的数字化商业

一、数字化商业的影响因素

（一）大数据发展的技术前提

促进大数据发展的技术前提主要有三个。

一是计算机存储能力的提升，存储成本的下降。1965年，英特尔创始人之一戈登·摩尔提出了著名的摩尔定律。该定律表明，当价格不变时，集成电路可容纳元器件的数目每隔18~24个月便会增加一倍，性能也将提升一倍。以物理存储器为例，其性能不断提升，同时价格不断下降。例如，1955年IBM推出的第一款商用硬盘存储器，1兆字节的存储量需6000多美元；到2010年，同样1兆字节的存储量只需要0.005美分，性能也得到极大提升，一根头发大小的地方就能放上万个晶体管，即更小的空间和能耗可以存储更多的数据。由此可见，存储器的价格和性能发生了巨大的变化，人们可以利用非常低廉的成本保存海量的数据。同时，由于商业模式的更新，集中建设数据中心大大地降低了单位计算和存储成本。因此，存储能力的提升和存储成本的下降为大数据的发展夯实了基础。

二是随着物联网和互联网技术的发展，数据的产生能力在增强。物联网技术诞生之后，越来越多的机器开始配备传感器，传感器可以感知和传输这些不断产生的数据，如智能家居设备可以产生用户的室温变化数据。移动互联网出现后，移动设备的传感器收集了大量的用户数据，如智能手环可以记录用户运动数据、生理数据等。同时，还有大型科学设备源源不断地产生大量的科学实验数据，如大型粒子对撞机一次实验会产生 PB（Petabyte，拍字节）级别的数据。另外，由于社交媒体和"互联网＋"的发展，人类在互联网上产生的数据越来越多。大数据时代，人人都是数据的生产者，每个用户都是一个独立的信息系统，不断地制造数据、沉淀数据，并最终引起了人类历史上最大规模的数据爆炸。

三是随着云计算的诞生和发展，人们处理数据的能力在增强。数据的处理离不开计算，没有云计算的诞生，就不可能有大数据。因此，理解大数据必须从云计算说起。云计算是人类处理数据能力的一次重大革命，这种新型的数据计算方法具有几种重要的特征。首先是计算体系规模庞大。云计算一般由数量惊人的计算机群构成，如 Google 云计算拥有的服务器超过 100 万台。其次是计算成本低廉。企业不必自建费用高昂的数据中心，只需要付出较少的采购费用，即可享受云服务商提供的专业而强大的计算能力。再者是计算服务具有按需分配和伸缩扩展的优点。云计算系统是一个极其庞大的资源池，用户可以随时、随地、按需灵活地购买，就像购买煤气和自来水一样便利。普通人只要打开笔记本，就可以享受以往只有少数科学家才能拥有的超大规模计算能力。

大数据革命是云计算突破的必然产物。云计算甚至可以让普通用户体验每秒 10 万亿次的运算能力，有了如此强大的运算能力，模拟核爆炸、预测气候演变、实现基因测序都不再困难。随着云计算采集的数据越来越多，存储的数据规模越来越大，分析数据的能力越来越强，人们开始思考海量数据中可能隐含着以往未被发掘出来的价值。大数据这个全新的概念在此过程中也渐渐成型，并引起全社会的重视。

（二）大数据与经济社会变革

随着大数据技术的普及，大数据技术的应用领域也在不断扩展。从开始在互联网、金融及健康领域的应用，发展到在城市、企业和工业等方面的应用，未来的大数据必将还会应用到社会治理和民生等其他领域。大数据推动了全球化的深化与社会变革，并彻底改变了传统的商业模式。

1. 大数据技术推动经济的创新式发展

在信息社会，数据高速增长并成为一种十分重要的生产资料，经济价值也越发突出，促使大数据技术不断影响生产技术和生产效率，不断对经济发展模式产生影响，为经济、产业的创新式发展提供了更多的可能。例如，电子商务零售行业，企业通过对消费者的网络行为记录进行分析，可以准确预测消费者的消费行为、消费心理等极具价值的信息，并推送相应的产品或服务；在电信领域，大数据技术可实现对用户习惯的分析，促使运营商有针对性地制订市场营销计划或者开发出更多全新的商业模式和服务。

2. 大数据技术为民生建设提供支持

大数据技术已成为改变社会民生的重要技术支撑。在医疗卫生、食品安全、教育、交通等民生领域，大数据推动着资源交互共享、服务一体化进程，深刻改变了城市居民的生活。例如，在医疗卫生领域，通过建设全民医疗健康公共服务平台、电子诊断档案库等，形成医疗健康大数据资源，可以支撑在线医疗、引导个性化健康服务；在食品安全领域，针对食品安全和管理的需求，利用大数据技术可建立食品安全风险监测平台，专业负责食品安全大数据的收集、整合、分析与共享，以及时分析、跟踪、检测和评估食品安全状况；在教育领域，大数据可以分析微观、个体学生状况，用于调整教育行为与实现个性化教育。

3. 大数据技术帮助政府提高治理水平和决策效率

大数据使共享成为可能。政府既有数据库，又可以实现高效互联互通，可以极大地提高政府各部门间的协同办公能力，提高为民办事的效率，大幅降低政府管理成本。最重要的是大数据为政府决策提供了有力的支持，不断地推动智慧城市向更加智慧、更加科学、更加高效的目标迈进。通过大数据可以提升预测和决策的效率，大幅度改善其速度和精确度，提高危机应对的能力和公共服务水平。

4. 大数据技术使公共管理更加科学合理

大数据在公共事务管理中也发挥着越来越重要的作用。例如，人口聚集给城市带来了交通、医疗、建筑等各方面的压力，需要城市管理者更合理地进行资源布局和调配，它需要借助大数据工具来完成。通过运用大数据，可以降低医疗成本，同时提高医疗质量。在城市安防管理方面，当前包括火灾预防、保险、流行病控制、公共场所管理等，都有大数据的成功运营范例。而未来随着大数据技术的发展，基于大数据的城市管理毫无疑问将成为一种常态。

二、大数据促进数字化商业运行

（一）数据科技带动经济高速发展

1. 政策先行

2019 年政府工作报告明确指出，深化大数据、人工智能等研发应用，培育新一代信息技术、高端装备、生物医药、新能源汽车、新材料等新兴产业集群，壮大数字经济。发展数字经济，对深化供给侧结构性改革，推动新旧动能接续转换，实现高质量发展，意义重大。

2. 数据科技的发展阶段

随着数据价值在社会生活中充分流通，以大数据、人工智能、物联网、区块链等为代表的新时代数字科技在中国蓬勃发展，中国商业的新业态、新模式发展得很快。

（1）第一阶段。20 世纪 80 年代，个人计算机的普及应用催生了第一次信息化浪潮的到来。这一阶段可总结为以单机应用为主要特征的数字化阶段。在这次浪潮中，数字化办公和计算机信息管理系统取代了纯手工处理，人们第一次体会到科技进步带来的巨大改变。

（2）第二阶段。从 20 世纪 90 年代中后期开始，互联网开始了大规模商用进程，国民经济进入到以互联网应用为主要特征的网络化阶段。通过互联网实现了高效连接，信息交互、业务协同的规模得到空前拓展，空间上的距离不再成为制约沟通和协作的障碍，中国经济社会开启了在信息空间中的数字化生存方式。可以说，互联网快速发展及延伸，加速了数据的流通与汇聚，促使数据资源体量指数式增长，数据呈现出海量、多样、时效、低价值密度等一系列特征。

（3）第三阶段。从 21 世纪初开始，科技发展浪潮扑面而来，以数字科技为代表的一系列信息技术手段正在开启以数据的深度挖掘和融合应用为主要特征的智能化阶段，这是我们发展数字经济、建设数字中国的大背景。数据的海量产生、数据源的不断丰富、算力的快速提升，共同推动了数字科技驱动的智能应用快速兴起。数字科技通过对数据的深度挖掘与融合，帮助个人和企业两端采用新的视角和新的手段，全方位、全视角展现事物的演化历史和当前状态，归纳事物发展的内在规律，预测事物的未来状态，从而为决策提供最佳选项。

当前大数据理论和技术虽然还未成熟，数字科技发展也处于初级阶段，但是，汇聚和挖掘数据资源，开发和释放数据蕴藏的巨大价值，已经成为信息化新阶段的共识。随着数据价值的进一步发掘，尤其是在产业发展和民生改善领域的不断融合，将催生数字经济大量释放外溢效应，未来 10 到 20 年，中国将进入数字科技带动经济发展的爆发期和黄金期。

3. 数据科技推动数字商业化发展

数字科技不仅是技术的进步，更是思维方式、商业模式、消费模式的革新。数字科技的发展，使得政务民生、工业农业中的大量数据价值被挖掘利用成为可能。人类社会正在进入以数字化生产力为主要标志的全新历史阶段，数字经济是继农业经济、工业经济之后新的经济社会发展形态，对国民经济各部门具有十分广泛的辐射带动效应，对提高我国经济效率、促进经济结构加速转变具有强大的驱动作用。

2018 年，国家信息中心通过对数字经济引领高质量发展的推进路径、存在问题和改进建议进行系统调研，得出了一些建设性的意见。调研发现，各地高度重视数字经济发展，通过大力推进互联网、大数据、人工智能等新技术、新业态与实体经济深度融合，把数字经济作为推进高质量发展的全局之举和"牛鼻子"工程，在以信息化培育新动能、以新动能推动新发展方面探索出了很多成功经验，对推动我国经济质量变革、效率变革、动力变革发挥了重要作用。

（二）大数据在商务领域中的应用

1. 经济大数据

近年来，充分发挥云计算、大数据、人工智能等新技术手段，提高宏观经济运行决策水平，已经成为各界高度共识。从全球范围来看，政府治理模式正在从传统的韦伯模式和新公共管理模式过渡到数字治理模式，其基本特征就是将大数据和数字化技术置于机构层级的核心位置，推动数字化的整体性政府建设，在决策模式上高度强调"使用数据来理解公民，并为政策制定提供依据"。充分发挥大数据技术优势，助力提升国家经济监测预测和宏观调控水平，已经成为大势所趋。国务院 2015 年发布的《促进大数据发展行动纲要》专门指出，建立运行平稳、安全高效的经济运行新机制，实现对经济运行更为准确的监测、分析、预测、预警，提高决策的针对性、科学性和时效性。从研究方法论的视角看，大数据在打通经济学"均衡范式"与"演化范式"、形成宏中微观一体化的经济分析框架，有效衔接经济学艺术（the art of economics）、实证经济学（positive economics）与规范经济学（normative economics）方面具有独特的作用。

2. 金融大数据

金融大数据的应用范围广泛，包括从客户获取到精确营销，从信用评估到风险管控等。以金融业的银行风险管控为例，银行的风险管控主要包括中小企业贷款风险评估、欺诈交易识别等。银行可以通过企业的资产、流通、销售、财务等相关信息结合大数据挖掘方法进行贷款风险分析，量化企业的信用额度，更有效地开展中小企业贷款。同时，在零售业务中，银行可以利用客户的基本信息、交易历史、历史行为模式及正在发生的行为模式，结合智能规则引擎进行实时的交易反欺诈分析。

3. 经营管理大数据

对于企业经营管理者而言，大数据的应用主要包括：大数据应用和企业真实业务场景相结合，让大数据发挥效用；基于云计算、大数据重构企业的商业模式，帮助企业实现"互联网+"转型升级；深入分析企业历史数据，区分数据的价值度，帮助企业实现业务改进，创造新的商业价值。

案例 1-1   智能矿井安全生产大数据分析平台

在加速企业数字化转型方面，某矿业集团通过打造企业大脑，连接设备、连接产品、连接用户、连接开发者，并通过数据的互联互通形成企业大数据，优化企业的生产、运营与决策，形成数据智能，催生新的模式和业态。

智能矿井安全生产大数据分析平台是针对煤矿构建的服务于煤矿安全生产数据深度分析挖掘的软件平台，用于构建和定制面向特定安全生产主题的大数据应用系统，如安全生产动态诊断与决策系统，平台总体数据处理流程框架如图 1-1 所示。

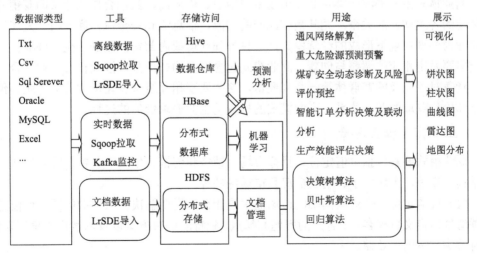

图 1-1 安全生产大数据分析平台的数据处理流程

HDFS 即 Hadoop distributed file system，Hadoop 分布式文件系统

（1）基于智能矿井建设的具体需求，研究设计了大数据集成分析平台的架构、流程和功能，开发了包括安全生产全业务流程的动态诊断系统，为提高决策管理水平奠定了基础。

（2）智能矿井建设的关键技术之一是各生产子系统之间的协同控制，而大数据集成分析平台可以为智能开采提供超前的预警信息，为智能开采系统的稳定可靠运行提供保障。

（3）通过在软件系统平台和技术架构中融入地理信息系统（geographic information system，GIS），可保证大数据分析过程的可视化和分析结果时空位置动态展示的可操作性和实用性。

（4）与大数据集成分析平台相关的软件系统已经在某矿业集团部署上线并稳定运行，同时开始全面推广应用，证明了设计和技术方法的先进性和实用性。

第三节　大数据与商业模式创新

当今社会已进入大数据时代，大数据正在变革我们的生活、工作和思维。自然，大数据也成为商业模式创新的重要驱动力。大数据正以各种方式影响着企业的商业生态，它已经成为商业模式创新的基本要素。大数据能够发现新的商业机会，因此孕育着无限的商业模式创新可能性。大数据对企业商业模式产生的影响，主要是转变了企业发展面临的内外部环境、加大了企业的竞争压力、为商业模式创新创造了新的契机。基于大数据的商业模式创新是一个长期过程，且涉及的问题、因素和结果十分复杂。

一、商业模式的概念、要系及特征

（一）商业模式的概念

商业模式主要关注一类企业在市场中与用户、供应商、其他合作伙伴（即营销的任务环境的各主体）的关系，尤其是彼此间的物流、信息流和资金流。商业模式是在特定的企业内外部环境下形成的经营模式，一旦外部环境或内部资源改变，企业商业模式也必定需要做出相应的调整与创新。商业模式包含许多构成部分，涉及核心企业、合作伙伴、竞争对手以及顾客群体等一系列要素，这些要素相互组合变化形成价值主张、价值创造和价值获取的逻辑体系，商业模式的构成是企业追求价值的过程。

（二）商业模式要素

商业模式要素包括价值定位、目标市场、销售和营销、生产、分销、收入模式、成本结构、竞争、市场大小、增长情况和市场份额等。

（1）价值定位。企业所面临的市场需求是什么，需要解决什么样的问题？价值定位必须清楚地定义目标客户、客户的问题和痛点、独特的解决方案以及从客户的角度来看，这种解决方案的净效益。

（2）目标市场。目标市场是企业打算通过营销来吸引的客户群，并向他们出售产品或服务。这个细分市场应该有具体的人数统计以及购买产品的方式。

（3）销售和营销。如何接触到客户？口头演讲和病毒式营销是目前最流行的方式，但是用来启动一项新业务还是远远不够的，企业在销售渠道和营销提案上要做具体一些。

（4）生产。企业是如何做产品或服务的？常规的做法包括自行制作、外包或直接买现成的部件。生产涉及的关键问题是进入市场的时间和成本。

（5）分销。企业如何销售产品或服务？有些产品和服务可以在网上销售，有些产品需要多层次的分销商、合作伙伴或增值零售商。企业要规划好自己的产品是只在当地销售还是在更广阔的范围内销售。

（6）收入模式。关键是产品和服务如何定价，收入现金流是否能满足所有的支出，包括日常开支和售后支持费用以及目标利润。

（7）成本结构。企业的成本有哪些？新手创业者只关注直接成本，低估了营销和销售成本、日常开支和售后成本。在计算成本时，可以把预估的成本与同类公司发布出来的报告对标一下。

（8）竞争。企业面临多少竞争者？没有竞争者很可能意味着没有市场。有 10 个以上的竞争者表明市场已经饱和。在这里要扩展开来想一想，就像竞争激烈的交通运输业，客户总有选择的机会。

（9）市场大小、增长情况和份额。企业产品的市场有多大？是在增长还是在缩小？能获得多少份额？风险投资寻找项目时要考虑项目所在的市场每年的增长率，市场容量大小，以及企业要有多大的市场占有率等。

（三）成功商业模式的特征

成功的商业模式层出不穷，大数据时代的成功商业模式至少包含以下三个特征。

第一，成功的商业模式要能提供独特价值。有时候这个独特的价值可能是新的思想，而更多的时候，它往往是产品和服务独特特性的组合。这种组合要么可以向客户提供额外的价值，要么使得客户能用更低的价格获得同样的利益，或者用同样的价格获得更多的利益。

第二，商业模式是难以模仿的。企业通过确立自己的与众不同之处，如对客户的悉心照顾、无与伦比的实施能力等，来提高行业的进入门槛，从而保证利润来源不受侵犯。比如，直销模式，人人都知道其如何运作，也都知道戴尔公司是直销的标杆，但很难复制戴尔的模式，原因在于"直销"的背后，是一整套完整的、极难复制的广泛资源和业务流程。

第三，成功的商业模式是脚踏实地的。企业要做到量入为出、收支平衡。这个道理很简单，要想年复一年、日复一日地做到，却并不容易。现实当中的很多企业，不管是传统企业还是新型企业，对于自己的钱从何处赚来，为什么客户看中自己企业的产品和服务，乃至有多少客户实际上不能为企业带来利润反而在侵蚀企业的收入等关键问题，都不甚了解。

二、大数据技术对企业商业模式产生的影响

大数据时代的到来对整个经济社会发展产生了深刻的影响，在新环境下企业原有的

商业模式已经难以为继，因此实现商业模式的创新成为企业考虑的关键问题。

（一）改变企业经营的外部环境和消费模式

随着经济社会的不断发展，企业发展环境一直处于不断变化过程中，因此对企业的内部管理和商业模式创新产生了一定的影响。在大数据时代，信息技术理念和手段对各个行业都产生了重要影响，使得企业发展所面临的内外部环境变化的速度不断加快，外部环境甚至处于瞬息万变的状态，因此传统的商业模式已经难以满足企业发展的需要，实施商业模式创新逐渐成为企业在大数据时代的必然选择。

（二）加大了企业的竞争压力

市场经济的不断发展使得各行业内企业的数量不断增长，市场中出现了供过于求的现象，使得企业面临的竞争压力不断加大，尤其是在大数据的推动下，大型企业对市场的控制能力不断强化，大部分企业面临着巨大的竞争压力，进而对其经营发展模式提出了重要的挑战。所以在竞争压力不断加大的当前，企业商业模式的创新已经成为其进一步获取经营利润、提升竞争优势的关键所在。

（三）为商业模式创新提供了更多契机

企业商业模式的创新必须与时俱进才能发挥其应有的作用，在大数据时代企业可以充分借助现代化信息技术，强化对市场信息的收集、整理和应用，并建立完善的商业模式信息数据库，强化对市场需求的分析，对内经营管理进行有效的控制，以此加速商业模式创新的步伐，减小其创新的风险及损失。所以，从这一角度而言，大数据时代为企业商业模式创新提供了新的契机，能够更好地促进企业发展。

三、基于大数据的典型商业模式分析

大数据驱动的商业模式包含三个基本的分析要素——产品、场景和消费者，围绕三个基本分析要素则存在三种不同的大数据驱动的商业模式：围绕产品的商业模式，即不同的场景和不同的消费者围绕相同的产品，以产品为核心；围绕场景的商业模式，即不同的产品和不同的消费者围绕相同的场景，以场景为核心；围绕消费者的商业模式，即不同的产品和不同的场景围绕相同的消费者，以消费者为核心。目前，这三种模式综合应用于下面几种典型的业务中，如新零售模式创新、制造业商业模式创新、电商商业模式创新。

（一）新零售模式创新

新零售就是基于互联网背景，利用大数据、云计算等新型技术对零售商品的不同领域重塑结构和升级改造，进而打造的全新商业模式生态圈。新零售实质上就是零售本质的回归，其是以大数据驱动为背景依靠泛零售形态和全渠道整合来满足顾客多维一体的综合零售业态。大数据在新零售发展过程中发挥着关键的驱动作用，这也和一些学者提出的"新零售就是依靠数据驱动的商业模式"的观点不谋而合。

当前，中国经济持续稳定发展，带动了社会整体消费总额保持稳定、较快的增长。

其中，网络购物的消费需求趋势越来越明显，对全国零售市场增量的拉动作用日益显著，也带动各类零售企业纷纷加大线上布局。但不可忽视的是，中国仍有85%的实物零售消费来自实体店，线下门店依旧是零售业的核心载体。零售企业需要利用数字技术重塑门店体验，挖掘企业自身数据价值，实现以消费者为中心的智慧零售。

（二）制造业商业模式创新

依据价值主张、价值创造和价值获取的逻辑体系，制造业的商业模式创新主要从下面两个方面开展。

（1）随着制造企业生产模式从大批量生产向小批量、定制化生产的转变，制造企业商业模式要素中客户需求在制造企业商业模式中的作用越发重要。制造企业价值链的重构过程也必须从客户的角度出发，企业只有熟悉客户想要什么才能实现自身的发展。客户价值主张在商业模式中发挥着巨大的作用，结合制造企业的特点可以认为价值主张创新应该主要包括差异化市场定位创新和客户个性化产品服务创新。制造企业市场开始细化，用户对产品市场细分有着强烈的需求，而且随着科技的快速发展和制造、服务模块组合，产品服务的更替速率越来越快，面对客户多样化的需求和消费升级，制造企业需要改变原有产品服务创新模式，适应市场发展。由于现代信息交互越来越频繁高效，制造企业内部运营过程中业务数据、产品数据以及客户信息也会更加透明化，企业可以利用大数据技术对客户数据进行加工并分析，抓住客户需求，以实现客户价值主张，并且能够找准目标客户群体，精准化定位市场，挖掘客户需求，实现更好的客户服务。

（2）迈克尔·波特的价值链理论界定了企业经营的基本活动和支持活动。价值活动基本组成了企业的整个运营流程，价值创造创新也可以看作企业运营流程创新。由于制造企业制造环节差异大、复杂程度高、个性化强，整个运营流程往往会产生大量数据并且每个环节都需要有相关环节的数据才能进行，未处理加工的庞大的数据会造成运营流程的不畅甚至堵塞，让企业承担更大的成本，以致降低利润。而大数据技术能够分析数据内在价值，优化企业的运营流程，促进制造企业的商业模式创新。价值创造和价值捕捉发生在价值网络中，即由供应商、伙伴、分销渠道商等联盟主体构成的网络，也就是说核心企业突破单个企业边界集合价值网络上的生产要素，为顾客提供产品和服务的过程是一个价值创造过程。因此，价值创造创新包括改善优化企业本身与供应商的关系。传统制造企业并未注重与供应商的关系的维系，而在当今制造企业服务化的潮流中，企业供应商不仅包括零部件的供应，还包括服务模块的供应，供应商在制造企业的业务流程中的地位越来越重要，而且企业与供应商的数据来往越来越频繁，数据量大且冗杂，大数据技术能建立制造企业与其供应商的关系网络，维系伙伴关系，促进商业模式创新。

（三）电商商业模式创新

电商商业模式，就是在网络环境和大数据环境中基于一定技术基础的商务运作方式和盈利模式。研究和分析电子商务模式的分类体系，有助于挖掘新的电子商务模式，为电子商务模式创新提供途径，也有助于企业制定特定的电子商务策略和实施步骤。电子商务模式可以从多个角度建立不同的分类框架，最简单的分类莫过于 B2B、B2C 和 C2C

这样的分类，还有新型 B2Q①模式、O2O 模式，但各模式还可以再次细分。

基于大数据的电商商业模式创新，不仅表现在渠道和交互方式的创新，还表现在大数据与电商企业 ERP（enterprise resource planning，企业资源计划）结合，实现电商的信息系统全面整合。对于企业来说，电子商务和 ERP 系统就像战场上的前线与后方，两者关系密切、息息相关。比如，企业内部通过网上商城获取用户订单后，能够立刻将订单信息传递至内部的 ERP 系统，通过进销存系统、财务系统进行核算库存、资金和销售。通过 ERP 系统与电子商务平台整合对接，可以降低运营成本、提高工作效率，提升企业整体的竞争力。

案例 1-2　　　　　　　　时尚品牌 ZARA 商业模式创新

在大数据时代的冲击下，全球知名快时尚服装品牌 ZARA 应付自如。在 ZARA 的店面，除了对每天服装销售情况进行统计外，柜台和店内各角落都装有摄影机，店经理随身带着 Pad（平板电脑）。当客人向店员反映"这个衣领图案很漂亮""我不喜欢口袋的拉链"，这些细枝末节的细项，店员会向分店经理汇报，经理通过 ZARA 内部全球资讯网络，每天至少两次传递资讯给总部设计人员，由总部做出决策后立刻传送到生产线，改变产品样式。除此之外，ZARA 在 6 个欧洲国家成立了网络商店，ZARA 将网络上的海量资料看作实体店面的前测指标。因为会在网络上搜寻时尚资讯的人，对服饰的喜好、资讯的掌握，催生潮流的能力，比一般大众更前卫，再者在网络上抢先得知 ZARA 资讯的消费者，进实体店面消费的比率也很高。ZARA 选择了迎合网民喜欢的产品或趋势，实体店面的销售成绩也得到了印证并依旧亮眼。在这个案例中，核心的要素是产品，通过大数据手段不断增加场景和消费者的节点内容，场景内容主要是交易场景以及与交易相伴随的需求确认场景，消费者内容主要是消费者对产品的评价和评论、消费者需求偏好信息，从而强化和夯实了在这一企业商业模式中产品要素的核心地位。而且需要强调的是，在这一商业模式中，产品、场景和消费者三要素的关系体现了时间价值，即企业通过不同场景（不论是线上还是线下）搜集不同消费者对产品的评论和评价的信息越是能够迅速传输到生产端并有所反应，时间价值就越大，三要素之间的关系也越紧密，这也体现了 ZARA 作为快时尚服装企业"快"的商业模式精髓。ZARA 的产品是少量、多款、平价的时尚服装，这是 ZARA 商业模式的价值主张，也是基于产品核心要素的，但要实现这个基于产品核心要素的价值创造，脱离不开另外两个支撑要素的价值内容贡献，即场景价值和个性化价值，ZARA 正是以大数据为手段，不断拓展线上线下场景内容，实时搜集、了解和传递不同个性的消费者需求信息，通过潮流信息的快速响应，才帮助 ZARA 突破了原始潮流的时空枷锁，让时尚风靡全球，实现了 ZARA 的商业模

---

① 即 business to bussiness and ensure the quality，一种新型电子商务模式。

式创新，产品价值的实现和创造是ZARA商业模式创新价值创造的主导逻辑。

四、大数据时代商业战略转型

在新一轮技术、经济大变革的时代，创新理念在变，商业模式在变，产业格局和用户心理也在变。这次变革的显著特点是，信息技术的边界被极大地扩展和深化了。现在可以说每个行业、每个领域都被信息技术深刻影响着。借助云计算和大数据以及工业互联网的力量，企业能够在同一个平台之上，实现对人、设备、信息的整合，获得新的业务增长点。将现实社会关系数字化、网络化、商业化，能够提升业绩与运营效率，但大数据对企业的意义远不止于此，未来更具潜力的机会是如何运用大数据提出新的业务问题并满足不断变化的市场需求。由此提出颠覆式创新的三种大数据时代商务战略转型。

（一）实施客户战略来重塑客户行为

1. 客户战略描述

客户战略即通过分析客户交互数据，重塑客户行为。这类数据使企业可以预测和引导市场尚未出现的需求，进而创造新的利润。这一战略可与产品战略相结合，开发新产品和新服务的新需求，使大数据实现创收。同等重要的是，仅仅依靠这些战略并不能带来持续收益。企业借此参与甚至重塑一个以行业为导向的全新群体，成员之间通过数据共享提高整体经营水平。

在某些领域，一些企业已经开始积极重塑客户行为，而非仅仅满足于了解客户行为。这涉及全面了解客户，包括他们的行为、偏好、个体信息和习惯，以及实时定位数据等。这使企业可以借助最适合的渠道在适当的时机向客户提供高度定制化的产品与服务。

2. 客户战略具体应用

客户战略可应用于许多企业。以金融机构中的商业银行为例，如何提高服务质量打造移动化、数字化银行，是大数据时代商业银行转型的重要课题。大数据的兴起正是中小商业银行实现转型发展的契机，商业银行可以顺应大数据时代变迁，以大数据、云计算、智能化等高新技术作支持，整合来自银行网点、移动终端、互联网等的海量数据，建立数据仓库，对数据进行分析、加工和深度挖掘，将数据资源转化为商业经济价值，树立大数据思维并对大数据技术做出规划，为科学决策、战略升级和经营转型提供支撑。

大数据技术催生的金融业务模式创新使商业银行不断提高服务质量并优化客户体验，不断实现从"高资本消耗""重资产运行"向"轻资本轻资产"转型，使经营方式由"被动"提供产品转向主动"设计"产品，不断扩大市场占有率，依靠数据积累实现管理模式从"经验依据"向"数据依据"转化，数字银行业务板块的"数字化"革新，从根本上提升了业务层次和管理水平。通过互联网技术大胆推进移动支付、直销银行、在线消费金等领域的发展，不仅能提升网点智能化水平，而且能不断加快转型发展提升经济增长潜力，使数据资产成为新的利润增长点。

为了适应利率市场化改革和现代信息技术的发展，企业应充分认识大数据的革命性影响，真正发掘和实现大数据价值，不断提升客户关系管理的智能化水平。大数据分析成果只有转化为实际的营销或管理行动才能够真正为银行创造价值。大数据分析一定要与实际应用相结合，针对不同商业环境设计差异化的大数据的采集、分析和共享策略。只有与商业应用紧密结合的大数据分析，才能切实推动银行信息管理部门由"成本中心"逐步向"利润中心"转变。

（二）依靠产品战略来开发新产品和服务

1. 改善客户满意度

许多企业借助客户数据获取信息，支持日常业务，以服务于现有市场和客户。一直以来，银行通过客户资料、交易以及在线和手机银行业务全方位了解客户，进而改善客户满意度。比如，尽可能地减少 ATM 机缺款事故，以及改善产品和服务定价。然而，其他一些企业已经通过数据创造价值，瞄准新市场，创新和设计全新的业务模式。比如，通过智能手机客户端，电信公司可以实时获取关于其大规模客户群的详细信息，包括位置、使用情况、社交网络和其他特征。它们将这些数据信息加以利用，推出新的服务，如基于位置的市场营销。再比如，除了普通电话服务外，一些本地电信运营商和其他零售商合作为客户提供基于位置的广告短信息服务。短信息发送数量和可能的客户回复率最后转换成电信公司的额外收入。大数据可用于为客户实时提供生活资讯服务。这些战略可以帮助电信公司留住客户，同时带来更多收入。这一思路同样适用于其他领域。比如，保险公司推出新产品和服务，而不仅仅是销售标准化保单。将客户风险偏好、所采用的保单和一段时期内的历史理赔数据整合输入新的监管报表，这比传统方式更具现实意义。

2. 开拓新市场

由于新产品或服务通常迎合未知市场，因此，产品战略不限于知名公司及其子公司，同样也为新进军市场的企业提供了巨大商机。例如，零售领域的实时价格对比服务，让澳大利亚的 Get Price 和英国的 PriceRunner 在为客户提供更多价格信息的同时，亦为更具针对性的在线广告开设了新渠道。在医疗保健领域，成立于 2008 年的 Castlight Health 公司利用大数据为患者提供健康医疗成本信息，而这些信息一般是客户难以接触到的。社交网站 Patient slime 搭建了一个论坛，提供了一个友好交流的环境，在这里，患者可以找到其他有类似病情、服用类似药物，甚至实验室检测结果相似的患者。它通过向制药商出售数据获取收入，所有过程保持公开透明，用户对于其数据评级、评论和意见的使用情况了如指掌。

3. 面临的挑战

通过大数据创新产品和服务亦面临诸多挑战。新进军市场的企业应注意数据使用在法律和道德方面的问题，尤其注意涉及客户个人数据或以营利为目的、从私人性质的大数据中提取信息的情况。世界各国的政策制定者一直在审查与数据相关的法律，相关的法律制度体系也在不断完善。不久的将来，针对数据商业化和盈利机会的监管环境将会发生变化。

随着大数据的飞速发展，数据保护和隐私立法需要跟上脚步，以涵盖所有可能的应用。因此，对于利用大数据制定新的客户和产品战略的企业来讲，它们至少有义务保证客户对自身数据使用的知情权，需要为其提供充分的信息，供其在知情的情况下做出选

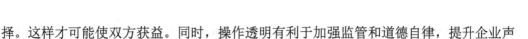

择。这样才可能使双方获益。同时，操作透明有利于加强监管和道德自律，提升企业声誉、客户忠诚度和企业品牌。

完全依赖产品和服务创新实现数据商业化也可能造成一定的长期风险。在没有建立完善的体系制度之前，新市场很可能被其他新的发展事物打乱。从数据的角度来讲，需要从生态系统的视野考察数据。在这个系统内部，数据提供商、受益人竞争对手以及监管机构都能够健康发展，并能从数据共享中受益。

（三）依靠生态系统战略改善数据生态系统视野

1. 生态系统战略概述

通常，一个企业无法全方位地了解其客户，难以推出全新且极具吸引力的产品或服务。在这种情况下，企业可以从生态系统中的其他企业处获得补充数据，填补空白。这种生态系统以适当的合作战略为基础，能够使从企业到消费者的所有相关方从中获利。该生态系统视野可以采取多种形式。一端是传统意义上互为竞争关系的企业之间的合作，另一端则是各公共机构之间的全程协作，旨在更好地交付服务。除了相互合作产生短期效益外，该生态系统战略还有助于分散风险，使各方长期受益。

2. 数据生态系统的具体应用

（1）保险领域。保险领域已经出现了这类数据协作的案例。比如，识别和防止欺诈性汽车保险索赔不但有助于提高保险公司的盈利，还可以降低汽车保费。英国保险协会成员共享来自数百万客户的理赔数据，而后英国保险协会设立的非营利机构保险欺诈局集中分析这些数据，以解决欺诈性保险索赔问题。这些来自数据库的信息被称为"保险欺诈记录"，大大降低了每年欺诈性索赔事件的数量。英国保险协会称，这些保险欺诈记录有助于保险公司识别用户欺诈行为，进而采取适当的应对措施。汽车保险产品的整个生命周期，无论是续保、理赔或是其他任何阶段，这些信息均可以派上用场。

（2）音乐行业。音乐行业的组织，包括发行商、音乐服务供应商和作曲家协会，正致力于创建一个"全球曲目数据库"以打造音乐行业的数字化未来。这是独一无二的权威性歌曲库，供所有地区用户使用。音乐发行价值链中的所有组织都可以使用该数据库，确保音乐作品的授权准确高效和后续的版税支付。音乐服务供应、消费和授权的在线商业模式正在迅速演变，该数据库的建立则标志着该模式在变革之路上迈出了重要的一步。

（3）政府部门。在该生态系统中，政府部门也应有所作为。许多企业可以从其他额外数据中受益，比如实时天气和交通信息。这些信息通常由公共部门采集，而对任何一家公司来讲，复制这些数据的成本极其昂贵。鼓励企业与政府机构合作，共同承担数据收集的投入成本，因为它们与该服务的下游影响利益息息相关。比如，在规划货物运输时，企业可将其内部货运和订购数据与从港口管理部门设置的传感器和雷达获取的外部实时港口数据相结合，进而从中受益。这也有利于港口管理部门保证人员和船舶的安全及物流效率，进而乐意为传感器设备进行投资。政府与企业也尝试合作新建公开数据的生态系统，目前合作由各国政府牵头（它们拥有大量的政府公开数据，比如来自datago.com.hk、data.gov.uk 和 data.gov，以及其他许多国家数据门户网站的数据）。通常来讲，公开数据不涉及私人信息，这就更便于企业将公开数据与其自身的数据资源结合使用。

（四）三种战略对比分析

综上，并非所有的企业都已准备充分或具备必要能力同时实施上述三种战略，企业可以实施其中一种或两种战略，以提升目标业务的业绩。无论选择何种战略，企业应及时洞察大数据蕴含的经济价值，合理开发大数据资源。同时，对于存储、分类和分析大量数据所需设施和技术的成本以及大数据的潜在收益，企业亦应充分权衡。虽然业界对大数据的认识显著提升，而且相关工具越来越多，但对大多数企业而言，颠覆性变革还未来到。随着人们充分利用大数据的优势并结合大数据提出全新的业务战略，在不久的将来，新的企业将重磅出击并开拓新的市场，摒弃炒作而专注利用大数据发现并解决新的业务问题，以满足不断变化的市场需求，保持可持续的竞争优势。

案例 1-3　　　　基于大数据的国家电网商业模式创新研究

1. 案例背景

国家电网是电力行业的重要企业，也是率先实施大数据运用的电力企业之一，对促进电力行业的大数据事业发展并积极运用实施大数据应用，有着重要的现实意义。

随着智能电网的发展，国家电网已经初步建成了国内领先、国际一流的信息集成平台，并陆续投运了三地（北京、上海、陕西）集中式数据中心，拓展了一级部署业务的应用范围，上线运营了结构化以及非结构化数据中心，可以说从规模和类别上电网的业务数据都已初具规模。国家电网的业务数据可分为以下三类：一是电网生产数据，包括发电量和电压稳定性等方面数据；二是电网运营数据，包括交易电价、用电客户、售电量等方面数据；三是电网的企业管理数据，包括 ERP 系统、协同办公、一体化平台等方面的数据。在逐渐深入普及智能电表后，电网业务数据的时效性也会得到进一步丰富和拓展。国家电网已经获得了海量、实时的电网业务数据，具备了规模性、多样性、实时性的特征，存在对大数据的存储、分析、管理需求，也有了许多成功案例。

2. 基于大数据的商业模式创新分析

（1）价值发现——直接影响。国家电网的用电信息采集系统采用云象行业大数据处理平台，以开源 Hadoop 为基础，支持复杂计算以及运维管理。该系统每隔 15 分钟对全网电力用户（规模超过千万户）的用电数据进行采集并进行统计分析。通过行业大数据处理平台的试点实施，用电数据可实时存储到平台中，同时日电量计算、经端流量统计、数据完整率分析等业务计算的效率比小机架关系型数据库的解决方案提高了 6~20 倍，而成本仅为传统方案的 1/5。利用收集、处理的用电数据还可深入实现客户用电行为分析、用电负荷预测、营销数据分析、电力设备状态评估等功能。

基于大数据的国家电网商业模式面向业务人员提供了统一的可视化的数据分析结果展示工具，向技术人员提供预言模型标记语言（predictive model markup language，PMML）支持，支持包括关系型数据库、日志文件在内的多种数据源，可以实时计算和分析，具有基于消息队列的实时数据加载和在线分析能力，提供 10 种分类算法、12 种聚类算法、5 种降维算法、基因优化算法，以及并行化协同过滤算法，快速建模与验证基于并行化计算的框架，计算性能线性可扩展，支持复杂数据分析任务的定义、复杂数据分析任务的动态配置，基于普通 PC 服务器集群搭建，同时还提供增强的实时状态监控和预警。

（2）价值发现——间接影响。国家电网实行"大营销"体系的电力营销方案，建设营销稽查监控系统、24 小时面向客户的省级集中的 95598 客服系统以及业务属地化管理的营销管理体系。公司以分析性数据为基础，以客户和市场为导向，构建营销稽查监控的分析模型，以此建立专属营销的系统性算法模型库，从而发现数据之中的隐藏关系，提供直观、全面、多维且深入的电力预测数据，提高企业的各层决策者对市场的洞察力并能够采取有效的营销策略，优化企业现有的营销组织体系，提高服务质量和营销能力，从而起到改善企业整体营销能力的作用，确保企业、用户、社会经济三者利益最大化。以广西分公司为例，该公司对 95598 客服系统、电力营销信息管理系统、计量自动化等营销系统的业务系统数据进行整合，提取出 190 个数据指标，设立示警阈值进行实时检查，对营销环节进行全过程、全方位、全维度的闭环分析及管理，做到了事前示警、事中跟踪和事后分析，及时发现系统相关问题并进行督察办理。

（3）价值创造——直接影响。国家电网使用大数据技术协助其运营监测系统有效运行。运营监测系统中的资金收支管理主要针对营销的售电数据、财务的资金变动、银行账户等数据进行实时监控，主要包括资金流入、资金存量、资金流出以及应收票据四大功能近 1000 个指标。在该系统中通过云豹流处理平台的实施，实现了每 5 分钟对所有变动数据的指标计算和监控预警，峰值时可处理超过 2000 万条交易数据。此外，国家电网还将大数据应用在 OA（office automation，办公自动化）系统中，即协同办公平台，用云计算模式构建虚拟化统一管理应用平台，利用分布式大数据存储解决存储压力。

（4）价值创造——间接影响。国家电网通过构建统一的资金调度与监控平台来满足资金集中管理及风险防控需要，并在 2013 年展开全面推广。该系统涵盖了七大功能，包括银行账户和票据监控、融资和对账监控、收支余监控、资金计划监控和监控分析。系统各级分公司的业务包括领用、结存、贴现、应收应付票据购入、银行结算票据等的信息管理，实现了一体化的上线，建立了归集路径清晰的银行账户体系，资金计划全部实现了在线审批和全程监控，包括纵向申报、审核、汇总和下达，银行账户的开立、变更和撤销等。

河北分公司为解决管理流程不规范、业务子系统各自为政的问题，建立了以企业资产管理（enterprise asset management，EAM）为核心的生产平台，对流程设计、设备检修、采购、仓储管理等的全过程进行优化以提高效率和规范管理，跟踪和管理企业所有的资产，包括设备资产、位置、状态监控、故障代码等的全方位管理。电厂相关的生产流程，如审批程序、安全审理程序、采购申请、发料记录等在信息系统上被真实地记录下来，并用信息管理系统规范起来，成功实现了采购与仓储集成，并将采购、设备管理等功能都统一到生产管理平台上，实现了业务数据的整合，解决了信息孤岛的问题，此外该公司通过标准化维修管理和工单管理实时对电厂维修人员的维护经验进行积累，将维修人员的知识转化为电厂的智力资源，知道电厂未来的生产管理工作，并通过这样的过程真正降低企业的生产成本。此外，在电力生产环节，国家电网尝试利用大数据分析技术，在考虑电压等相关因素对功率极限影响下，在线计算输送功率的阈值，从而合理设置系统的输出功率，有效平衡系统经济性和安全性。

（5）价值实现——直接影响。目前电力行业的大数据还处于逐渐发展阶段，在直接利用大数据应用创新产品方面还有所欠缺。国家电网提供发电、传输、配电等业务，在电动汽车领域建设运营充换电设施，在城市轨道交通领域做好配套供电建设，并积极开展智能电网建设。随着大数据应用的日渐深入和足够成熟，国家电网会将大数据应用直接应用到新型产品中。

（6）价值实现——间接影响。国家电网开展智能电网建设，为居民、商业用户提供智能用电服务。智能电网本质上就是大数据在电力行业中的应用，通过获取、分析用户的信息来优化电力生产、传输分配情况。同时智慧电网中的互联设备，也需要大数据技术及相关应用来确保其工作的有效性。

目前，居民用电普遍存在待机耗电、家庭电器使用不合理的情况，不仅如此，日益增多的电动汽车也让用电形势变得更加严峻，居民缺乏有效的技术设施导致电能浪费情况也日益严重。国外推行智能电表的电力公司在利用智能电表方面有较多成功经验可借鉴，比如智能电表能够记录家庭在各个时间的用电量，这使得电力公司能根据用电时间和用电季节实现差异化定价，例如在用电高峰时间提高定价，从而让用户避开用电高峰，改变用电习惯，从而延缓诸如建设新的发电厂这些电力基础设施投资。此外，国外推行智能电表的电力公司采用的新的计费模式能进一步增强电力公司的灵活性，例如当一些突发事件使得电力供应紧缺时，电力公司可以通过提升电价抑制人们对电力的需求，进而避免因电网负荷过重而造成更大规模的电力紧缺。另外当电力公司将一些发电成本较高的电力接入电网时，电力公司可以在政策允许范围内适当地提高电价。随着这种计费方式的普及，未来的家电生产厂商生产的电冰箱、洗衣机会根据电价自动调整模式，在用电高峰期自动调整到节能模式或待机模式。

通过智能用电的方式控制用电，可以达到错峰使用，削峰填谷的目的，并能有效挖掘节能潜力。此外，商业用户也是智能电网的重点发展对象。大数据分析技术能够帮助验证试点项目的智能电网技术的有效性，这对于未来的智能电表的大规模部署和可再生能源的研发都至关重要。大数据技术的创新与应用，能为电网用户提供全新的智能用电和节能策略。

3. 案例总结

国家电网作为电力行业的领先企业，是大数据在国内电力行业应用的先行者，可以更大程度上发现知识信息，确保良好的数据运维，并具备良好的条件和基础。目前在价值发现和价值创造两阶段已有了较为成熟和领先的大数据应用案例，但是在最为深入的价值实现阶段，国家电网的大数据应用还处于试点应用阶段。随着时间的推进、技术的发展和大数据应用的不断成熟，国家电网完全可以立足于数据运维服务，挖掘并创造数据业务的增值价值，提供和衍生多种服务。如果能够合理充分利用上述数据，对基于电网实际的数据进行深入分析，国家电网即可分析挖掘出大量高附加值服务，具体包括掌握具体的客户用电行为，对用户进行细分，开展更准确的用电量预测，进行大灾难预警与处理，支持供电与电力调度决策，有利于电网的安全监控，优化电网的运营管理过程等，从而实现更科学的需求侧管理。大数据的成功运营可以带来新型的数据运维方式，形成一种新的交付方式和消费形态，给用户带来全新的使用感受，并进一步推动电网生产和企业管理，打破传统电力系统业务间各自为政的局面，从数据分析和管理的角度为企业生产经营和管理以及加强智能电网的建设提供更有力、更长远、更深入的支撑。

第四节　商务大数据的发展

当前我国经济已由中高速增长阶段转向高质量发展阶段，宏观经济正处在转变发展方式、优化经济结构、转换增长动力的攻关期。进一步做大做强数字经济，加快产业转型升级，需要大力推动大数据技术产业发展，充分释放数据红利，优化资源配置，这为商务大数据发展提供了广阔空间。商务大数据市场应用需求爆发，商务大数据技术创新能力不断提升，对企业来说，商务大数据的发展决定着企业未来的发展战略，适应大数据背景下社会的发展需要，才能在社会上有立足之地。

2015 年 8 月 19 日，国务院总理李克强主持召开国务院常务会议，通过《关于促进大数据发展的行动纲要》（以下简称《行动纲要》）。9 月 5 日，《促进大数据发展行动纲要》正式发布，在全社会引起广泛影响。《行动纲要》是我国促进大数据发展的第一份权威性、系统性文件，从国家大数据发展战略全局的高度，提出了我国大数据发展的顶层设计，是指导我国未来大数据发展的纲领性文件。

随着商务大数据的广泛、深入应用，商务大数据呈现出了一些新特点和新局面：多业态的数字资源共享，多维度的数据应用协同创新，多样化的数字经济一体化。未来商务大数据的发展一定是紧密贴合大数据产业的发展和数字经济的繁荣的。

一、商务大数据发展趋势

（一）人工智能、5G 等新技术与商务大数据融合发展

要推动大数据与云计算、物联网、移动互联网等新一代信息技术的融合发展，探索大数据与传统产业协同发展的新业态、新模式，促进传统产业转型升级和新兴产业发展，培育新的经济增长点，应抓住互联网跨界融合机遇，促进大数据、物联网、云计算和 3D 打印技术、个性化定制等在制造业全产业链的集成运用，推动商务大数据升级和创新应用，积极探索创新协作共赢的应用模式和商业模式。

5G 商用创造数字经济发展新风口。随着 2018 年 6 月首个 5G 国际标准版本发布，世界主要国家纷纷投入相关产业的布局。2018 年，全球共有 72 家运营商展开了 5G 测试，2019 年，国内各地正陆续启动预商用，2020 年实现全面商用，2025 年中国有望培育出 4.3 亿用户的全球最大 5G 市场，未来中国将创造出数字经济发展的下一个风口。

人工智能等领域搭建学科建设新体系。国务院于 2017 年 7 月印发《新一代人工智能发展规划》，提出"完善人工智能领域学科布局，设立人工智能专业"。2018 年 4 月教育部印发《高等学校人工智能创新行动计划》，引导高等学校瞄准世界科技前沿，不断提高人工智能领域科技创新、人才培养和国际合作交流等能力，为我国新一代人工智能发展提供战略支撑。预计未来随着人工智能的学科体系逐步完善，人工智能不再是分散依附在计算机、控制、统计等专业之下，此外人工智能还将带动多学科融合发展，未来几年中国将产生 100 个"人工智能+X"复合特色专业。

数字智慧城市的构建，将引发城市智能化管理和服务的颠覆性创新。目前，我国新型智慧城市已进入国家战略规划和政策制定阶段，未来随着具体政策的出台，中国城市发展将走上管理智能化、运营可持续的道路。移动互联网、第三方支付和人工智能融合发展将带来无人经济，这种新业态的到来不仅能拉动市场增长，同时还将颠覆现有的就业格局和社会状态。未来，无人经济不仅要求传统商业组织加快数字化转型步伐，还需要商务大数据的快速发展及相关行业准入和测评机制、用户信息的保护机制，来构建完善的商务大数据制度体系。

（二）数据资源将成为最有价值的资产

随着大数据应用的发展，大数据价值得以充分体现，大数据在企业和社会层面成为重要的战略资源，数据成为新的战略制高点，是大家抢夺的新焦点。《华尔街日报》在一篇题为《大数据，大影响》的报告中宣称，数据已经成为一种新的资产类别，就像货币或黄金一样。Google、Facebook、亚马逊、腾讯、百度、阿里巴巴等企业正在运用大数据力量获得商业上更大的成功，金融和电信企业也在运用大数据来提升自己的竞争力。有理由相信不久的将来，大数据将成为企业的资产，成为提升机构和企业竞争力的有力武器。从会计学的范畴来看，对大数据合理地进行确认和计量，正确地进行会计处理，公允地体现在会计报表上，这是大数据作为一项新型企业资产研究的课题。

（三）商务大数据融合深化

1. 提高企业外部数据的融合深度

企业的外部信息要从两个方面来分析。首先，企业的生产、经营等方面的信息，包括价格信息、订单信息等。其次，企业在生产、经营过程中，所面临的市场信息、环境信息，包括客户对企业服务满意度的反馈、市场对产品的实际需求、原材料的价格波动情况、顾客的消费习惯、国家政策变化等信息。在传统的企业管理中，各类信息之间是相互独立的，且上游业务与下游业务也是相互分隔的，各类信息难以集成起来。随着商务大数据的应用，应在未来的企业管理中，将整个供应链中的信息进行深度融合，并通过信息管理平台进行统一管理，将合作者的信息系统对接起来，从而促使企业不同信息系统之间的相互连接。通过这样的方式，才能够促成接口的标准化，实现上游企业的信息与下游企业的信息之间的自动交换，从而为企业在决策时，提供更多的参考信息，并增强合作企业之间的信任度，促进企业的长远发展。

2. 提高企业内部数据的深度

企业的内部数据包括生产、仓储、采购等方面的信息，如生产技术、库存信息、采购数量和价格等，还包括与企业内部员工的生活、工作、学习等有关的信息。因此，这些信息构成了企业的知识，也是企业内部重要的沟通信息，而在这些信息中，包含着能够促进企业发展的重要信息。具体如下。

1）仓储管理方面

在各种技术不断发展的情况下，仓储管理已经实现数字化、自动化，再加上条码、射频识别（radio frequency identification，RFID）等技术的应用，使得大数据背景下的仓储管理逐渐实现智能化，提升了数据分析的速度。

2）营销管理方面

在企业未来的商务管理中，利用信息技术、计算机技术等，可以建立并完善客户管理系统，实现对客户流的实时监测，通过对潜在客户的具体需求进行深入分析，能使营销的精准度进一步提高。寻找目标客户需要 3 个步骤，首先要采集数据，也就是将所有用户的信息搜集起来。其次要对所搜集的数据进行分析，也就是将用户打上标签，并利用指数对用户进行评价。标签说明用户对企业产品有兴趣，指数则表示用户对产品的需求程度，以及用户会购买产品的概率。最后要将标签综合起来，以对目标用户群有更充分的了解，从而达到精准营销的目的。

另外，在企业的日常运行中，加强客户关系管理，尽可能地实现管理智能化，有利于对客户资源进行优化，最终提升企业商务大数据水平。

3）客户管理方面

在企业的运行过程中，客户关系管理是非常重要的环节，如果能够实现管理的智能化，就能对客户资源进行优化，完善企业的供应链。随着大数据技术在企业客户关系管理中的应用，许多企业已经建立起客户关系管理平台，将企业所有客户资料搜集起来，并集中在平台中，对客户信息进行统一管理。未来的商务管理，会以企业未来的发展方向和目标为依据，设置分析指标和参数，以快速得到分析结果，从而提高客户管理的效率。并且，利用大数据技术，还能够对企业的工作流程进行梳理，使其更加合理，使企业能够更加顺利地开展各项营销活动。

所以，在大数据背景下，企业未来的发展，需要促进上述这些内部数据的深度融合，改变企业的业务流程，提高其集成化程度，使得企业能够在未来的发展中，通过专业的企业系统，将分散的业务集成起来，以提高各部门之间的协作能力，提高企业的整体决策能力。在企业的业务流程得到优化，决策能力得到提高后，企业的整体管理效率才能得到相应的提高。与此同时，通过对企业的管理模式进行创新，才能增强企业的综合实力，使其在市场竞争中更具优势，从而提高企业在市场中的占有率，使其在面对日新月异的市场环境时，不会因为落后而被淘汰。

（四）基于社会网络环境的行为机理研究

社会网络应用的发展和大数据分析能力的增强，为分析人的行为特征，理解商务活动的行为规律奠定了基础。该研究方向主要聚焦于大数据环境下网络行为机理识别研究和社交网络资本结构和影响分析研究这两方面。一是以社会化网络中的行为数据为研究对象，利用商务智能和动态分析等手段提取出有代表性的行为模式，从而辅助商务管理者做出科学决策。二是分析在大数据环境下生产者和消费者之间的关系特征，并探寻在多重关系下企业绩效和用户行为受用户创造信息的影响机制。另外，因为根据普通用户在社交网络中的新兴应用中产生的信息内容能大概率预测出市场机会，因此对用户在社会网络中创造的大量在线数据的研究和信息传播机理的分析也是商务大数据研究前沿。

（五）大数据背景下知识管理深入研究

移动应用和互联网发展的同时也伴随着信息数据"碎片化"的不断严重，对于企业组织来说，数据的"碎片化"导致数据价值流失，影响企业组织行为效率。知识管理除了在统领大数据研究方向上发挥作用，还可以规整"碎片化"数据，将普通数据上升到知识层面，发挥出比数据自身更大的价值，因此在大数据背景下对知识管理方法、应用等方面的深入研究越来越热。

（六）探索处理商务大数据的高效机器学习算法

大数据的超高维、关系复杂和属性极度稀疏等特点，导致现有机器学习算法很难对其高效分析处理，也就直接导致商务决策出现偏差，因此需探索高效算法处理商务大数据。算法前沿研究主要集中在三方面：一是设计出适合挖掘高维、高稀疏数据的算法，实现知识发现。二是构建用于支持大数据分布式处理和并行化执行的模型机制。三是研究在 Hadoop 等并行计算平台上处理的复杂度低、并行性高的数据挖掘算法。

二、推动商务大数据发展的保障措施

（一）完善商务大数据基础设施建设

进一步统筹推进基础设施建设。完善新一代高速光纤网络和先进泛在的无线宽带网，部署通信骨干网络，推进光纤宽带和移动宽带网络演进升级，推进 5G 网络深度覆盖。加强云计算中心、数据信息资源平台、物联网基础设施的建设和应用，推动跨行业

数据资源高效采集、集成共用。持续推进宽带网络提速降费，深入推进"三网融合"，推进电信普遍服务，促进市场竞争，提升电信服务性价比和用户体验。

（二）深化商业大数据和实体经济融合

充分发挥大数据驱动创新发展的潜能，推进商务大数据和实体经济深度融合发展。一是不断加强利用大数据改造提升传统产业，统筹推进互联网、大数据、云计算协同发展，推动商务数字化、网络化、智能化转型。二是充分发挥商务大数据在经济社会发展中的基础性、战略性、先导性作用，以国家战略、人民需要、市场需求为牵引，促进商务大数据在相关领域融合发展，促进跨行业、跨领域商务大数据应用，加速产业数字化转型，形成供需对接、良性互动的产业发展格局。

（三）加强商务大数据技术创新能力

推进核心技术攻关。一是以推动关键技术产品研发为重点，围绕大数据全生命周期各阶段需求，支持数据采集、清洗、分析、交易、安全防护等共性关键技术研究；二是在软硬件方面，积极鼓励国内骨干软硬件企业建立完善的大数据工具型、平台型和系统型产品体系；三是积极利用开源模式，加强商务大数据共享基础技术研发；四是支持国内创新型企业，开发专业化的数据处理分析技术和工具，提供特色化的数据服务；五是支持人工智能技术创新，提升数据分析能力、知识发现能力和辅助决策能力。

（四）建立高效有序数据治理体系

进一步提升数据治理能力。一是建立数据资产管理制度，形成重点数据资产收集、存储、发布、共享、处置全过程管理体系。二是明确数据资产权益归属，制定数据资源确权、开放、流通、交易相关制度，完善数据产权保护制度。三是从法律政策、技术标准、能力建设等方面全方位建立健全大数据安全保障体系，提升数据安全保障能力。明确商务大数据安全监管职责，加强重要敏感数据安全管控，尤其对商务数据、个人隐私信息等重要敏感数据进行识别定义和分级管控。四是建立商务大数据安全评估机制，构建分层级安全防御体系，确保安全技术措施与大数据平台同步规划、同步建设、同步使用。

（五）优化商务大数据发展环境

健全商务大数据支撑体系。一是完善商务大数据法律法规体系。进一步完善《中华人民共和国网络安全法》配套措施，加强对个人信息、重要业务数据的安全保护力度，推动商务大数据领域法治进程。二是推进商务大数据标准体系建设。结合商务大数据发展需求，根据商务大数据与各行业融合发展的新情况和新趋势，推进关键领域急需标准的研制工作、加强大数据标准的宣传贯彻与落地应用、积极参与大数据国际标准化活动。三是打造商务大数据人才队伍。进一步加强专业人才培养，多渠道引进商务大数据人才，创新构筑灵活的人才机制，激发人的创新潜能和活力。

思考与练习

1. 《促进大数据发展行动纲要》的主要任务是什么？如何理解大数据战略是国家战

略的重要组成部分？

2. 比较西方发达国家大数据发展战略的异同之处。

3. 举例说明大数据在商业领域中的应用范畴包括什么？

4. 大数据技术对商业模式产生哪些影响？

5. 举例说明基于大数据的典型商业模式。

6. 如何理解大数据时代下的顾客战略重塑客户行为？

7. 什么是商务大数据融合深化，具体包括哪些内容？

8. 推进商务大数据发展的主要保障措施包括什么？

第二章

商务大数据理论基础

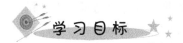 学习目标

　　大数据包括结构化、半结构化和非结构化数据，非结构化数据越来越成为大数据的主要部分。商务大数据的思维要求企业和企业管理者，要把大数据当作企业的一项资产，把数据的处理当作企业业务流程的一个组成部分。商务大数据分析的技术架构包括：大数据基础设施、大数据采集、大数据存储机制、大数据分析与计算、大数据可视化。

第一节　大数据的概念与特征

　　当前，人类社会正进入以数据驱动价值的信息时代。一大批新兴的技术方式正在深刻地影响着人类活动的方方面面，其中最重要的一个技术浪潮就是大数据产业。大数据产业持续发展，对企业的商业模式、管理渠道、管理思维等都产生了深刻的影响。研究并分析这一产业的理论基础、内容及发展意义重大。根据《大数据产业发展规划（2016—2020 年）》，数据是国家基础性战略资源，是 21 世纪的"钻石矿"。党中央、国务院高度重视大数据在经济社会发展中的作用，国务院印发《促进大数据发展行动纲要》，党的十八届五中全会提出"实施国家大数据战略"，全面推进大数据发展，加快建设数据强国。"十三五"时期是我国全面建成小康社会决胜阶段，是新旧动能接续转换的关键时期，全球新一代信息产业处于加速变革期，大数据技术和应用处于创新突破期，国内市场需求处于爆发期，我国大数据产业面临重要的发展机遇。抢抓机遇，推动大数据产业发展，对提升政府治理能力、优化民生公共服务、促进经济转型和创新发展有重大意义。

一、大数据的概念

（一）数据与大数据的起源

　　数据的含义十分广泛，不仅包括一般数学意义上的数字，还包括一些符号、字符和

逻辑性数据。近年来计算机技术的发展，更是扩展了数据的范畴。把文本、声音、图像等，以及政府活动及商业活动和居民行为的记录也划归到数据的范畴，是大势所趋。这样的划分，实际上极大地拓展了数据的范畴，造成了海量数据的出现，也就形成了大数据的原型。大数据呈现出了爆炸性、未知性和复杂性等特征。

"大数据"作为一种概念和思潮由计算领域发端，之后逐渐延伸到科学和商业领域。大多数学者认为，"大数据"这一概念最早公开出现于 1998 年，美国高性能计算公司 SGI（Silicon Graphics Inc.）的首席科学家约翰·马西（John Mashey）在一个国际会议报告中指出：随着数据量的快速增长，必将出现数据难理解、难获取、难处理和难组织等四个难题，并用"Big Data"（大数据）来描述这一挑战，在计算领域引发思考。2007 年，数据库领域的先驱人物吉姆·格雷（Jim Gray）指出大数据将成为人类触摸、理解和逼近现实复杂系统的有效途径，他认为在实验观测、理论推导和计算仿真等三种科学研究范式后，将迎来第四范式——"数据探索"，后来同行学者将其总结为"数据密集型科学发现"，开启了从科研视角审视大数据的热潮。随着互联网、传感器，以及各种数字化终端设备的普及，一个万物互联的世界正在成型。同时，随着数据呈现出爆炸式的指数级增长，数字化已经成为构建现代社会的基础力量，并推动着我们走向一个深度变革的时代。

大数据包括结构化、半结构化和非结构化数据，非结构化数据越来越成为数据的主要部分。互联网数据中心（Internet Data Center）的调查报告显示，企业中 80%左右的数据都是非结构化数据，这些数据每年都按指数增长 60%。大数据就是互联网发展到现今阶段的一种表象或特征而已，没有必要神化它或对它保持敬畏之心，在以云计算为代表的技术创新大幕的衬托下，这些原本看起来很难收集和使用的数据利用起来也变得容易了，通过各行各业的不断创新，大数据会逐步为人类创造更多的价值。

（二）大数据定义

早在 2001 年，就出现了关于大数据的定义。META 集团（现为 Gartner）的分析师道格·莱尼（Doug Laney）在研究报告中，将数据增长带来的挑战和机遇形容为三 V 式，即大量（volume）、高速（velocity）和多样（variety）的增加。虽然这一描述最先并不是用来形容大数据的，但是 Gartner 和许多企业，其中包括 IBM 和微软一些研究部门，在此后的十年间仍然使用这个"3V"模型来描述大数据。大量，意味着生成和收集大量的数据，数据规模日趋庞大；高速，是指大数据的时效性，数据的采集和分析等过程必须迅速及时，从而最大化地利用大数据的商业价值；多样，表示数据的类型繁多，不仅包含传统的结构化数据，更多的则是音频、视频、网页、文本等半结构和非结构化数据。

2010 年，Apache Hadoop 组织将大数据定义为"普通的计算机软件无法在可接受的时间范围内捕捉、管理、处理的规模庞大的数据集"。在此定义的基础上，2011 年 5 月，全球著名咨询机构麦肯锡发布了《大数据：下一个创新、竞争和生产力的前沿》报告，在报告中对大数据的定义进行了扩充。大数据是指其大小超出了典型数据库软件的采集、存储、管理和分析等能力的数据集。该定义有两方面内涵：一是符合大数据标准的数据集大小是变化的，会随着时间推移、技术进步而增长；二是不同部门符合大数据标准的数据集大小会存在差别。从麦肯锡的定义可以看出，数据集的大小并不是大数据的唯一标准，数据规模不断增长，以及无法依靠传统的数据库技术进行管理，也是大数据的两个重要特征。

但也有一些不同的意见，在大数据及其研究领域极具影响力的领导者国际数据公司（International Data Corporation，IDC）就是其中之一。2011年，在该公司发布的报告中，大数据被定义为："大数据技术描述了新一代的技术和架构体系，通过高速采集、发现或分析，提取各种各样的大量数据的经济价值。"正如Facebook的副总工程师杰伊·帕瑞克所言，"如果不利用所收集的数据，那么你所拥有的只是一堆数据，而不是大数据"。美国国家标准和技术研究院（National Institute of Standards and Technology，NIST）也对大数据做出了定义："大数据是指其数据量、采集速度，或数据表示限制了使用传统关系型方法进行有效分析的能力，或需要使用重要的水平缩放技术来实现高效处理的数据。"这是从学术角度对大数据的概括，特别指出需要高效的方法或技术对大数据进行分析处理。

就大数据来说，关键并不在于如何定义，或如何去界定大数据，而应该是如何提取数据的价值，如何利用数据，如何将"一堆数据"变为"大数据"。大数据将带来前所未有的变革，这也是我们说大数据的到来使我们进入大数据时代的原因。就像电力技术的应用不像发电、输电那么简单，而是引发了整个生产模式的变革一样，基于互联网技术而发展起来的大数据应用，将会对人们的商品交换过程产生颠覆性影响，数据的挖掘和分析只是整个变革过程中的一个技术手段，而远非变革的全部。大数据的本质是基于互联网基础上的信息化应用，其真正的"魔力"在于信息化与商务的融合，使商务经营效率得到大幅度提升。那么，信息化与商务的融合就恰恰是大数据在行业变革中的应用。

一般意义上，大数据是指无法在可容忍的时间内用传统信息技术和软硬件工具对其进行感知、获取、管理、处理和服务的数据集合。科技企业、研究学者、数据分析师和技术顾问们，由于各自的关注点不同，对大数据有着不同的定义。通过以下定义，或许可以帮助我们更好地理解大数据在社会、经济和技术等方面的深刻内涵。从管理学的角度看，大数据是经过系统整理，储存在现实或虚拟空间里，能够提供一定价值的信息资源；大数据是一个抽象的概念，除去庞大数量的数据，大数据还有一些其他特征，这些特征决定了大数据与"海量数据"和"非常大的数据"这些概念之间的不同。大数据是指为决策问题提供服务的大数据集、大数据技术和大数据应用的总称。其中，数据是指数据量大、来源多样和类型多样的数据集，技术是指新型的数据管理和分析技术，应用是指在希望的时间内用数据技术来分析数据集所形成的价值，即决策依据。

（三）不同学科中的大数据定义

大数据的定义方法有很多种。如果仔细观察，就会发现不同领域专家学者给出了不同的定义。通常所说的"大数据"往往指的是"大数据现象"。下面，从几个常用的范畴谈谈不同学科中的大数据。

（1）计算机科学与技术。当数据量、数据的复杂程度、数据处理的任务要求等超出了传统数据存储与计算能力时,称之为"大数据(现象)"。可见,计算机科学与技术是从存储和计算能力视角理解"大数据"——大数据不仅仅是"数据存量"的问题,还涉及"数据增量"、复杂度和处理要求(如实时分析)。

(2)统计学。当能够收集足够的全部(总体中的绝大部分)个体的数据,且计算能力足够大,可以不用抽样,直接在总体上就可以进行统计分析时,称之为"大数据(现象)"。可见,统计学主要从所处理的问题和"总体"的规模之间的相对关系视角理解"大数据"。例如,当"总体"含有 1000 个"个体"时,由 960 个样本组成的样本空间就可以称为"大数据"——大数据不是"绝对概念",而是相对于总体规模和统计分析方法选择的"相对概念"。

(3)机器学习。当训练集足够大,且计算能力足够强,只需通过对已有的实例进行简单查询即可达到"智能计算的效果"时,称之为"大数据(现象)"。可见,机器学习主要从"智能的实现方式"理解大数据——智能的实现可以通过简单的实例学习和机械学习方式实现。

(4)社会科学。当多数人的大部分社会行为可以被记录下来时,称之为"大数据(现象)"。可见,社会科学家眼里的"大数据"主要是从"数据规模与价值密度角度"谈的——数据规模过大导致的价值密度过低。

二、大数据的特征

一般认为,大数据主要具有以下四个方面的典型特征(4Vs):volume(大量)、variety(多样)、velocity(高速)、veracity(真实),同时从大数据的应用角度也体现以下两个特征:value(价值)、variability(可变)。概括起来,可以有六个主要特征。

(一)大量

大数据的特征首先就体现为数据体量大。如今存储的数据数量正在急剧增长,我们身边的所有数据,包括财务数据、医疗数据、监控数据等,都快将人类"淹没"在数据的"海洋"中。随着计算机深入到人类生活的各个领域,数据基数在不断增大,数据的存储单位已经从过去的 GB(Gigabyte,吉字节)级升级到 TB(Terabyte,太字节)级,再到 PB 级甚至 EB(Exabyte,艾字节)级。随着信息技术的高速发展,数据开始爆发性增长。社交网络(微博、Twitter、Facebook)、移动网络、各种智能工具和服务工具等,都成为数据的来源。淘宝网近 4 亿的会员每天产生的商品交易数据约 20TB;Facebook 约 10 亿的用户每天产生的日志数据超过 300TB。迫切需要智能的算法、强大的数据处理平台和新的数据处理技术来统计、分析、预测和实时处理如此大规模的数据。

在这里,我们有必要再次了解一下数据的计量单位。先前数据的最大单位是拍字节,现在我们常用泽字节(Zettabyte,ZB),是吉字节的一兆倍,太字节的十亿倍。在数据增长过程中,我们时常难以统一对下一个量级单位的全球命名。

IDC 发布的《数据时代 2025》报告显示,全球每年产生的数据将从 2018 年的 33ZB 增长到 2025 年的 175ZB,相当于每天产生 491EB 的数据,如图 2-1 所示。

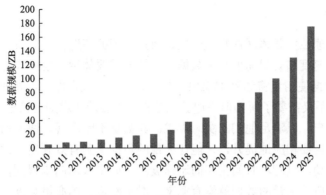

图 2-1　全球数据每年规模

事实上，所谓大数据并不仅仅指数据海量，而更多的是指这些数据都是非结构化的、残缺的、无法用传统的方法进行处理的数据。大数据需要量化并进行不断的开发、分析和应用。大数据需要量化而不是数字化。所谓量化是指从错综复杂的大量数据中不断地提取、整理，把现象转变成可以分析应用的形式。基于互联网技术发展起来的大数据应用，将会对人们的生产过程和商品交换过程产生颠覆性影响，随着数据总量的暴增，数据的实时分析和处理的难度将增大。然而如果这个问题得不到快速的改善，那么某些情况下：1TB 数据与 1GB 数据带来的价值就没有什么不同了。

（二）多样

广泛的数据来源，决定了大数据形式的多样性。数据的种类形式也是多种多样，从传统数据库到由终端用户和联机分析处理系统产生的层级数据存储，另外还有文本文档、邮件、XML（extensible markup language，可扩展标记语言）文本，计量器收集的、传感器捕获的数据，视频、音频数据，股票行情自动收录器的数据等。

以往的数据尽管数量庞大，但通常是事先定义好的结构化数据。结构化数据是将事物向便于计算机存储、处理的方向抽象后的结果，结构化数据在抽象的过程中，忽略了一些在特定的应用下可以不考虑的细节。相对于以往的结构化数据，非结构化数据越来越多，包括网络日志、音频、视频、图片、地理位置信息等，这一类数据的大小、内容、格式、用途可能完全不一样，对数据的处理能力提出了更高的要求。无论是企业还是人们日常生活中接触到的数据，绝大部分都是非结构化的。而半结构化数据，就是介于完全结构化数据和完全非结构化数据之间的数据，HTML（hypertext markup language，超文本标记语言）文档就属于半结构化数据，它一般是自描述的，数据的结构和内容混在一起，没有明显的区分。

商务大数据的来源广泛，种类繁多。既包含传统的结构化数据，例如基于职能和原有信息系统的数据来源，如财务、销售、供应商、生产、客户的数据，还包括从非传统渠道获得一些非结构化数据。经过测算得出，80%左右的数据都是以非结构化或者半结构化的形式呈现的（即这些数据不适合传统数据库架构），但这并不影响这些数据自身的价值，所以还是要收录、分析这些数据来支持决策行为。

（三）高速

大数据的高速性主要体现在数据产生、数据处理的高速性。

数据的增长速度和处理速度是大数据高速性的重要体现。根据 IDC 的报告，预计到 2025 年，全球数据使用量将达到 175ZB。在如此海量的数据面前，处理数据的效率显得格外重要。企业不仅需要了解如何快速获取数据，还必须知道如何快速处理、分析数据，并返馈结果给用户，以满足他们的实时需求。新数据不断涌现，快速增长的数据量要求数据处理的速度也要相应地提升，才能让大量的数据得到有效利用。此外，一些数据在互联网中不断流动，且随着时间推移而迅速衰减，如果数据尚未得到及时有效的处理，那么就失去了价值，大量的数据就没有意义。对不断增长的海量数据进行实时处理，是大数据与传统数据处理技术的关键差别之一。

对大多数机构来说，能达到快速反应的处理速度是一个不小的挑战。在一个时间敏感度极强的环境中，从数据诞生的那一刻起成本之钟就开始走动了。随着时间的推移，数据的价值将逐步衰减，直到变得一文不值。不管主题是病人的健康、交通系统的健全还是投资组合的完善，快速获取数据，以先于情况变化的速度出击，总能够带来有价值的结果。由大数据处理速度为特征驱动的分析法——数据流分析法，也被称为动态分析法。如果操作得当，数据流分析法在一些商务情境下，优于静态分析法。

（四）真实

真实性是指"与事实一致"，即数据的准确性高、质量可靠、值得信任。数据的重要性就在于对决策的支持，数据的规模并不能决定其能否为决策提供帮助，数据的真实性和质量才是获得真知和思路最重要的因素，是制定成功决策最坚实的基础。追求高数据质量是一项重要的大数据要求和挑战，即使最优秀的数据清理方法也无法消除某些数据固有的不可预测性，例如，人的感情和诚实性、天气形势、经济因素以及未来。在处理这些类型的数据时，数据清理无法修正这种不确定性，然而，尽管存在不确定性，数据仍然包含宝贵的信息。我们必须承认、接受大数据的不确定性，并确定如何充分利用这一点，例如，采取数据融合，即通过结合多个可靠性较低的来源创建更准确、更有用的数据点，或者通过模糊逻辑方法等先进的数学方法获得准确数据。

（五）价值

价值性是大数据的核心特征。现实世界所产生的数据中，有价值的数据所占比例很小。相比于传统的小数据，大数据最大的价值在于通过从大量不相关的各种类型的数据中，挖掘出对未来趋势与模式预测分析有价值的数据，并通过机器学习方法、人工智能方法或数据挖掘方法深度分析，发现新规律和新知识。大数据最大的价值在于通过从大量不相关的各种类型的数据中，挖掘出对未来趋势与模式预测分析有价值的数据，发现新规律和新知识。价值密度的高低与数据总量的大小成反比。大数据为了获取事物的全部细节，不对事物进行抽象、归纳等处理，直接采用原始的数据，保留了数据的原貌。因此，相对于特定的应用，大数据关注的非结构化数据的价值密度偏低。

大数据最令人兴奋的地方就在于价值定位。人们预想大数据包含（或者有更大的潜力包含）比小数据更多的模式和有趣的不规则现象。因此，机构能够从分析特征丰富的数据中获得更高的商业价值，其他方法并不能达到相同的效果。用户用简单的统计方法和机器学习方法，或者即席查询、报告工具也能够从小数据中发现一些模式，而大数据则代表了"大"分析、更广阔的视野以及更好的决策，任何一个机构都不会拒绝这样的好处。

如果获得了大量全国某一年龄段年轻人的上网数据，那么它自然就有了商业价值，比如通过分析这些数据，我们就知道这些人的爱好，进而指导产品的发展方向等。如果有了全国几百万病人的数据，根据这些数据进行分析就能预测疾病的发生，这些都是大数据的价值。大数据分析广泛应用于农业、金融、医疗等各个领域，从而最终达到改善社会治理、提高生产效率、推进科学研究的效果。

（六）可变

数据的处理速度和数据类型在不断增加，数据流也可能与周期性高峰错位。与周期性高峰错位意味着我们将难以正确地、节约性地开发数据基础设施。如果我们放入专门的资源来处理高峰时期的数据，就意味着在其他时间段这些资源在很大程度上是空闲的。一种比较流行的解决办法是利用在"基础设施即服务"的商业模型上整合的资源。云计算、服务导向的建筑和大型并行处理使大中小型企业都能够顺利处理数据的可变性问题。

第二节　商务大数据的安全与隐私保护

一、大数据安全与隐私的产生

（一）问题的产生

随着云计算、大数据等新兴技术的不断发展，人类社会进入到以大数据为主要特征的知识文明时代，大数据是企业的重要财富，正在成为企业一种重要的生产资料，以及企业创新、竞争、业务提升的前沿。但由此带来的信息安全风险挑战前所未有，远远超出了传统意义上信息安全保障的内涵，对于众多大数据背景下涉及的信息安全问题，很难通过一套完整的安全产品和服务从根本上解决安全隐患。

大数据时代的安全与传统信息安全相比，变得更加复杂，具体体现在三个方面：第一，大量的数据汇集，包括大量的企业运营数据、客户信息、个人的隐私和各种行为的细节记录，这些数据的集中存储增加了数据泄露风险；第二，因为一些敏感数据的所有权和使用权并没有被明确界定，很多基于大数据的分析都未考虑到其中涉及的个体隐私问题；第三，大数据对数据完整性、可用性和秘密性带来挑战，在防止数据丢失、被盗取、被滥用和被破坏上存在一定的技术难度，传统的安全工具不再像以前那么有用。

1. 大数据独特的导入方式使得攻防双方地位的不对等性大大降低

在大数据时代，数据加工和存储链条上的时空先后顺序已被模糊，可扩展的数据联系使得隐私的保护更加困难。过去传统的安全防护工作，是先扎好篱笆、筑好墙，等待黑客的攻击，我们虽然不知道下一个黑客是谁，但我们一定知道，它是通过寻求新的漏洞，从前面逐层进入。守方在明处，但相比攻方有明显的压倒性优势。而在大数据时代，任何人都可以是信息的提供者和维护者，这种由先天的结构性导入设计所带来的变化，很难知道"它"从哪里进来，"哪里"才是前沿。这种变化，使得攻、防双方的力量对比的不对等性大大降低。同时，由于这种不对等性的降低，在利用数据挖掘和数据分析等大数据技术获取有价值信息的同时，黑客也可以利用这些大数据技术发起新的攻击。黑客会最大限度地收集更多有用信息，比如社交网络、邮件、微博、电子商务、电话和家庭住址等信息，大数据分析使黑客的攻击更加精准。此外，黑客可能会同时控制上百万台傀儡机，利用大数据发起僵尸网络攻击。

2. 大数据网络的相对开放性使得安全加固策略的复杂性有所降低

在大数据环境下，数据的使用者同时也是数据的创造者和供给者，数据间的联系是可持续扩展的，数据集是可以无限延伸的，这就决定了关于大数据的应用策略要有新的变化，并要求大数据网络更加开放。大数据要对复杂多样的数据存储内容做出快速处理，这就要求很多时候，安全管理的敏感度和复杂度不能定得太高。此外，大数据强调广泛的参与性，这将倒逼系统管理者调低许多策略的安全级别。当然，大数据的大小也影响到安全控制措施能否正确地执行，升级速度无法跟上数据量非线性增长的步伐，就会暴露大数据安全防护的漏洞。

（二）主要挑战

大数据时代，每个人都是大数据的使用者和生产者。人们一边享受着基于移动通信技术和数据服务带来的快捷、高效，同时也笼罩在"个人信息泄露无处不在"，人人"裸奔"的风险之中，近年来频繁上演的信息泄露事件更是层出不穷，引发了大数据的信任危机，对大数据发展造成了严重不利的影响。例如，2016 年 5 月，一名俄罗斯黑客盗取了上亿个电子邮箱信息，其中包括 4000 万个雅虎邮箱，3300 万个微软邮箱以及 2400 万个 Google 邮箱。之后这些信息流入俄罗斯黑市，并以不到 1 美元的价格进行出售。事后，多方专家都对泄露原因进行猜测，来自 ESET 的信息安全研究人员 Lisa Myers 认为，邮箱账号过于陈旧或是邮箱凭证未经核实都可能为黑客提供可乘之机。在这个大数据几乎成为人们日常交流口头禅的时代，在这个人们饱含热情准备全力拥抱大数据的时刻，需要冷静下来对大数据安全管理和隐私保护进行深入的分析，以便更好地理解大数据安全和隐私问题的复杂性，从而帮助用户在个人数据保护方面做出更好的决策。企业在用户数据采集、使用、保护等方面应实施改进策略，政府在大数据管理方面应提出更好的法律法规等约束性机制。

（三）基于技术和价值角度的分析

IBM 2015 年度全球数据泄露成本调查显示，调研的 350 家跨国公司的数据泄露平均成本高达 379 万美元，每条丢失或被窃记录（包含敏感和机密信息）的平均支付成本高达 154 美元。大数据时代的安全及隐私保护形势异常艰巨。

1. 技术角度

（1）传统数据管理普遍采用关系型数据库，经过长期改进，其在维护数据安全方面已经非常完善。而大数据依托的基础技术是非关系型数据库，其并没有严格的访问控制机制及完善的隐私管理工具。

（2）大数据的来源和承载方式多种多样（包括智能手机、Pad、物联网、车联网、各类传感器等），数据分散于各个角落，使得企业很难定位这些数据和保护所有机密信息。

（3）非关系型数据库允许不断地对数据记录添加属性，其前瞻安全性变得非常重要，对数据库管理也提出了新的要求。

2. 核心价值角度

大数据价值的关键在于数据分析和利用，但同时会对用户隐私产生威胁。在大数据时代，想屏蔽外部数据商挖掘个人信息是很难实现的。通过社交网站中的信息、智能手机的位置信息等多种数据组合，已经可以以非常高的精度锁定个人，挖掘出个人信息体系，造成用户隐私安全问题。

二、大数据安全与隐私保护的含义

（一）大数据安全

1. 数据安全的含义

数据安全有至少两方面的含义。一是数据本身的安全，主要是指采用现代密码算法对数据进行主动保护，如数据保密、数据完整性、双向强身份认证等。二是数据防护的安全，主要是采用现代信息存储手段对数据进行主动防护，如通过磁盘阵列、数据备份、异地容灾等手段保证数据的安全。数据安全是一种主动的包含措施，数据本身的安全必须基于可靠的加密算法与安全体系，主要有对称算法与公开密钥密码体系两种。

数据安全从流程角度，也可以分为数据处理安全和数据存储安全。数据处理安全是指如何有效地防止数据在录入、处理、统计或打印中由硬件故障、断电、死机、人为的误操作、程序缺陷、病毒或黑客等造成的数据库损坏或数据丢失现象，某些敏感或保密的数据可能因不具备资格的人员或操作员阅读，而造成数据泄密等后果。而数据存储安全是指数据库在系统运行之外的可读性。一旦数据库被盗，即使没有原来的系统程序，照样可以另外编写程序对盗取的数据库进行查看或修改。从这个角度说，不加密的数据库是不安全的，容易造成商业泄密，所以便衍生出数据防泄密这一概念，这就涉及了计算机网络通信的保密、安全及软件保护等问题。

2. 大数据安全的技术挑战

大数据普遍存在巨大的数据安全需求。由于数据价值密度高，大数据往往成为众多黑客觊觎的目标，吸引大量攻击者铤而走险。大数据场景带来以下多项新技术挑战。

（1）如何在满足可用性的前提下实现大数据机密性，在大数据场景下，数据的高速流动特性以及操作多样性使得两者之间的矛盾更加突出。

（2）如何实现大数据的安全共享。在大数据访问控制中，用户难以信赖服务商正确实施访问控制策略，且在大数据应用中实现用户角色与权限划分更为困难。

（3）如何实现大数据真实性验证与可信溯源。当一定数量的虚假信息混杂在真实信息之中时，往往容易导致人们误判，最终影响数据分析结果的准确性。需要基于数据的来源真实性、传播途径、加工处理过程等，了解各项数据的可信度，防止分析得出无意义或者错误的结果。

（二）大数据隐私保护

在大数据分析和挖掘过程中，如收集、存储、分析数据时，通常包含了很多用户的真实及敏感的信息。这些信息可能包含个人信息（如姓名、地址、电话、身份证号码）、个人数据（年龄、性别、民族、婚姻状况、子女数量）、财政状况（工资、家庭收入、存款、投资账户等）、交易记录（电商交易记录、品种及金额，交易的倾向性等）以及其他的个人数据。大多数数据来源于第三方数据提供者，主要的隐私保护问题来自数据的使用者。为了保护隐私和个人权益，数据管理者必须遵守道德与法律约束，并且通过特定的制度防范数据受到入侵及泄露。大数据普遍存在隐私保护需求。大量事实表明，未能妥善处理会对用户的隐私造成极大的侵害。

（1）由于去匿名化技术的发展，实现身份匿名越来越困难。仅数据发布时做简单的去标识处理已经无法保证用户隐私安全，通过链接不同数据源的信息，攻击者可能发起身份重识别攻击（re-identification attack），逆向分析出匿名用户的真实身份，导致用户的身份隐私泄露。

（2）基于大数据对人们状态和行为的预测带来隐私泄露威胁。随着深度学习等人工智能技术快速发展，通过对用户行为建模与分析，个人行为规律可以被更为准确地预测与识别，刻意隐藏的敏感属性可以被推测出来。总体而言，目前用户数据的收集、存储、管理与使用等均缺乏规范，更缺乏监管，主要依靠企业的自律。用户无法确定自己隐私信息的用途。而在商业化场景中，用户应有权决定自己的信息如何被利用，实现用户可控的隐私保护。

（三）大数据安全与隐私保护的关系

大数据安全与隐私保护既相互联系，又有着不同的着眼点。大数据普遍还存在隐私保护需求。大量事实表明，未能妥善处理会对用户的隐私造成极大的侵害。

（1）大数据安全需求更为广泛，关注的目标不仅包括数据机密性，还包括数据完整性、真实性、不可否认性，以及平台安全、数据权属判定等。而隐私保护需求一般仅聚焦于匿名性。

（2）虽然隐私保护中的数据匿名需求与安全需求之一的机密性需求看上去比较类似，但后者显然严格得多，基于大数据对人们状态和行为的预测会带来隐私泄露威胁。

（3）在大数据安全问题下，一般来说数据对象具有明确定义。而在涉及隐私保护需求时，所指的用户"隐私"则较为笼统，可能具有多种数据形态。

三、商务大数据安全与隐私性的主要问题

大数据应用模式导致数据所有权和使用权分离，产生了数据所有者、提供者、使用者三种角色，数据不再像传统技术时代那样在数据所有者的可控范围之内。数据是大数据应用模式中各方都共同关注的重要资产，黑客实施各种复杂攻击的目标就是盗取用户的关键数据资产，因此围绕数据安全的攻防成了大数据安全关注的焦点，同时也牵动着

数据所有者、提供者、使用者等各方敏感的神经。

（一）大数据的网络安全威胁

网络技术的发展为不同领域、不同行业之间实现数据资源共享提供条件。在网络空间，大数据是更容易被"关注"的大目标。一方面，大数据意味着大规模的数据，也意味着更复杂、更敏感的数据。对于大数据的整合和分析可以获得一些敏感和有价值的数据，这些数据会吸引更多的潜在攻击者。另一方面，数据的大量汇集，使得黑客在将数据攻破之后以此为突破获取更多有价值的信息，无形中降低了黑客的进攻成本，增加了"性价比"。

目前，在网络中有多重安全隐患。例如，高级可持续攻击（advanced persistent threat，APT）的特点是攻击时间长、攻击空间广、单点隐藏能力强，大数据为入侵者实施可持续的数据分析和攻击提供了极好的隐藏环境。传统的信息安全检测是基于单个时间点进行的基于威胁特征的实时匹配检测，而APT是一个实施过程，不具有被实时检测到的明显特征，无法被实时检测。黑客轻易设置的任何一个攻击监测诱导欺骗，都会给安全分析和防护服务造成很大困难，或直接导致攻击监测偏离规则方向。隐藏在大数据中的APT攻击代码也很难被发现。此外，攻击者还可以利用社交网络和系统漏洞进行攻击，在威胁特征库无法检测出来的时间段发起攻击。

（二）大数据分析利用造成隐私泄露

大数据时代个人是数据的来源之一。企业大量采集个人数据，并通过一套技术、方法对与个人相连的庞大数据进行整合分析，对企业而言是挖掘了数据的价值。但对个人而言，却是在个人无法有效控制和不知晓的情况下，将个人的生活情况、消费习惯、身份特征等暴露在他人面前，这极大地侵犯了个人的隐私。随着企业越来越重视挖掘数据价值，通过用户数据来获取商业利益将成为趋势，个人隐私受到侵犯将很难避免。

大数据挖掘和分析等技术能为企业带来商业价值，为个人带来生活便利，黑客也会利用这些大数据技术发起攻击。黑客会从社交网络、邮件、微博、电子商务中，利用大数据技术搜集企业或个人的电话、家庭住址、企业信息防护措施等信息，大数据技术使黑客的攻击更加精准。此外，大数据也为黑客发起攻击提供了更多机会。如果黑客利用大数据发起僵尸网络攻击，就会同时控制上百万台傀儡机并发起攻击。

（三）大数据存储及传输的安全问题

大数据会使数据量呈非线性增长，而复杂多样的数据集中存储在一起，多种应用的并发运行以及频繁无序的使用状况，有可能会出现数据类别存放错位的情况，造成数据存储管理混乱或导致信息安全管理不合规范。同时，数据的不合理存储，也加大了事后溯源取证的难度。另外，大数据的规模也会影响到安全控制措施能否正确地运行。面对海量的数据，常规的安全扫描手段需要耗费过多的时间，已经无法满足安全需求；安全防护手段的更新升级速度无法跟上数据量非线性增长的步伐，就会暴露大数据安全防护的漏洞。大数据在传播过程中引发不同的安全问题。首先，大数据的传输需要各种网络协议，而部分专为大数据处理而新设计的传输协议仅关注于性能方面，缺乏专业的数据安全保护机制：若数据在传播过程中遭到泄漏、破坏或拦截，可能造成数据安全管理大失控、谣言大传播、隐私大泄密等问题。

（四）大数据的数据源的真实性与可信性问题

现有的大数据系统大多建立了各自独立的后台数据管理机制，给技术防护工作带来挑战，众多分散的数据源未进行相对集中的安全域管理，需要投入大量的防护、监控设备进行保护。同时，数据源众多，原始数据、衍生数据的大量存在，也造成数据一旦泄露难以查找根源，造成的危害可能无法弥补。大数据的可信性问题分为两个方面：一是来源于人为的数据捏造，即数据的真实性无法保证；二是数据在传输过程中的逐渐失真。当有人刻意制造或者伪造数据时，大数据就显得不那么可信。我们最常接触的就是各种电商网站上刷好评来误导消费者购物的情况。数据，即使是大数据，并不一定是准确或者可信的。数据在传输过程中会逐渐失真，数据采集过程可能引入误差，因为失误而导致数据失真与偏差，最终影响数据分析结果的准确性。此外，有可能是有效的数据已经变化，导致原有数据已经失去应有的作用，比如客户的电话号码、地址的变更等。

四、大数据安全防范与隐私保护技术

随着大数据投入实际应用，安全和隐私会不可避免地被提及，随之将会出现一些技术上的突破，但从哪个角度切入大数据安全，不同的安全厂商之间会出现较大的分歧。数据安全和隐私技术对于数据权保障、数据交易的技术发展有限，主要是缺乏明确的目标指引。数据安全与隐私技术主要分为四个方面。

（1）防泄漏技术与数据加密技术。防泄漏技术旨在保护个人隐私。防泄漏技术使用加密技术，依赖于数据传输过程的完整性与准确性。防泄漏技术保障了用户上网的安全，减少了网上交互存在的欺诈和滥用行为。这些技术的对象包括政府和医疗机构，以及社会网络等。数据加密技术对软件或硬件加密，可以防止机密数据被访问。对存储设备以嵌入式进行加密的驱动器，称为"自加密驱动器"。储存数据安全的关键在于对存储设备进行加密，主要是以硬盘加密为主，以光盘驱动器加密为辅。

（2）数据库审计和保护（database audit and protection，DAP）技术。在相关数据库管理系统中实现了数据集中管理，且一些DAP产品可以在大数据平台应用。DAP可以对数据进行实时预测和控制，规避风险。这些功能在身份识别、访问管理和信息安全与事件管理（security information and event management，SIEM）方面还没有办法做到。DAP在新兴技术周期上的曲线上升趋势已经放缓。近年来，由于现有的客户数量增加，为了解决数据管理的问题，DAP的市场继续增长。虽然DAP的数据预防控制工作已经很成熟，但是DAP供应商还是应该对DAP继续开发，不仅保护工作数据，当数据被闲置时也要被保护。

（3）数字安全（digital security）技术。数字安全结合了当前的网络安全和数字业务安全，目的是保护所有数字化企业的资产，不论这一资产是处在企业的核心地位还是附属地位。数字安全与信息安全、信息技术安全、操作技术安全、物联网安全、硬件安全结合，保障了网络安全。数字安全处于新兴技术曲线的技术萌芽期，其作为一种资产和动力，通过商业直接管理网络安全。数字安全将重塑网络安全的过程、组织和业务关系，数字安全首先会与客户关联，实现一个更加开放的业务模型，在这一模式下，商业的变化趋于不稳定并需要自适应系统的支持；数据会更容易获得；信息、资产和服务会更加趋于数字商业模式。这种变革最初将发生在金融服务和零售领域，随后会迅速扩展到工业环境中。随着时间的推移，企业会更加注重安全性、机密性、完整性和可用性的资产，无论采取什么形式，数字安全绝对是数字商业模式中不可缺少的一部分。

（4）匿名保护技术与数字水印技术。匿名保护技术需要保持数据细节的均一化，使所有信息保持相同的模糊度。比如，某人在淘宝上给某店铺打分1星，他可能认为这不会泄露自己的隐私，然而，某些人根据他的浏览记录，以此推测出其性格、职业、年龄、偏好、未婚与否等。匿名保护技术旨在匿名处理用户的敏感信息和模糊掉用户的私密社交关系，阻止他人不怀好意的窥探。数字水印不同于在文档或者多媒体上添加水印，而是指，在不影响数据载体正常使用的前提下对部分冗余信息添加水印，使信息即使被泄露，也不会对用户造成伤害。另外，水印的生成方法有很多种。在文本格式的基础上，可以通过调整字符间距添加水印。在文本内容的基础上，可以用同义词替换来添加水印。最常见的微信二维码技术，它使用若干个与二进制相对应的几何形体来表示文字数值信息，即用几何图形按一定规律在平面（二维方向上）分布的黑白相间的图形记录数据符号信息。每种码制有其特定的字符集，每个字符占有一定的宽度，具有一定的校验功能等。

五、基于流程的大数据安全防范技术分析

（一）数据产生环节

1. 威胁来源

（1）大数据时代，许多商家既是数据的生产者，又是数据的存储者、管理者和使用者，单纯通过技术手段限制商家对用户信息的使用，实现用户隐私保护将极其困难。

（2）目前用户数据的收集、存储、管理与使用等均缺乏规范，更缺乏监管，主要依靠企业的自律。用户无法确定自己隐私信息的用途。

（3）服务商内部人员偷盗售卖、网络服务安全漏洞被利用、木马以及钓鱼网站恶意盗取等也可能导致该环节的数据安全及隐私问题。

2. 常用应对技术及角度

基于数据产生环节的防范技术，包括数据加密技术、个人角度降低数据泄露风险、厂商角度降低数据泄露风险等。数据加密技术是指在数据生成后，可以采用数据加密，进而有效防止数据库信息失密性的有效手段。通常加密的方法有替换、置换、混合加密等。个人角度降低数据泄露风险，是指想要规避隐私泄漏风险，需要提高个人账号密码复杂度，尤其是涉及支付类网络服务的账号密码要使用非常用密码，对能够进行多重密码保护的账号尽可能地完成多重保护操作。厂商角度降低数据泄露风险，包括以下三个原则：用户信息是用户个人资产；厂商获取及使用用户数据信息，用户要有选择权、知情权和拒绝权；安全责任原则。

（二）数据获取及传输环节

在大数据传输生命周期的各个阶段、各个环节，越来越多的安全隐患逐渐暴露出来。比如，大数据传输环节，除了存在泄漏、篡改等风险外，还可能被数据流攻击者利用，数据在传播中可能出现逐步失真等。又如，大数据传输处理环节，除数据非授权使用和被破坏的风险外，由于大数据传输的异构、多源、关联等特点，即使多个数据集各自脱敏处理，数据集仍然存在因关联分析而造成个人信息泄漏的风险。

数据获取及传输根据传输渠道分为两类：线上传输和线下传输。线上主要是指利用互联网等虚拟媒介而实现的一系列没有发生面对面交互的数据传输。线下可理解为有真实发生的、当面的、人与人之间存在肢体动态的一系列活动，即通过移动硬盘等移动存储媒介传输数据。

对于线下传输方式，实体媒介的物理安全是数据安全的保障，实体媒介的遗失、被窃、损害等情况，都存在数据保密性、完整性被破坏的风险，可能导致用户隐私信息的泄露。因此，需要一定管理制度进行控制和协调。对于线上传输方式，比如 Internet 或 Intranet 传输，可以使用 Internet 协议安全性保证其安全。但用户的数据以明文的形式传输，被黑客截获，很可能存在数据被盗用、滥用情况，导致用户隐私信息泄露。因此，需要对获取和传输阶段的安全及隐私进行保障。在数据获取及传输环节的保障可以分为安全、认证两方面的规范。安全规范包括加密算法、报文摘要算法、安全通信协议等方面的规范。认证规范包括数字签名、数字证书、公钥基础设施。

（三）数据存储环节

大数据的数据类型和数据结构是传统数据不能比拟的，在大数据的存储平台上，数据量是以非线性甚至是指数级的速度增长的,各种类型和各种结构的数据进行数据存储，势必会引发多种应用进程的并发且频繁无序地运行，极易造成数据存储错位和数据管理混乱，为大数据存储和后期的处理带来安全隐患。

随着结构化数据和非结构化数据量的持续增长以及数据来源的多样化，以往的存储系统已经无法满足大数据应用的需要。对于占数据总量80%左右的非结构化数据，通常采用非关系型数据库（Not Only SQL，NoSQL）存储技术完成对大数据的抓取、管理和处理。虽然 NoSQL 数据存储易扩展、高可用、性能好，但是仍存在一些问题。例如，访问控制和隐私管理模式问题、技术漏洞和成熟度问题、授权与验证的安全问题、数据管理与保密问题等。而结构化数据的安全防护也存在漏洞，例如物理故障、人为误操作、软件问题、病毒、木马和黑客攻击等因素都可能严重威胁数据的安全性。大数据所带来的存储容量问题、延迟、并发访问、安全问题、成本问题等，对大数据的存储系统架构和安全防护提出挑战。

对于数据库系统来说，它受到的威胁主要有：对数据库的不正确访问，引起数据库数据的错误；为了某种目的，故意破坏数据库，使其不能恢复；非法访问不该访问的数据库信息，且又不留痕迹；用户通过网络进行数据库访问时，有可能受到各种技术的攻击；未经授权非法修改数据库数据，使其失去真实性；硬件毁坏；自然灾害；磁干扰等。

在数据存储环节，最为核心的就是数据库的安全。保证数据库安全主要考虑四个层

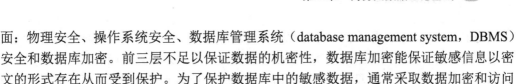

面：物理安全、操作系统安全、数据库管理系统（database management system，DBMS）安全和数据库加密。前三层不足以保证数据的机密性，数据库加密能保证敏感信息以密文的形式存在从而受到保护。为了保护数据库中的敏感数据，通常采取数据加密和访问控制的双重机制。此外，为保证 DBMS 的安全，可采取的措施主要有信息流控制（information flow control）、推理控制（inference control）和访问控制（access control），其中应用最广且最为有效的是访问控制措施。

数据库加密技术也是保证数据库安全的重要措施之一。数据库加密技术主要是利用一些语言程序将数据进行加密，对数据进行隐私保护，这样数据在传输的过程中可以确保网络数据库运行的安全性、可靠性。

（四）数据分析及应用环节

在数据分析及应用阶段，存在安全、隐私问题，其原因包括以下两方面。

（1）关联属性。在大数据分析及应用阶段，可以通过用户零散数据之间的关联属性，将某个人的很多行为数据聚集在一起，这时他的隐私很可能就会暴露，因为有关他的信息已经足够多，这种隐性的数据暴露往往是个人无法预知和控制的。

（2）基于大数据的个人状态及行为预测。在大数据时代，人们面临的威胁并不仅限于个人隐私泄露，还在于基于大数据对人们状态和行为的预测。例如，零售商可以通过历史记录分析，得到顾客在衣食住行等方面的偏好、倾向等；社交网络分析研究也表明，可以通过其中的群组特性发现用户的属性，如通过分析用户的微博等信息，可以发现用户的政治倾向、消费习惯以及其他爱好等。

针对关联属性、基于大数据的个人状态及行为预测可能造成的数据安全及隐私问题，在数据分析及应用阶段，能够采用的数据隐私保护关键技术包括：数据发布匿名保护技术、社交网络匿名保护技术、数据水印技术。数据水印技术在上文已有介绍，以下不再赘述。

1. 数据发布匿名保护技术

对于大数据中的结构化数据（或称关系数据）而言，数据发布匿名保护是实现其隐私保护的核心关键技术与基本手段，目前仍处于不断发展与完善阶段。以典型的 k 匿名方法为例，可通过元组泛化、抑制等数据处理，将准标识符分组。但这些方法是针对静态、一次性发布情况。而现实中，数据发布常面临数据连续、多次发布的场景，需要防止攻击者对多次发布的数据联合进行分析，破坏数据原有的匿名特性。在大数据场景中，数据发布匿名保护问题更为复杂，攻击者可以从多种渠道获得数据，而不仅仅是同一发布源。例如，攻击者可通过将数据与公开可获得的数据相对比，从而识别出目标在某个网站的账号，并据此获取用户的政治倾向与宗教信仰等。数据发布匿名保护技术也是目前的研究热点。

2. 社交网络匿名保护技术

社交网络是大数据的重要来源之一，其数据中也包含大量用户隐私数据。由于社交网络具有图结构特征，其匿名保护技术与结构化数据有很大不同。社交网络中的典型匿名保护需求为用户标识匿名与属性匿名（又称点匿名），即在数据发布时隐藏了用户的标识与属性信息，以及用户间关系匿名（又称边匿名），即在数据发布时隐藏用户间的关系。而攻击者试图利用节点的各种属性（度数、标签、某些具体连接信息等），重新识别出图中节点的身份信息。目前的边匿名方案大多是基于边的增删。随机增删交换边的方法可以有效地实现边匿名。

另一个重要思路是基于超级节点对图结构进行分割和集聚操作，如基于节点聚集的匿名方案、基于基因算法的实现方案、基于模拟退火算法的实现方案、先填充再分割超级节点的方案等。基于超级节点的匿名方案虽然能够实现边的匿名，但是与原始社交结构图存在较大区别，以牺牲数据的可用性为代价。

社交网络匿名方案面临的重要问题是，攻击者可能通过其他公开的信息推测出匿名用户，尤其是用户之间是否存在连接关系。例如，可以基于弱连接对用户可能存在的连接进行预测，适用于用户关系较为稀疏的网络；根据现有社交结构对人群中的等级关系进行恢复和推测。针对微博型的复合社交网络进行分析与关系预测；基于限制随机游走方法，推测不同连接关系存在的概率。研究表明社交网络的集聚特性对于关系预测方法的准确性具有重要影响，社交网络局部连接密度增大，集聚系数增大，则连接预测算法的准确性进一步增强。因此，未来的匿名保护技术应可以有效抵抗此类推测攻击。

第三节　商务大数据思维与价值关联

一、商务大数据思维

近年来大数据技术的快速发展深刻改变了我们的生活、工作和思维方式。大数据研究专家舍恩伯格指出，大数据时代，人们对待数据的思维方式会发生如下三个变化：第一，人们处理的数据从样本数据变成全部数据；第二，由于是全样本数据，人们不得不接受数据的混杂性，而放弃对精确性的追求；第三，人类通过对大数据的处理，放弃对因果关系的渴求，转而关注相关关系。事实上，大数据时代带给人们思维方式的深刻转变远不止上述三个方面。大数据思维最关键的转变在于从自然思维转向智能思维，使得大数据像具有生命力一样，获得类似于"人脑"的智能，甚至智慧。对于企业而言，大数据的收集、整理与分析成为企业日常经营活动的一个重要组成部分。商务大数据的思维要求企业和企业管理者，要把大数据当作企业的一项资产，把数据的处理当作企业业务流程的一个组成部分，甚至有必要将来将大数据价值计入会计系统中。商务大数据思维是一个广义的概念，但至少可以从总体性、容错性、相关性和智能性角度做出思维的变革。

（一）总体性思维

社会科学研究社会现象的总体特征，以往采样一直是主要数据获取手段，这是人类在无法获得总体数据信息条件下的无奈选择。在大数据时代，人们可以获得与分析更多的数据，甚至是与之相关的所有数据，而不再依赖于样本，从而可以带来更全面的认识，可以更清楚地发现样本无法揭示的细节信息。正如牛津大学教授，著名的数据专家舍恩伯格总结道："我们总是习惯把统计抽样看作文明得以建立的牢固基石，就如同几何学定理和万有引力定律一样。但是，统计抽样其实只是在技术受限的特定时期，为解决当时存在的一些特定问题而产生的，其历史不足一百年。如今，技术环境已经有了很大的改善。在大数据时代进行抽样分析就像是在汽车时代骑马一样。在某些特定的情况下，我们依然可以使用样本分析法，但这不再是我们分析数据的主要方式。"也就是说，在大数据时代，随着数据收集、存储、分析技术的突破性发展，我们可以更加便捷、动态地获得与研究对象有关的所有数据，而不再因诸多限制不得不采用样本研究方法，相应地，思维方式也应该从样本思维转向总体思维，从而能够更加全面、立体、系统地认识总体状态。大数据是数据数量上的增加，以至于我们能够实现从量变到质变的过程。例如，照片到电影，照片一分钟一张，一秒钟一张，一秒钟二十四张成了电影。量变质变定律有时间阶段发展影响和空间相关关联影响，离散思维向连续思维转换。

（二）容错性思维

在大数据时代，得益于大数据技术的突破，大量的非结构化、异构化的数据能够得到储存和分析，这一方面提升了我们从数据中获取知识和方案的能力，另一方面也对传统的精确思维造成了挑战。舍恩伯格指出，"执迷于精确性是信息缺乏时代和模拟时代的产物。只有少部分的数据是结构化且能适用于传统数据库的。如果不接受混乱，剩下大部分的非结构化数据都无法利用，只有接受不精确性，我们才能打开一扇从未涉足的世界的窗户"。也就是说，在大数据时代，思维方式要从精确思维转向容错思维，当拥有海量即时数据时，绝对的精准不再是追求的主要目标，适当忽略微观层面上的精确度，容许一定程度的错误与混杂，反而可以在宏观层面拥有更好的知识和洞察力。

（三）相关性思维

在小数据世界中，人们往往执着于现象背后的因果关系，试图通过有限样本数据来剖析其中的内在机理。小数据的另一个缺陷就是有限的样本数据无法反映出事物之间的普遍性的相关关系。而在大数据时代，人们可以通过大数据技术挖掘出事物之间隐蔽的相关关系，获得更多的认知，运用这些认知可以帮助我们捕捉现在和预测未来，而建立在相关关系分析基础上的预测正是大数据的核心议题。通过关注线性的相关关系，以及复杂的非线性相关关系，可以帮助人们看到很多以前不曾注意的联系，还可以掌握以前无法理解的复杂技术和社会动态，相关关系甚至可以超越因果关系，成为我们了解这个世界的更好视角。舍恩伯格指出，大数据的出现让人们放弃了对因果关系的渴求，转而关注相关关系，人们只需知道"是什么"，而不用知道"为什么"。我们不必非得知道事物或现象背后的复杂深层原因，而只需要通过大数据分析获知"是什么"就意义非凡，这会给我们提供非常新颖且有价值的观点、信息和知识。也应是说，在大数据时代，思维方式要从因果思维转向相关性思维，努力颠覆千百年来人类形成的传统思维模式和固有偏见，才能更好地分享大数据带来的深刻认知。

当然，相关性关系并不是洞察大数据的终极目标。在很多情况下，一旦我们完成了对大数据的相关性关系分析，而又不再满足于仅仅是什么时，我们就会继续朝向因果关系的研究，寻求"为什么"，并且基于相关性关系的分析，进一步寻求因果关系将会大大降低其分析成本。其实，因果关系就是一种特殊的相关性关系。

（四）智能化思维

不断提高机器的自动化、智能化水平始终是全社会长期不懈努力的方向。计算机的出现极大地推动了自动控制、人工智能和机器学习等新技术的发展，各种新技术的研发取得了突飞猛进的成果。应该说，自进入信息社会以来，人类社会的自动化、智能化水平已得到明显提升，但始终面临瓶颈而无法取得突破性进展，机器的思维方式仍属于线性、简单、物理的自然思维，智能水平仍不尽如人意。但是，大数据时代的到来，可以为提升机器智能带来契机，因为大数据将有效推进机器思维方式由自然思维转向智能思维，这是大数据思维转变的关键所在、核心内容。众所周知，人脑之所以具有智能、智慧，就在于它能够对周围的数据信息进行全面收集、逻辑判断和归纳总结，获得有关事物或现象的认识与见解。同样，在大数据时代，随着物联网、云计算、社会计算、可视技术等的突破发展，大数据系统也能够自动地搜索所有相关的数据信息，并进而类似"人脑"一样主动、立体、具有逻辑地分析数据、做出判断，那么无疑也就具有了类似人类的智能思维能力和预测未来的能力。"智能、智慧"是大数据时代的显著特征，大数据时代的思维方式也要从自然思维转向智能思维，不断提升机器或系统的社会计算能力和智能化水平，从而获得具有洞察力和新价值的东西，甚至类似于人类的"智慧"。

大数据开启了一个重大的时代转型。就像望远镜让我们感受宇宙，显微镜让我们能够观测到微生物一样，大数据正在改变我们的生活以及理解世界的方式，成为新发明和新服务的源泉，而更多的改变正蓄势待发。大数据时代将带来深刻的思维转变，大数据不仅将改变每个人的日常生活和工作方式，改变商业组织和社会组织的运行方式，而且将从根本上奠定国家和社会治理的基础数据，彻底改变长期以来国家与社会诸多领域存在的"不可治理"状况从而使得国家和社会治理更加透明、有效和智慧。

二、商务大数据的价值观

（一）大数据价值观的表现

随着大数据的兴起，数据从原先仅具有符号价值逐渐演变为同时具有经济价值、科学价值、政治价值等诸多价值的重要资源，从而带来了数据价值本质的根本性变化。

第一，商务大数据成了新兴财富，具有重要的经济价值，从而引发财富价值观的变革。在传统的价值观念中，土地、物品、能源、劳动力等看得见又摸得着的实体才被看作财富的象征，而数据只是一种符号、一种存储记录或计算财富的工具。但在大数据时代，数据不仅是财富的记录和标志，而且自身也成为一种新兴财富，即数据财富。例如，广告服务提供商可以通过分析社交媒体公司的用户数据，获取用户的兴趣偏好、职业、年龄等特征，从而可以进行精准的服务推荐、广告投放等。这时候数据就可以带来巨大的收益，数据本身也就具有了价值。同样，我们可以把不涉及用户隐私的数据进行数据交易，这时数据就成为一种正常的商品，通过共享创造更多价值。例如，贵阳大数据交易所、上海数据交易中心等都将获得更多机会。大数据让我们从实体经济的狭隘思维中解放出来，带来了全新的就业方向、产业布局、商业模式和投资机会，创造出"点数成金"的财富神话。

第二，数据成为人类认知世界的新源泉，蕴含着丰富的科学认知价值。大数据是一种重要的科学认识工具，它将数据化从自然世界延伸到人类世界，原先只能进行定性研究的人类思想、行为，如今逐渐被数据化。大数据带来了开放、共享的价值理念。大数据要求打破数据隔离和数据孤岛，实现数据资源的开放、共享。数据的开放和共享，特别是商务大数据，带来了大数据时代的自由、公平与公正。

第三，商务大数据可以优化企业资源配置。利用商务大数据实现资源的高效利用，提高经营管理实效，这也是商务大数据应用的重要落地点。例如，滴滴出行可以通过分析历史订单和交通状况，并利用大数据分析实时综合调度快车、专车、出租车等出行资源，实现全局的交通资源优化。这就大大方便了用户的交通出行，减少了司机的寻客时间，避免了资源浪费和过度竞争，提高了交通资源的使用效率。房地产商利用大数据分析价值洼地，金融企业利用大数据建设征信系统、降低坏账率，广告行业利用大数据分析用户行为、进行广告的精准投放等，都是优化资源配置的体现。因此，在各行各业合理地利用大数据，充分发挥大数据的价值，可以避免资源浪费，提高效率和体验，实现整体的资源优化配置。

（二）把握大数据价值创造规律

从根本上说，制约大数据发展的问题在很大程度上源于认识和思维层面，即源于对大数据的内涵、大数据价值产生的机理和规律认识不清。大数据价值产生有其内在规律，只有深刻认识并掌握这些规律，才能提高科学运用大数据的能力。

（1）数据量大是大数据具有价值的前提。当数据量不够大时，它们只是离散的"碎片"，人们很难读懂其背后的故事。随着数据量不断增加，达到并超过某个临界值后，这些"碎片"就会在整体上呈现出规律性，并在一定程度上反映出数据背后的事物本质。这表明，数据量大是数据具有价值的前提，大数据具有大价值。大数据的"大"是相对的，与所关注的问题相关。通常来说，分析和解决的问题越宏观，所需要的数据量就越大。

（2）数据关联是大数据实现价值的基础。运用大数据解决的问题通常涉及多部门、多领域、多个体、多视角，单纯的数据量的积累不一定能让人认识事物的全局，只有将不同侧面、不同局部的数据汇聚起来并加以关联，才能产生对事物的整体性和本质性认识。数据汇聚使数据可能产生价值，数据关联使数据实现价值，因此必须推动数据开放共享。政府、企业是大数据的主要拥有者。要推动大数据转化为发展动能，就要保障数据供给和合理合法开放共享。

（3）计算分析使大数据最终产生价值。大数据通常价值巨大但价值密度低，很难通过直接读取提炼价值。只有通过综合运用数学、统计学、计算机等工具进行大数据分析，才能使大数据产生价值，完成从数据到信息再到知识和决策的转换。大数据价值链包括数据采集、流通、储存、分析与处理、应用等环节，其中分析与处理是核心。如果只存储不分析，就相当于只买米不做饭，产生不了实际效益。当前，我国大数据产业在某些环节（如储存）过于集中，有产能过剩之虞，但在分析与处理环节的产能又严重不足，这应引起重视。还要看到，传统用于分析数据的统计学方法和数据挖掘方法对于大数据并不适用，必须重建大数据的统计学基础、计算基础与数据挖掘方法基础。

（4）广泛使用使大数据效益倍增。大数据及其产品具有易复制、成本低、叠加升值、传播升值等特点，能够被广泛、重复、叠加使用，具有较高的边际效用和正外部性。同一组数据不仅可以在合理合法的前提下以较低成本提供给不同使用方，使单一数据服务多个主体，而且可以针对不同目的、使用不同方法进行分析，使单一数据产生多样价值。因此，大数据能够一次投入、反复使用，产生倍增效益，有利于提升各行各业应用数据解决困难和问题的能力。

（5）大数据是新型生产要素和重要的基础性战略资源，蕴藏着巨大价值，经过深入挖掘并加以应用，能够有力推动经济转型发展，重塑国家竞争优势，提升国家治理现代化水平。大数据是能够靠制度、积累、科技撬动的，因而可以成为欠发达地区异军突起的发展驱动力。大数据具有通用技术性，可以广泛而深入地应用于企业生产、政府管理和社会治理、民生改善等各个领域，产生难以估量的价值和效益。各级领导干部、企业家、创业者乃至全民都应形成大数据思维，提高自觉、合法、有效利用大数据的意识，增强利用数据推进各项工作的本领，使大数据在经济社会发展中发挥更大作用。

三、商务大数据的价值关联

迈克尔·波特的价值链理论，诠释了基于价值角度的企业战略及内部流程管理思路，对近代的全球企业经营产生了深远的影响。价值关联是在价值链的基础上提出的一种新型的思维方式，最早产生于社会学领域。价值关联强调的是社会文化价值对科学研究者的制约作用和科学与社会价值体系的某种统一性。价值关联是指原有既定的价值关系在大数据的重构下得以重新体现，并根据社会需求或社会需求的引导得以实现价值提升。价值关联是大数据的一个重要特征。价值关联是有无问题，是大数据的特征，至于大数据特定经济现象中价值关联的强弱，那就是程度问题。价值关联模式有两种，表现为横向价值关联（大数据的关系型分析，如 Google）和纵向价值关联（价格发现与成本表达方式发生变化，导致新平台的产生，如淘宝）。

（一）数据关联定义与核心

在大数据时代，数学上相关性极低的数据，只要数量足够大，足够构成全样本，那么它们汇集起来就会发生价值关联，产生价值。因此，大数据时代研究的是基于庞大数据库和庞大计算能力的数据相关性关系，同时也是一个基于全局数据库（整个社会的离散化结构）的因果关系。

关联分析又称关联挖掘，就是在交易数据、关系数据或其他信息载体中，查找存在于项目集合或对象集合之间的频繁模式、关联、相关性或因果结构。关联分析是一种简单、实用的分析技术，就是发现存在于大量数据集中的关联性或相关性，从而描述了一个事物中某些属性同时出现的规律和模式。关联分析是从大量数据中发现项集之间有趣的关联和相关联系。关联分析的一个典型例子是购物篮分析。该过程通过发现顾客放入购物篮中的不同商品之间的联系，分析顾客的购买习惯。通过了解哪些商品频繁地被顾客同时购买，这种关联的发现可以帮助零售商制定营销策略。其他的应用还包括价目表设计、商品促销、商品的排放和基于购买模式的顾客划分。可从数据库中关联分析出诸如"由某些事件的发生而引起另外一些事件的发生"之类的规则。如"67%的顾客在购买啤酒的同时也会购买尿布"，因此通过合理的啤酒和尿布的货架摆放或捆绑销售可提高超市的服务质量和效益。又如"C语言"课程优秀的同学，在学习"数据结构"时为优秀的可能性达88%，那么就可以通过强化"C语言"的学习来提高教学效果。

商务大数据研究的是海量数据如何形成有效价值关联的问题。只要具有相关性程度的数据即可产生价值，这取决于我们挖掘其价值的途径与方法或者说取决于价值取向。一个重要的问题是，具有关联价值的数据如何产生大数据的经济价值，这实质上需要具体阐述价值关联如何使价值爆炸式增值。因为单条数据并不具有外部性，多条数据便具有外部性。一旦到了全局数据化的层面，数据的用途外部性与成员外部性就异常凸显。所以，要找到实现数据之间的外部性连接点，并使其实现一加一大于二的价值。如国家电网智能电表的数据可以用于估计房屋空置率，淘宝销售数据可以用来判断经济走势。而这个连接点，以用户为中心。结合用户在不同系统留下的数据，充分利用个性化的数据挖掘技术，是实现通过数据交叉而产生巨大价值的最可行的途径之一。价值一旦产生较强关联性，我们便可以从"样本"预测出"全样本"信息，解决由信息不对称带来的高昂的成本与费用问题，使原本模糊的、复杂的事物之间的关系清晰明了，从而产生巨大的经济价值。研究商务大数据的目的便在于从价值密度低的海量行业数据中挖掘出关联度高、价值增加值大的海量数据。大数据要求数据能充分发挥其外部性作用，并通过与某些相关性数据交叉融合，产生远大于简单加和的巨大价值。

（二）价值关联模式

著名管理学大师德鲁克曾说过，当今企业间的竞争，不是产品的竞争，而是商业模式的竞争。商业模式规定了公司在价值链中的位置，指导着公司如何赚取剩余价值；并指出商业模式明确了一个公司开展什么活动来创造价值，在价值链中如何选取上下游合作伙伴以及怎样与客户达成交易、为客户提供价值。

大数据经济商业模式的核心在于价值关联模式，即如何从浩瀚如海的大量数据中发现价值关联性的数据并且产生经济价值。首先必须清楚数据间的关系。数据关系有数据比较、数据互补与数据关联。数据只有经过整合才能形成大数据，整合的方式有混合、聚合与融合（自上而下与自下而上），也即有横向价值关联、纵向价值关联与混合价值关联。

（1）从价值链出发，大数据的横向价值关联（大数据的关系型分析）。Google公司研究了本行业上下游或者不同企业之间的价值关联，如研究研发投入与产品价格的关系等，竞争对手的销售额与本企业劳动力流失的关系。

（2）大数据的纵向价值关联是指价值重构（价格发现与成本表达）。例如，许多电商企业从消费者的交易过程探究电子商务未来发展动向。比如核心成本从物质成本，转化为数据计算成本。上述两者表现在平台上实现，但是平台是数字化结构与无成本传递，具有数据的使用、支配权力。

（3）大数据的混合价值关联是指不同行业关联，重塑价值链。例如，一家小服装企业，通过大数据平台可以直接把产品从工厂送达全球各地的用户手中，使国外市场的销售额比去年同期大幅度增加，但交易成本只是略微地增加。这说明该企业通过大数据平台使自己原有"市场销售"这个环节发生了质变：过去把商品卖到国外，要经过国内出口商、国外进口商、批发商、商场，最终才能到达用户手中，而现在可以直达用户。

卡夫食品通过采用 IBM 大数据与分析方案，在 10.5 亿条博客、论坛和讨论版的内容中抓取了 47.9 万条关于 Vegemite 新产品的讨论信息并进行深层分析，最终高效地完成了产品升级。该案例表明大数据平台使企业在研发环节上得到了更强的竞争力。2003年，捷蓝航空公司向美国的一家承包商 Torch Concepts 提供了超过 100 万条乘客信息。Torch Concepts 公司随后在乘客信息中加入了额外的信息，如家庭规模和社保账号——这是从数据代理人 Acxiom 公司获得的。整合后的数据用于数据挖掘项目，以建立并分析潜在的顾客需求和消费倾向。

传统的客户关系管理一般关注两方面的客户数据：客户的描述性数据和行为数据。描述性数据类似于一个人的基本概况，行为数据则复杂一些，比如消费者购买偏好、购买的组合方式等。个人的兴趣爱好，还有个人的平时出没场所，都可以通过言语以及社会交往显现出来，特别是通过社交网络进行传播。能够将这些点滴的数据、零散无序的数据（非结构化）有序地结合起来，就是基于价值关联的数据挖掘与数据储备，就形成了一个关于客户的全方位数据库。

商务大数据的价值关联，不仅表现为上面所述的技术分析手段或者特定的行为分析，更表现为整个社会的行为倾向。这种行为倾向往往因为信息交流（经过数字化结构之后的信息），而发生或者被诱导在特定的行为空间中。

第四节　商务大数据技术架构

伴随着云计算、物联网为代表的第三次信息技术浪潮，信息与通信技术发展从计算效能开发转向数据效能挖掘。数据的经济价值和科学价值不断提升，被视为等同于自然资源、人力资源的新型战略资源。而大数据问题也成为产、学、研各界关注的热点，大数据是云计算、物联网技术的延续和变革，对国家治理模式、企业运行机制、个人生活方式都将产生巨大的影响。大数据技术描述了一种新一代的技术和构架，以经济的方式高速地捕获、发现和分析数据，从各种超大规模的数据中提取价值。大数据技术包含各类基础设施支持，底层计算资源支撑着上层的大数据处理。底层主要是数据采集、数据存储阶段，上层则是大数据的计算、处理、挖掘与分析和数据可视化等阶段。

一、商务大数据基础设施及条件

（一）基础设施支持

大数据处理需要拥有大规模物理资源的云数据中心和具备高效的调度管理功能的云计算平台的支撑。云计算管理平台能为大型数据中心及企业提供灵活高效的部署、运行和管理环境，通过虚拟化技术支持异构的底层硬件及操作系统，为应用提供安全、高性能、高可扩展性、高可靠和高伸缩性的云资源管理解决方案，降低应用系统开发、部署、运行和维护的成本，提高资源使用效率。

云计算平台可分为三类：以数据存储为主的存储型云平台、以数据处理为主的计算型云平台以及计算和数据存储处理兼顾的综合云计算平台。目前国内外已经存在较多的云计算平台，开源的有 OpenStack、CloudStack、Hadoop 等。商业化的云计算平台国外有 Google 公司的 AppEngine、Microsoft 的 Azure、亚马逊公司的 EC2 等，国内也有阿里云、百度云和腾讯云等。

（二）数据中心与大数据

1. 数据中心概述

全球信息化发展迅速，数据中心日益演变成信息化社会的基础设施，推动着数据中心往超大规模的方向发展。以数据中心巨头亚马逊公司为例，截至 2020 年 4 月，全球范围内有数十万计的企业租用亚马逊数据中心运行自己的日常业务。美国 Netflix 公司仅为亚马逊的一个租户，其注册用户数已超过三千万。用户数量的激增反过来又迫使数据中心不断扩容。数据中心通过出租由计算、存储、带宽等资源构成的虚拟网络为租户服务。

数据中心是一套复杂的设施，不仅包括计算机系统以及与之配套的设备，还包含了大量的数据通信连接、环境控制设备、监控设备和其他安全装置。数据中心的主要作用是对企业的业务系统和数据资源进行集中、集成、共享、运营和管理。数据中心一般由四部分组成：机房场地，用来存放服务器、网络设备等；辅助设备，如变电器、制冷设备、不间断电源等；IT 设备，数据中心的核心设备，包括服务器、存储设备、网络设备等；运行维护设备，支持数据中心的良好运作。目前，数据中心分为两类：一类数据中心是企业自行建立的，只服务于企业内部；另一类是数据中心服务商，面向所有需要使用数据中心功能的租户提供服务。

从数据中心的职能来划分，数据中心的发展可以分为三个阶段：第一阶段的主要职能是存放 IT 设备、提供简单的 IT 服务以及设备的运维；第二阶段的主要职能是监控和管理设备、提供计算及存储数据的服务以及业务系统的建设维护；第三阶段，未来数据中心的主要职责将延伸至数据感知、数据分析和数据挖掘。

2. 云计算、数据中心与大数据的关系

云计算、数据中心和大数据三者之间，既相互联系，又各不相同。云计算是一种基于互联网的计算方式，通过这种方式，共享的软硬件资源和信息可以按需提供给计算机和其他设备。典型的云计算提供商往往提供通用的网络业务应用，可以通过浏览器等软件或者其他 Web 服务来访问，而软件和数据都存储在服务器上。云计算服务通常提供通用的通过浏览器访问的在线商业应用，软件和数据可存储在数据中心。在大数据时代，数据中心不仅是集中存储数据的组织机构，还应承担更多的责任，采集数据、管理数据、组织数据，尽可能发挥数据的价值和作用。数据中心的关键不是"中心"而是"数据"，拥有海量的数据资源，并将数据按照自身的核心目标和发展路径进行组织和管理，远比拥有良好的场地和资源更具价值。大数据的涌现，给数据中心带来了良好的发展机

遇和巨大的挑战。数据中心对于大数据的支持表现在：大数据需要数据中心提供强大的后台支撑；大数据应用的增长推动了数据中心变革和创新；大数据赋予数据中心更多的职能。

二、商务大数据的来源与分析类别

（一）大数据来源

足够的数据量是企业大数据战略建设的基础，因此数据采集是大数据价值挖掘中的重要一环。数据的采集有基于物联网传感器的采集，也有基于网络信息的数据采集。比如在智能交通中，数据的采集有基于 GPS 的定位信息采集、基于交通摄像头的视频采集、基于交通卡口的图像采集、基于路口的线圈信号采集等。而在互联网上的数据采集是针对各类网络媒介的，如搜索引擎、新闻网站、论坛、微博、博客、电商网站等的各种页面信息和用户访问信息进行采集，采集的内容包括文本信息、网页链接、访问日志、日期和图片等。之后我们需要把采集到的各类数据进行清洗、过滤、去重等各项预处理并分类归纳存储。

大数据的来源主要包括以下几个渠道。

（1）机器产生的数据。随着物联网技术的发展，越来越多的机器上、环境中配备了连续监测周围情况的传感器。传感器可以感知和传输这些不断产生的数据，即使对这些感知数据进行筛选，仅保留部分有用数据，日积月累的数据量也是惊人的。这些物联网设备源源不断地产生着各种数据和信息。

（2）人类行为产生数据。由于社交媒体和"互联网+"的发展，人类在互联网上产生的数据越来越多，如微信、钉钉、微博、电商等数据。这些数据包含的信息十分广泛。进入社交网络时代后，互联网行为的主要参与者创造出大量的海量社交数据。这些数据揭示了传统工业时代所没有的人类行为特点和生活习惯。如何高效地收集和利用这些数据显得十分重要。

（3）信息系统改善导致数据分享度的提高。传统的工业经济时代，许多企业产生的数据和信息往往存储在自身的数据库中，没有共享给别的用户。随着信息技术的改善，互联网的快速普及，这些未被利用的数据也被共享，发挥其应有的重要价值。

（二）大数据分析的类别

随着计算平台能够提供可扩展的存储和计算能力，可分析的数据量几乎不再受任何限制。这意味着，实时预测性分析和访问大量正确的数据可以帮助企业改善业绩。这样的机会取决于企业能否整合和分析不同类型的大数据。以下四大类数据就是大数据要分析的数据类型。

1. 交易数据（transaction data）

大数据平台能够获取时间跨度更大、更海量的结构化交易数据，这样就可以对更广泛的交易数据类型进行分析，不仅包括 POS 或电子商务购物数据，还包括行为交易数据，如 Web 服务器记录的互联网点击流数据日志。

2. 人为数据（human generated data）

非结构数据广泛存在于电子邮件、文档、图片、音频、视频，同时博客、维基，尤其是社交媒体也产生数据流。这些数据为使用文本分析功能进行分析提供了丰富的数据源泉。

3. 移动数据（mobile data）

智能手机和平板电脑越来越普及。这些移动设备上的 App 都能够追踪和沟通无数事件，包括 App 内的交易数据（如搜索产品的记录事件）到个人信息资料或状态报告事件（如地点变更即报告一个新的地理编码）。

4. 机器和传感器数据（machine and sensor data）

机器和传感器数据包括功能设备创建或生成的数据，如智能电表、智能温度控制器、工厂机器和连接互联网的家用电器。这些设备可以配置为能与互联网中的其他节点通信，还可以自动向中央服务器传输数据，这样就可以对数据进行分析。机器和传感器数据是新兴的物联网所产生的大数据的主要例子。来自物联网的数据可以用于构建分析模型，连续监测预测性行为（如当传感器值显示有问题时进行识别），提供规定的指令（如警示技术人员在真正出问题之前检查设备）。

三、商务大数据存储机制

对于大数据存储的大量研究工作促进了大数据存储机制的飞速发展，大数据存储机制可分为三个层次，自下而上依次是文件系统、数据库和编程模型。

1. 文件系统

文件系统是上层应用程序的基础。为应对大型分布式数据密集型应用程序，Google 设计并实施了 GFS（Google file system，谷歌文件系统，一种可扩展的分布式文件系统）。这种文件系统靠廉价的商用服务器运行，提供容错能力，并能为大量的客户提供高性能的服务。GFS 适用于大型文件应用程序，与写入操作相比，读取操作更常见。GFS 也存在一些缺陷，比如小型文件的单点故障和较差的性能，这些缺陷已被 GFS 的后继者 Colossus 克服。此外，其他公司和研究人员也已经研发出了自己的解决方案，以满足不同的大数据存储需求。HDFS（Hadoop distributed file system，Hadoop 分布式文件系统）和 Kosmosfs 是 GFS 的开放源码衍生物。Microsoft 自主研发了 Cosmos 来支持其搜索及广告业务。Facebook 用 Haystack 来存储大量的小尺寸照片。淘宝也提出了淘宝文件系统（Taobao file system，TFS）和 FastDFS。综上所述，经过长期大规模的商业运行，分布式文件系统已经相对成熟。

2. 数据库技术

数据库技术为了应对不同规模的数据集和多样化的应用程序，人们已经研发了各种各样的数据库系统。

传统的数据存储采用的是关系型数据库和 SQL（structured query language，结构化查询语言）等技术，关系型数据库管理系统通过 SQL 这种标准语言对数据库进行操作。

比较典型的关系型数据库管理系统有 SQL Server、MySQL、Oracle 等。在传统的关系型数据库中，数据被归纳成表的形式，并通过定义数据之间的关系来描述严格的数据模型，这种数据类型也称为结构化数据。这种方式需要在输入数据的含义基础上，事先对字段结构做出定义，一旦定义好后数据的结构就相对固定了，难以进行灵活的修改。很明显，传统的关系型数据库系统已不能应对大数据的种类和规模所带来的挑战，NoSQL 数据库开始被更多地应用于大数据环境。NoSQL 数据库有以下基本特征：模式自由、支持简易复制、简单的 API（application programming interface，应用程序编程接口）、最终的一致性和支持大容量数据。鉴于这些特征，NoSQL 数据库曾作为应对大数据问题的核心技术。对比传统的关系型数据库，NoSQL 大致分为列存储数据库、文档存储型数据库、键值存储型数据库和图数据库。

3. 数据库编程模型

当前各种主流数据库有很多，包括 Oracle、SQL Server、Sybase、Informix、MySQL、DB2、Interbase/Firebird、PostgreSQL、SQLite、SAP/DB、TimesTen、Access 等。数据库编程是对数据库的创建、读写等一系列的操作。数据库编程分为数据库客户端编程与数据库服务器端编程。数据库客户端编程主要使用 ODBC API（open database connectivity application programming interface，开放数据连接应用接口）、ADO（ActiveX data object，动态数据对象）、ADO.NET、OCI（Oracle call interface，Oracle 调用接口）、OTL（Oracle template library，Oracle 模板库）等方法；数据库服务端编程主要使用 OLE（object link and embedding，对象链接与嵌入）DB 等方法。数据库编程需要掌握一些访问数据库的技术方法，还需要注意怎么设计高效的数据库、数据库管理与运行的优化、数据库语句的优化。

海量数据集通常通过广域存储在数百甚至数千台商用服务器中，传统的并行模型 [如 MPI（message passing interface，信息传递接口）、OpenMP（open message passing，开放信息传递）等] 很难执行如此大规模的并行程序。现在已经提出了一些数据并行编程模型来解决特定领域的应用。这些模型有效地改善了 NoSQL 数据库的性能并减少了与关系型数据库之间的性能差距，已经成为海量数据分析的基石。

四、商务大数据分析与计算

（一）数据分析的典型过程

商务大数据分析要在企业中发挥效力，就必须使数据分析成为日常经营决策及业务流程中的一个部分，只有这样,这些商务决策和业务流程才能使业务高效运转并创造价值。

一般来说，数据分析的应用范围很广，典型的数据分析主要过程可分为以下三步。

（1）探索性数据分析。初步获取的数据，往往杂乱无章，一般不能明显看出规律但可以通过比较、计算、制表及多种形式的方程拟合来找寻可能的内在规律，即注意选择往什么方向和用何种方式去寻找与揭示隐含在数据中的规律性问题。

（2）模型选定分析。根据探索性的数据分析，努力寻找或提出一种或多种可能的、现有或自己重头构建的、比较真实的实物或理论模型，从中比较，挑选出一种尽可能逼近实际的模型来进行分析。

（3）推断分析。以数理统计方法为基础，对所选定模型或估计的可靠程度和精确程度做出推断。数据分析过程的主要活动由识别信息需求、数据收集、数据分析、评价并改进数据分析的有效性组成。

数据分析应用与工具应该成为信息工作者日常工作的一部分。一旦被嵌入到业务流程与工作流程，数据分析也由偶尔为之的辅助性工作变成商业活动中持续性的、日常性的、自然性的一部分。将数据分析嵌入业务流程，提升了企业将新的洞察应用于业务场景的能力，缓解了洞察、决策与行动之间的割裂情况。

（二）大数据的计算模式

面向大数据处理的数据查询、统计、分析、数据挖掘、深度学习等计算需求，促进产生了大数据计算的不同计算模式，整体上可以把大数据计算分为离线批处理计算和实时计算两种。

其中，离线批处理计算模式最典型的应该是 Google 提出的 MapReduce 编程模型。MapReduce 的核心思想就是将大数据并行处理问题分而治之，即将一个大数据通过一定的数据划分方法，分成多个较小的具有同样计算过程的数据块，数据块之间不存在依赖关系，将每一个数据块分给不同的节点去处理，最后再将处理的结果进行汇总。

实时计算一个重要的需求就是能够实时响应计算结果，主要有以下两种应用场景：一种是数据源是实时的、不间断的，同时要求用户请求的响应时间也是实时的；另一种是数据量大，无法进行预算，但要求对用户请求是实时响应的。实时计算在流数据不断变化的运动过程中实时地进行分析，捕捉到可能对用户有用的信息，并把结果发送出去。整个过程中，数据分析处理系统是主动的，而用户却处于被动接收的状态。数据的实时计算框架需要能够适应流式数据的处理，可以进行不间断的查询，同时要求系统稳定可靠，具有较强的可扩展性和可维护性，目前较为主流的实时流计算框架包括 Storm 和 Spark Streaming 等。

概括起来，可将大数据的计算模式归纳如下（表 2-1）。

表 2-1　大数据计算模式比较

大数据计算模式	解决问题	代表产品
批处理计算	针对大规模数据的批量处理	MapReduce、Spark 等
流计算	针对流数据的实时计算	Storm、S4、Flume、Streams、Puma、DStream、Super Mario 等
图计算	针对大规模图结构数据的处理	Pregel、GraphX、Giraph、PowerGraph、Hama、GoldenOrb 等
查询分析计算	大规模数据的存储管理和查询分析	Dremel、Hive、Cassandra、Impala 等

五、商务大数据可视化

在大数据可视化这个概念没出现之前，数据可视化的应用便已经很广泛了，大到人口数据，小到学生成绩统计，都可通过可视化方式展现，探索其中规律。如今信息可以用多种方法来进行可视化，每种可视化方法都有着不同的侧重点。可视化分析是将数据转化成用户更易理解和接受的方式，如各种图表，使数据的展示方式更加形象、直观。可视化分析将会给人机交互带来全新的革命。

大数据可视化主要利用计算机科学技术，如图像处理技术，将计算产生的数据以更易理解的形式展示出来，使冗杂的数据变得直观、形象。大数据时代利用数据可视化技术可以有效提高海量数据的处理效率，挖掘数据隐藏的信息。数据可视化是将数据以不同形式展现在不同系统中。计算结果需要以简单、直观的方式展现出来，才能最终被用户理解和使用，形成有效的统计、分析、预测及决策，应用到生产实践和企业运营中。可视化的过程在帮助人们利用大数据获取较为完整的信息时起到了关键性作用。可视化分析是一种通过交互式可视化界面来辅助用户对大规模复杂数据集进行分析推理的技术。可视化分析的运行过程可以看作是"数据—知识—数据"的循环过程，中间经过两条主线：可视化技术和自动化分析模型。

下面简单列举几种常见的可视化工具图表。

1. 比较类柱状图

比较类图表显示值与值之间的不同和相似之处。使用图形的长度、宽度、位置、面积、角度和颜色来比较数值的大小，通常用于展示不同分类间的数值对比，不同时间点的数据对比。柱形图有别于直方图，柱状图无法显示数据在一个区间内的连续变化趋势。柱状图描述的是分类数据，回答的是每一个分类中"有多少？"这个问题。需要注意的是，当柱状图显示的分类很多时会导致分类名重叠等显示问题。

2. 分布类散点图

分布类图表显示频率，数据分散在一个区间或分组。使用图形的位置、大小、颜色的渐变程度来表现数据的分布，通常用于展示连续数据上数值的分布情况。散点图也叫X-Y图，它将所有的数据以点的形式展现在直角坐标系上，以显示变量之间的相互影响程度，点的位置由变量的数值决定。

3. 占比类饼图

占比类图表显示同一维度上的占比关系。饼图广泛应用在各个领域，用于表示不同分类的占比情况，通过弧度大小来对比各个分类。饼图通过将一个圆饼按照分类的占比划分成多个区块，整个圆饼代表数据的总量，每个区块（圆弧）表示该分类占总体的比例大小，所有区块（圆弧）的加和等于100%。

4. 趋势类折线图

趋势类图表显示数据的变化趋势。使用图形的位置表现数据在连续区域上的分布，通常展示数据在连续区域上的大小变化的规律。折线图用于显示数据在一个连续的时间间隔或者时间跨度上的变化，它的特点是反映事物随时间或有序类别而变化的趋势。大数据可视化的图表远远不止以上几种，最关键的是如何利用好这些工具及图表，归纳起来，一名数据可视化工程师需要具备三个方面的能力，即数据分析能力、交互视觉能力和研发能力。

思考与练习

1. 大数据的含义和主要特征是什么？
2. 大数据安全的主要含义是什么？大数据安全与大数据隐私保护之间的关系如何？
3. 简述商务大数据思维的构成包括哪些内容？
4. 举例说明商务大数据价值关联模式的内容。
5. 简述云计算、数据中心与大数据之间的关系。
6. 什么是大数据可视化，其主要工具包括什么？

第三章

大数据技术与分析基础理论

本章以相关技术的发展对大数据的影响为基础，重点介绍大数据分析基础理论。通过本章学习，了解云计算、物联网、人工智能、区块链的概念及对大数据的影响，理解数据挖掘的含义及商务应用，重点掌握大数据挖掘与分析工具、数据可视化技术、虚拟现实技术，建立商务大数据分析基本理论体系。

第一节　相关技术的发展对大数据的影响

大数据正在以一个超乎我们想象的速度蓬勃发展，全世界都感受到了大数据的巨大魅力。借助大数据的风口，云计算、人工智能和区块链也同时走进我们的视野，它们之间有着不可分割、相互影响的关联。

一、云计算

（一）云计算概述

云计算（cloud computing）是分布式计算的一种，指的是通过网络"云"将巨大的数据计算处理程序分解成无数个小程序，然后，通过多部服务器组成的系统处理和分析这些小程序得到结果并返回给用户。云计算早期，简单地说，就是简单的分布式计算，解决任务分发，并进行计算结果的合并。因而，云计算又称为网格计算。通过这项技术，可以在很短的时间内（几秒钟）完成对数以万计的数据的处理，从而达到强大的网络服务。

从广义上说，云计算是与信息技术、软件、互联网相关的一种服务，这种计算资源共享池叫作"云"，云计算把许多计算资源集合起来，通过软件实现自动化管理，只需要很少的人参与，资源就能被快速提供。也就是说，计算能力作为一种商品，可以在互联网上流通，就像水、电、煤气一样，可以方便地取用，且价格较为低廉。狭义上讲，

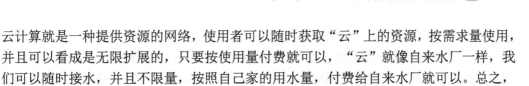

云计算就是一种提供资源的网络，使用者可以随时获取"云"上的资源，按需求量使用，并且可以看成是无限扩展的，只要按使用量付费就可以，"云"就像自来水厂一样，我们可以随时接水，并且不限量，按照自己家的用水量，付费给自来水厂就可以。总之，云计算不是一种全新的网络技术，而是一种全新的网络应用概念，云计算的核心概念就是以互联网为中心，在网站上提供快速且安全的云计算服务与数据存储，让每一个使用互联网的人都可以使用网络上的庞大计算资源与数据中心。

云计算是继互联网、计算机后在信息时代又一种新的革新，云计算是信息时代的一个大飞跃，未来的时代可能是云计算的时代，虽然目前有关云计算的定义有很多，但概括来说，云计算的基本含义是一致的，即云计算具有很强的扩展性和需要性，可以为用户提供一种全新的体验，云计算的核心是可以将很多的计算机资源协调在一起，因此，用户通过网络就可以获取到无限的资源，同时获取的资源不受时间和空间的限制。

（二）云计算的服务类型

通常，云计算的服务类型分为三类，即基础设施即服务（infrastructure as a service，IaaS）、平台即服务（platform as a service，PaaS）和软件即服务（software as a service，SaaS）。这三种云计算服务有时称为云计算堆栈，以下是这三种服务的概述。

1. 基础设施即服务

基础设施即服务是主要的服务类别之一，它向云计算提供商的个人或组织提供虚拟化计算资源，如虚拟机、存储、网络和操作系统。这种服务模式旨在提供弹性的云计算设施服务，作为 PaaS 和 SaaS 的底层服务平台，提供给消费者的服务是对所有设施的利用，包括处理器、存储器、网络和其他基本计算资源，用户能够部署和运行任意软件，包括操作系统和应用程序。消费者不管理或控制任何云计算基础设施，但能控制操作系统的选择、储存空间、部署的应用，也有可能获得有限制的网络组件（如防火墙、负载均衡器等）的控制。

2. 平台即服务

平台即服务是一种服务类别，为开发人员提供通过全球互联网构建应用程序和服务的平台。PaaS 为开发、测试和管理软件应用程序提供按需开发环境。

这种形式的云计算把开发环境作为一种服务来提供，旨在提供可为开发者调用的开发环境和运行环境。云计算可以使用中间商的设备来开发自己的程序并通过互联网和其服务器传到用户手中。也就是说，云计算以服务的方式提供应用程序开发和部署平台，将软件的研发平台作为一种服务提供给用户。软件开发者可以在这些基础架构上建设或者扩展一些自己的应用，而不需要去控制、开发或者维护自己的服务器。PaaS 有时也被称为中间件，公司的所有开发都可以在这一层进行，节省了时间和资源。它的应用特点就是，可以供许多用户使用；多用户租用，与已存在的一些应用兼容，不会排斥新的应用程序。它的优势在于开发、部署和维护都比较简单。

3. 软件即服务

软件即服务也是其服务的一类，通过互联网提供按需软件付费应用程序，云计算提供商托管和管理软件应用程序，并允许其用户连接到应用程序并通过全球互联网访问应用程序。

SaaS 是随着互联网技术的发展和应用软件的成熟，在 21 世纪开始兴起的一种完全创新的软件应用模式。它与按需软件（on-demand software）、应用服务提供方（application service provider，ASP）、托管软件（hosted software）具有相似的含义。它是一种通过 Internet 提供软件的模式，厂商将应用软件统一部署在自己的服务器上，客户可以根据自己实际需求，通过互联网向厂商订购所需的应用软件服务，按订购的服务多少和时间长短向厂商支付费用，并通过互联网获得厂商提供的服务。用户不用再购买软件，而改用向提供商租用基于 Web 的软件来管理企业经营活动，且无须对软件进行维护，服务提供商会全权管理和维护软件。有些软件厂商在向客户提供互联网应用的同时，也提供软件的离线操作和本地数据存储，让用户随时随地都可以使用其订购的软件和服务。对于许多小型企业来说，SaaS 是采用先进技术的最好途径，它消除了企业购买、构建和维护基础设施和应用程序的需要。

在这种模式下，客户不再像传统模式下那样花费大量投资用于硬件、软件、人员，而只需要支出一定的租赁服务费用，通过互联网便可以享受到相应的硬件、软件和维护服务，享有软件使用权和不断升级的服务；公司上项目不用再像传统模式下一样需要大量的时间用于布置系统，多数经过简单的配置就可以使用。这是网络应用最具效益的营运模式。

1）SaaS 特征

SaaS 模式与传统的销售软件永久许可证的方式有很大的不同，它是未来管理软件的发展趋势，相比传统服务方式而言，SaaS 具有很多独有的特征。

a. 减少投资

SaaS 不仅减少或取消了传统的软件授权费用，而且厂商将应用软件部署在统一的服务器上，免除了最终用户的服务器硬件、网络安全设备和软件升级维护的支出，客户不需要除了个人电脑和互联网连接之外的其他 IT 投资就可以通过互联网获得所需要的软件和服务。此外，大量的新技术，如 Web Service，提供了更简单、更灵活、更实用的 SaaS。

b. 按需订购

另外，SaaS 软件运营商通常是按照客户所租用的软件模块来进行收费的，因此用户可以按需订购软件应用服务，而且 SaaS 的供应商会负责系统的部署、升级和维护。而传统管理软件通常是买家需要一次支付一笔可观的费用才能正式启动。

c. 前景美好

SaaS 将会有很大的发展。Think 战略调研机构的最新调查结果显示，有 1/3 的人打算陆续使用 SaaS。SaaS 已成为软件产业的一个重要力量。只要 SaaS 的品质和可信度能继续得到证实，它的魅力就不会消退。

d. 适用广泛

SaaS 不仅适用于中小型企业，所有规模的企业都能从 SaaS 中获利。新一代的 SaaS 能够使用户在小范围的实施中测试应用程序的可靠性和适用性。SaaS 不仅适用于客户关系管理，而且正在慢慢地用于处理几乎每个管理软件的需求。

2）模式区别

企业应用软件 ERP 的部署和实施比软件本身的功能、性能更为重要，万一部署失败，那所有的投入几乎全部白费，这样的风险是每个企业用户都希望避免的。通常的 ERP、CRM（customer relationship management，客户关系管理）项目的部署周期至少需要一两年甚至更久的时间，而 SaaS 模式的软件项目部署最多也不会超过 90 天，而且用户无须在软件许可证和硬件方面进行投资。传统软件在使用方式上受空间和地点的限制，必须在固定的设备上使用，而 SaaS 模式的软件项目可以在任何可接入 Internet 的地方与任何时间使用。相对于传统软件而言，SaaS 模式在软件的升级、服务、数据安全传输等各个方面都有很大的优势。

3）价值

SaaS 软件运营商为中小企业搭建信息化所需要的所有网络基础设施及软件、硬件运作平台，并提供所有前期的实施、后期的维护等一系列服务，企业无须购买软硬件、建设机房、招聘 IT 人员，只需前期支付一次性的项目实施费和定期的软件租赁服务费，即可通过互联网享用信息系统。服务提供商通过有效的技术措施，可以保证每家企业数据的安全性和保密性。企业采用 SaaS 服务模式在效果上与企业自建信息系统基本没有区别，但节省了大量用于购买 IT 产品、技术和维护运行的资金，且像打开自来水龙头就能用水一样，可以方便地利用信息化系统，从而大幅度降低了中小企业信息化的门槛与风险。

具体来说 SaaS 可以为客户带来如下的价值：①服务的收费方式风险小，灵活选择模块、备份、维护；②让客户更专注核心业务；③灵活启用和暂停，随时随地都可使用；④按需订购，选择更加自由；⑤产品更新速度加快；⑥在全球各地，7×24 全天候网络服务；⑦实现年息式的循环收入模式；⑧有效降低营销成本，大大降低客户的总体拥有成本；⑨准面对面使用指导，不需要额外增加专业的 IT 人员。

（三）云计算与大数据

1. 云计算与大数据的区别

云计算与大数据具有紧密的联系。云计算强调的是云存储和计算能力，是一个动态的过程，大数据则是计算的对象，强调的是服务器的存储能力和计算能力。云计算的主要目标是使用集中管理的巨大计算资源和计算能力，为大数据的应用与服务提供资源共享，为大数据应用提供计算能力。计算的发展为大数据的存储和计算提供了解决的可能，大数据的出现也推动了云计算的发展，在这一点上，云计算和大数据可谓相互促进。依托云计算的分布式存储技术，可以有效地对大数据进行管理，借助云计算的并行计算能力，可以提高挖掘和分析大数据的效率。

虽然在云计算和大数据领域有很多重复的概念和技术，但两者是截然不同的，主要体现在以下两个方面。

第一，在概念上两者有所不同，云计算改变了 IT 架构，而大数据则影响了业务决策。然而大数据必须有云作为基础架构，才能得以顺畅运营。

第二，大数据和云计算的目标受众不同，云计算是卖给首席信息官（chief information officer，CIO）的技术和产品，是一个进阶的 IT 解决方案。而大数据是卖给首席执行官

（chief executive officer，CEO）和业务层的产品，大数据的决策者是业务层。他们能直接感受到来自市场竞争的压力，因此必须在业务上以更有竞争力的方式战胜对手。

统观大数据和云计算的发展，两者之间的联系必然会越来越紧密。云计算作为底层资源，其功能类似于计算机和操作系统，提供系统级的资源；大数据则是运行在云计算所支撑的上层，提供类似于数据库的功能，提供高效的数据处理能力。EMC 总裁基辛格就曾表示，大数据应用必须建立在云计算的基础上。

2. 云计算与大数据的关系

1）改进分析

随着云技术的进步，大数据分析变得更加完善，从而带来了更好的结果。因此，公司倾向在云中执行大数据分析。此外，云有助于整合来自众多渠道的数据。

2）简化的基础架构

大数据分析是基础架构上一项艰巨的工作，因为数据量大，速度和传统基础架构通常无法跟上。由于云计算提供了灵活的基础架构，我们可以根据需求进行扩展，因此管理工作负载很容易。

3）降低成本

大数据和云技术都通过减少所有权来为组织创造价值。云的按用户付费模型将CAPEX 转换为 OPEX。另外，Apache 降低了大数据的许可成本，该成本应该花费数百万美元来构建和购买。云使客户无须大规模的大数据资源即可进行大数据处理。因此，大数据和云技术都能降低企业成本并为企业带来价值。

4）安全与隐私

数据安全性和隐私性是处理企业数据时的两个主要问题。此外，当应用程序由于其开放的环境和有限的用户控制安全性而托管在云平台上时，这成为主要的问题。另外，像 Hadoop 这样的大数据解决方案是一个开源应用程序，它使用了大量的第三方服务和基础架构。因此，如今，系统集成商引入了具有弹性和可扩展性的私有云解决方案。此外，云计算还利用了可扩展的分布式处理。

除此之外，云数据是在通常称为云存储服务器的中央位置存储和处理的。服务提供商和客户将与提供商一起签署服务水平协议（service level agreement，SLA），以增加他们之间的信任。如果需要，服务提供商还可以利用所需的高级安全控制级别。这可确保涵盖以下问题的云计算中大数据的安全性：保护大数据免受高级威胁；云服务提供商如何维护和存储数据。

大数据的时代是以数据应用需求的急速增长作为驱动的源泉，云计算是基于虚拟化技术发展而来，不仅能为大数据计算处理提供技术保障，同时云计算本身也是一种服务模式，从某一方面来说，云计算大量应用也是促进大数据发展的原因之一，两者相辅相成。

二、物联网

（一）物联网的定义及发展

物联网（Internet of things，IOT）是指通过各种信息传感器、RFID 技术、全球定位系统、红外感应器、激光扫描器等各种装置与技术,针对任何需要监控、连接、互动的物体或过程,实时采集其声、光、热、电、力学、化学、生物、位置等各种需要的信息,通过各类可能的网络接入,实现物与物、物与人的泛在连接,实现对物品和过程的智能化感知、识别和管理。物联网是一个基于互联网、传统电信网等的信息承载体,它让所有能够被独立寻址的普通物理对象形成互联互通的网络。

物联网是新一代信息技术的重要组成部分,互联网行业又叫泛互联,意指物物相连、万物万联。由此,"物联网就是物物相连的互联网"。这有两层意思:第一,物联网的核心和基础仍然是互联网,是在互联网基础上的延伸和扩展的网络;第二,物联网的用户端延伸和扩展到了任何物品与物品之间,进行信息交换和通信。因此,物联网是通过RFID、红外感应器、全球定位系统、激光扫描器等信息传感设备,按约定的协议,把任何物品与互联网相连接,进行信息交换和通信,以实现对物品的智能化识别、定位、跟踪、监控和管理的一种网络。

与互联网相比,物联网具有以下三个显著特点。

(1)终端设备多样化。传统互联网的终端设备主要是计算机,现在随着无线网络和移动智能设备的普及,智能手机、平板电脑甚至机顶盒之类的设备都可以接入互联网。但是在物联网中,这些设备只是其中的一小部分,家具、电器、交通工具、房屋等都可以通过传感设备接入网络。物联网的规模和终端种类的多样性,远超过目前的互联网。

(2)数据采集自动化。物联网中的物体通过植入的感应芯片和传感器,可以实时采集各种物理世界中的信息。例如,现在的物流公司已经开始提供寄件的实时位置查询。

(3)终端智能化。物联网的初衷就是要把物理世界中的物体通过网络连接起来,实现信息的交换和通信。每个终端可以从其他终端获得信息并加以利用。

(二)大数据与物联网

在物联网时代,数量庞大的网络传感器被嵌入现实世界的各种设备中,这些应用于不同领域的传感器可以收集各种数据,如环境数据、地理数据、天文数据、物流数据等,几乎将日常生活中的所有信息都进行采集。移动设备、交通工具、公共设施、家用电器都可以是物联网中的数据采集设备。

物联网所产生的大数据由于其采集数据的类型不同,与一般的大数据相比具有不同的特点,其最典型的特征是异构的、多样性的、非结构化的、有噪声的以及高增长的。虽然目前物联网数据并不是大数据的主要来源,但是惠普预测,到2030年传感器的数量将会达到1兆,物联网数据将会成为大数据的最主要来源。英特尔的报告指出,物联网领域的大数据具有大数据时代的三个特征:大量终端产生大量数据;物联网产生的数据往往是半结构化或非结构化的;物联网的数据只有被分析才有价值。

大数据与物联网之间存在相互作用。首先物联网、移动互联网是大数据的来源,而大数据通过搜集及分析用户行为,为物联网提供有效的信息和有用的分析结果,从而获取价值。云计算则是大数据应用的基础,没有云计算设施,则无法实现大数据的计算。如果将互联网比作人,那么物联网就是其感知和运动神经系统,主要负责对互联网大数据层接收的数据进行汇总。物联网能实现物物、物人之间的交流。云计算则属于互联网的中枢神经系统，在正常状态下，互联网用户通过物联网的传感器以及终端系统与云计算进行交互，向其提供数据并接受服务。

（三）基于大数据的物联网应用

在大数据时代背景下，各种各样的数据信息呈现出指数级的增长趋势，利用物联网技术可以实现对这些数据信息的及时、有效的处理。此外，基于大数据的物联网技术还可以提高信息传播以及数据处理的速度，具有极大的优势。

1. 物联网技术在智慧城市建设中的应用

现阶段，随着城市化建设的不断推进，城市人口迅速增加，智慧城市这一概念由此出现。智慧城市的提出能够提高居民的生活水平和居住条件，而在智慧城市的建设与发展过程中，不仅需要建立科学的居民信息管理体系，完善相关的信息管理工作，而且需要实现城市大数据中心和相关基础设施的有效设置，而物联网技术能够有效地解决这些问题。利用物联网技术不仅可以推动智慧城市的建设进程，为其提供科学的指导规划，而且保证了智慧城市建立的人性化、创新性。同时，智慧城市的建设需要各个行业的共同努力，物联网的应用也在各行各业当中有所体现。比如把物联网技术应用在城市的交通管理中，通过智能化技术来解决交通问题等。

2. 物联网技术在医疗卫生中的应用

基于大数据的物联网技术在医院的管理工作当中也得到了广泛的应用。例如，利用RFID技术能够迅速地显示出病人的身份信息和病症，对病人所处的地点进行实时追踪，防止患者出现突发情况。一旦病人遇到危险状况或者在跟踪范围之外，设备会及时地发出警报，保证医护人员能够及时赶到。另外，利用物联网技术还能够对病人的血压、心率等信息进行采集与归纳，为病人的医疗档案管理工作提供了极大的便利性。

3. 物联网技术在物流管理上的应用

近些年，物流行业得到了迅速的发展，物流管理工作和物联网技术有着紧密的联系，利用物联网技术可以实现物流管理的高效、便捷。例如，通过物联网技术中的RFID以及定位技术，可以对物流商品进行实时的定位与跟踪，通过对物流产品的监测跟踪，不仅能够完善配送体系结构，而且可以防止产品的丢失，极大地提高了物流管理的质量和效率。除此之外，在对物流产品进行识别的过程中，也可以通过红外认证等先进的物联网技术，实现物流商品高效、科学化的管理。

4. 物联网技术在地质信息化中的应用

由于地质工作对各种数据信息处理的准确程度要求较高，因此可以把先进的技术手段相融合，从而保证地质信息化工作的有效开展。例如，可以把物联网技术、传感器技术和定位系统相结合，为地质工作提供帮助。其中，物联网技术在地质信息化中有着重要的应用，通过把各种先进的技术方法结合使用，使得地质工作的开展更加的系统化、科学化，有效地完成地质信息的获取、统计分析、处理与存储等各个工作环节。此外，为了提高数据信息获取的速度和准确性，可以采用RFID技术，这样能极大地提高地质工作的质量和效率。

案例 3-1   物联网技术在煤矿企业应急救援指挥中的应用

煤炭企业抢险救援过程中将会用到井下监测工具、RFID 技术、GPS、4G 等技术。

首先，监测监控报警安全监测系统发现各种监测数据的异常，当达到报警值时，将自动发送报警信息到调度指挥中心。调度指挥中心自动接警服务将识别报警信息。视频报警利用计算机视频检测模块，监视整个工业视频系统的画面，识别出发生灾害事故的画面，向调度指挥中心自动发出报警信息。调度指挥中心自动接警服务将识别报警信息。其中监测监控和视频分别利用安装在井下的监测探头与摄像头进行监控。

其次，应急预案库快速启动。应急预案启动过程可以是人工的也可以是自动的，系统可根据接警信息，包括事故类型、级别和地点，自动匹配并启动相应的应急预案，进入对事故的现场抢险救灾的指挥过程。通过应急救援资源的协同指挥行动，在统一的指挥平台下，将各个急救相关联动单位统一在一套完整的智能化协同管理与快速联动方案之中，能最大限度整合多部门、多方面、多层次资源，发挥应急救援综合服务效能。保障资源需求，最大、高效地实现应急救援资源的合理利用，是应急救援资源协同指挥的目的。

在救援过程中，主要应用到 RFID 技术，通过现场查询安装在物资或设备上的 RFID 卡，能够迅速断定救援资源所在位置，能够对救援资源进行快速调拨。

矿山灾变时期，地面和地下能够进行双向通信，可视化导航的功能对开展应急救援以及自救都是非常关键的，包括车辆定位系统、移动多媒体技术、4G 技术等。随着技术发展，移动终端开始有了处理高清视频的能力。地面和地下的双向通信和可视化导航功能主要包括：①地面的 4G 技术与 GPS 技术结合，为矿山应急救援工作在地面部分提供可视化的导航功能。②利用井下广播系统和电子指示牌，实现应急救援指令从地面指挥中心传达到井下，为井下避灾与救灾提供指导。③地面应急救援指挥中心，利用工业电视系统观察井下事故发展状态，以及人员避险情况，做出应急救灾指导方案。通过 4G 通信手段传达应急救灾指令。④地面应急救援指挥中心，利用人员定位系统观察井下人员分布状况，结合当前事故发生状态，做出应急救灾指导方案。通过 4G 通信手段传达应急救灾指令。通过短信平台或电话平台，指挥中心把救灾信息发送到相应人员手机，指导应急救灾。结合人员定位和移动 GIS 实现了井下人员定位和导航。企业应用物联网技术完成应急救援指挥。

三、人工智能

（一）人工智能的含义

人工智能是指通过超级计算、云计算和大数据等新一代信息技术的运用模拟、延伸和拓展人的思考行为的技术及应用系统。基于算法、计算力和数据三要素的人工智能，涉及感知技术、仿真模拟、自动化、数学运算和认知科学等多个领域，覆盖广泛，包罗万象。

人工智能的最终目标是按照智能形成的基本机理，用计算机模拟人的思维。1950 年英国数学家艾伦·麦席森·图灵率先测试"机器是否能够思考"并引起广泛关注，这是人工智能的起源。1956 年，约翰·麦卡锡和马文·明斯基等科学家首次提出现代"人工智能"（artificial intelligence）概念，认为人工智能并不局限于让机器像人一样思考而获得智能，重点是让机器解决人脑所能解决的问题。在经历了 20 世纪 80 年代人工智能的"寒冬"期之后，决策科学的领军人物、1978 年诺贝尔经济学奖获得者赫伯特·西蒙率先将人工智能引入管理决策领域，掀起尝试将人工智能应用于经济管理领域的热潮。随后在 2006 年，杰弗瑞·辛顿提出"深度学习"神经网络，推动人工智能在计算机视觉、自然语言处理等方面获得重大进展。

近几年，随着大数据、超级计算、语音感知、智能识别等信息技术逐步普及和应用，人工智能应用进入快速发展阶段。目前，中国已经成为全世界人工智能投融资规模最大的国家，中国人工智能企业数量居全世界第二。清华大学中国科技政策研究中心《中国人工智能发展报告 2018》的数据显示，2017 年中国人工智能市场规模已达 237 亿元，年增速达 67%。根据赛迪数据和麦肯锡公司的报告，预计到 2025 年，全球人工智能市场规模将超过 8500 亿元。人工智能主要依托专家系统、机器学习、模式识别和人工神经网络等，参与人类经济社会专业分工。人工智能通过辅助甚至是替代人类的某些专业活动，加速在各个行业领域的渗透，引发链式创新，推动现代社会从信息化向智能化升级转型，使信息技术更好地造福人类社会，人工智能的发展将加速智能社会的到来。

（二）大数据与人工智能

1. 大数据与人工智能的密切关系

人工智能的飞速发展，背后离不开大数据的支持。而在大数据的发展过程中，人工智能的加入也使得更多类型、更大体量的数据能够得到迅速的处理与分析。

目前，人工智能发展所取得的大部分成就都和大数据密切相关。通过数据采集、处理、分析，从各行各业的海量数据中，获得有价值的信息，为更高级的算法提供素材。腾讯 CEO 马化腾在清华大学洞见论坛上表示，"有 AI 的地方都必须涉及大数据，这毫无疑问是未来的方向"。李开复也曾在演讲中谈到，"人工智能即将成为远大于移动互联网的产业，而大数据一体化将是通往这个未来的必要条件"。人工智能离不开深度学习，通过大量数据的积累探索，在任何狭窄的领域，如围棋博弈、商业精准营销、无人驾驶等，人类终究会被机器所超越。而 AI 技术要实现这一跨越式的发展，把人从更多的劳动中彻底解放出来，除了计算能力和深度学习算法的演进，大数据更是其中的关键。

与此同时，人工智能的出现也提高了可利用数据的广度。大数据分为结构化数据与非结构化数据。结构化数据记录了生产、业务、交易和客户信息等；但大部分的数据，约有 80% 都是非结构化数据。在互联网时代，随着社交媒体的兴起，非结构化数据的增长更为惊人。

2. 大数据与人工智能结合的具体目的

第一，通过大数据来完成算法训练。人工智能技术的研发核心是算法设计，而一个算法从设计到最终的应用，还需要经历算法训练和算法验证这两个阶段，而算法训练和算法验证离不开大数据的支撑。从这个角度来看，大数据技术的发展对于人工智能技术的发展有非常直接的作用。

第二，通过大数据来辅助决策。人工智能的应用有多种不同的层次要求，其中智能决策是人工智能技术最为重要的应用之一，比如在智能工厂模型中，智能决策是人工智能应用的最终目的之一。人工智能要想完成更加合理的决策，一定离不开大数据的支撑，从目前的技术体系结构来看，智能决策层之下就是大数据分析层。

第三，通过大数据来扩展智能体的应用边界。人工智能未来要想被广泛采用，需要全面拓展自身的应用边界，而大数据技术的发展能够在很大程度上拓展智能体的应用边界。简单地说，一个行业要想进行智能化改造，首先要完成大数据改造。

（三）人工智能与企业管理活动

企业管理是对企业的生产经营活动进行计划、组织、指挥、协调和控制等一系列职能的总称。随着信息化的发展，产生了 ERP、CRM 等一系列的软件系统来帮助收集数据，制定和实施生产经营活动，协调和控制生产经营过程。随着网络技术的发展，这些系统也已经逐渐融合而成为更大的系统。

过去，人们认为人工智能在企业管理中的应用主要是提供决策分析，比如对项目进行沙盘推演等，提供知识库和专家系统的服务。随着技术的发展，人工智能在企业管理中的应用已经远远超过了这些。如果说过去是一个以信息为平台的企业管理，那么未来，会是一个以人工智能为平台的企业管理。

首先，从执行的角度来看，生产和经营过程的智能化的过程，就是一个减少人为的干预，对生产需求进行自动分析并且自动完成生产计划的过程。只要输入订单信息，就可以直接生成生产计划，并自动将生产指令发送给相关的部门执行，部分企业已经实现。未来的智能系统，会直接对客户的需求进行分析、归类，生成初步的生产计划表，推荐给业务人员，而不是业务人员将客户需求"翻译"成信息系统能理解的指令。这将大大地缩减业务处理的时间。在生产过程中，机器人和用于产品质量分析的模块都已经有广泛的应用。在整体的生产过程中，智能系统除了可以完成对过程监督，对异常自动处理上报之外，还可以及时调整策略，以保证生产不受影响。在这个过程中，因为只需要关注异常状况，所以管理人员就可以管理更多的生产过程，传统的管理金字塔结构逐步变得扁平化。管理者的关注点从对生产过程细节的监督，转入到对整体数据的关注。

其次，在管理决策的过程中，传统的信息系统提供的是数据和报表，对数据和报表的分析是管理人员的事情，所以对于这些数据的解读也就需要更多的专业知识才能完成。人工智能技术的应用不仅仅是收集和整理数据，而且可以通过自动学习对数据做出客观的判断，分析出松散数据之间的关联。如果说，过去的信息系统是报表生成器的话，那么人工智能的管理平台就是一个见多识广的"参谋"，提供基础数据分析只是其基本功能，显示数据的变化及其产生的影响、提醒经营中的风险、提出解决方案都会成为人工智能平台要完成的任务。信息的来源不只是企业内部，通过对整体行业数据的自动获取和更新，这个"参谋"所给出的提示，会更全面、客观。这是过去大部分的企业想要做而无法做到的。

最后，人工智能除了影响生产和决策之外，也在改变人与公司，人与人之间的联结的方式。人工智能对企业的影响是一个全面的影响，不仅仅是影响生产决策这些方面。我们会看到人工智能技术影响到公司的组织结构、运营方式和思维的方式。虽然目前还没有人工智能在企业方面的通用解决方案，但有不少公司已经在探索，甚至有一些初级的产品作为特定的应用已经被实施，比如通过智能识别技术进行产品质量的检测等，这些技术的应用，可以减少员工培训的费用。人工智能的普及，将会比我们想象得要快。

（四）大数据与人工智能结合在企业的应用范畴

1. 搭建企业财务人工智能化管理大数据平台

随着企业规模的发展壮大，其下属机构的数量也不断增多，层级关系也更为错综复杂，所涵盖的范围不断扩大，各种各样的会计凭证的运用也越来越多，会计凭证形成的海量交易数据信息进一步增加，从而形成了企业财务管理的"大数据池"。在"大数据池"的基础上构建数据采集平台，形成财务管理大数据平台的内容体系，进而通过数据采集平台构成企业财务管理大数据开发平台。企业财务管理大数据开发平台就承载了大量的价值信息和业务信息的采集，反映了建立在物化交换活动和价值交换活动之上的物化活动交换量。所有的会计凭证集合成海量数据集，形成企业财务管理大数据开发平台，并通过数据采集平台构成自身的内容体系。基于企业财务管理大数据开发平台，进而通过人工智能技术构建财务管理大数据挖掘平台。人工智能在大数据挖掘平台上对会计凭证大数据进行统计分析、序列分析，挖掘下属机构的交易活动信息、资金流信息等，监管包括财务和会计信息的企业运营秩序，保证财务和会计信息真实、唯一、准确地反映企业内部各组成部分的经营情况，确保企业财务与企业整体发展目标相一致。人工智能化的企业财务大数据挖掘系统，为高效率的企业治理提供了强有力的支持。

通过数据挖掘，以实现企业整体目标为原则，以会计凭证、会计信息、经营收入、业务关系、客户维护等为监管目标，以企业管理体系为监管标准，建立与下属机构、员工和客户等相关信息——对应的统计分析模型。

依据财务管理大数据统计分析模型，对财务会计信息进行监管，从而实现对下属机构、员工和客户关系的管理。在此基础上构建对大数据进行分析与处理的数据工具库，提高财务监督自动化水平。在财务会计信息监管方面，企业财务管理大数据开发平台通过数据采集、数据挖掘、数据运用，监督下属职能部门和下属企业的财务信息和会计信息，反映其日常运营秩序。通过大数据工具库，借助一定的指标与模型判断企业财务情况是否达到预期目标，同时设置对数据信息的处理和自动预警功能，通过自动筛选提示异常数据信息，进而建立其数据异常自动预警机制，提高财务监督自动化水平。

2. 人工智能加快企业内部管理模式创新

人工智能对企业管理产生强烈的冲击，通过超级计算和深度学习，重构不同企业的协同优势和管理创新，打破传统管理模式，带来企业管理模式的升级变革。当代企业管理者要顺应未来社会发展趋势，善于利用人工智能并将人工智能转化成极具个性化的"企业智能"，并从中受益。这就需要企业推动人工智能深度融入企业内部管理，不断拓展人工智能在内部管理中的应用，加快管理模式创新。

3. 企业战略决策人工智能化展望

目前，运用云计算和云识别，面向企业决策、运营、生产全场景的企业智能化创新平台已经在一些人工智能化领先的企业应用，初步实现人工智能辅助企业管理决策。人工智能正在成为企业战略决策的重要工具，未来必定会在企业战略决策的更高层面上发挥显著的作用。

与传统信息管理系统相比，人工智能平台在战略决策环节提供给企业管理者的将不仅仅是一堆数据和报表，还将通过机器学习渠道对收集到的数据进行统计分析、深度挖掘和数据清洗，以图表等更为直观、生动的表达方式展示企业经营数据的变化情况，预测未来发展趋势，研判可能存在的风险并给出解决方案。人工智能的核心技术在于机器学习系统，面对瞬息万变的市场竞争环境，企业管理者可以依托人工智能，更及时地发现、响应和预测外部环境的变化，对当前的战略决策进行实时的"自我修正"，提高战略决策的精准度和有效性。

四、区块链

（一）区块链的含义及关键特征

区块链最早是比特币的一项基础技术，中本聪提出了比特币，从而使比特币成为第一个使用区块链技术的实际应用。从技术上讲，区块链是一个分布式公共分类账本，其中包含系统中执行的所有交易。区块链中，由于没有管理区块链的中央管理机构，所有的验证和授权都必须得到所有节点的一致共识，因此这种仅在系统的实际用户和平等用户之间交互数据的方式，为"分散式信任"奠定了基础。区块链是由使用加密技术链接的信息块组成的在线分类账。一旦信息进入一个区块，如果没有原始密码或密钥，几乎不可能更改它。这提供了一个不变的、共享的交易记录，在各方之间创建信任而不需要中介，并使得交易成本降低、交易不可逆转。通过提供去中心化的点对点信息网络，区块链是可靠、透明和安全的。它有可能重塑商业模式，改变组织的融资、管理和创造价值的方式。区块链具有以下三个关键特征。

1. 去中心化的网络

在基于区块链所构成的网络中。没有中心化的节点或管理机构，所有处于同等地位的节点构成了一个去中心化的网络。每个节点都有对全部数据库信息的记录。当一个节点收到另一个节点传来的数据时，该节点会验证另一个节点的身份信息。假如验证成功，就将它所接收到的信息广播到整个网络。区块链网络中数据的验证、存储、维护和传输等过程都是基于分布式系统结构实现的，其采用数学方法而不是中心机构建立节点之间的信任，因此区块链技术对于物联网的中心化结构有较好的优化作用。运用区块链去中心化的特点能够改善数据存储中心化、体系结构中心化的现有状态，减少系统对中心结构的依赖，有效提升整个体系的反应速度与安全性。

2. 完善的信任体系结构

区块链的原理先天地决定了其具有可信的结构。区块链将所有交易数据存储在它的各个区块中，区块链使用者能够实时获得区块链中的全部数据，使得交易与存储去信任化。区块+链=时间戳，这是区块链的最大创新点。区块链让全网的记录者在每一个区块中都盖上一个时间戳来记账，表示这个信息是这个时间写入的。同时每一个区块都是依据上一个区块的哈希值来形成的，从而构成了一个不可篡改、不可伪造的数据存储方案。因此，将区块链应用到个人数据、数字资产保护等方面，将使存储更加可信，使交易更加透明。

3. 可靠的数据管理机制

在区块链中，上述问题可以通过智能合约来实现。区块链中智能合约这个概念是由Nick Szabo 提出的，他将智能合约解释为一套以数字形式定义的合同。

从用户的角度来说，智能合约通常被认为是一个自动担保程序。例如，当特定的条件满足时，智能合约就会自动释放和转移相应的信息。从技术的角度来讲，智能合约被认为是网络服务器，但这些服务器不是架设在互联网上，而是设在区块链上，从而可以在这些服务器上运行特定的合约程序。智能合约是一种可编程的合约，能够将需要交互的双方的合约转化为代码的形式存放在区块链中，并用一个唯一的区块链地址来标记。当合约成立的条件达到时，代码合约就会自动执行。区块链技术给智能合约注入了活力，使智能合约实现了自我管理，甚至可能具有法律效能。智能合约实现了最小化信任，已经成为区块链 2.0 的核心技术。

区块链系统具有如下特点：①是一个去中心化的系统，它的运行依赖于系统中的每一个模块节点，不同节点之间的义务与权利没有差别；②区块链系统中信息是公开透明的，只要具备相应的密钥就可以获得模块节点中所存储的信息；③区块链系统中所记录数据的存储和读取都严格依照系统的规则进行，没有任何人能够干扰到这个过程；④依照区块链系统的设计原理，除非掌握系统内半数以上的节点，否则不可能对系统的信息进行修改。因此，对于单独的数据模块来说，掌握 50%以上的数据信息根本不可能；⑤区块链内的数据模块都是按照时间顺序生成的，首尾相接形成链条形式，这样就保证了系统内数据的稳定与可靠。如果将区块链技术应用到实际的经济之中，它将建立新的价值网络，提高资产的管理效率，并且优化社会结构，带来更多的商业价值。

（二）区块链的行业应用

区块链系统中的每一个数据模块都存储着数据信息，并以首尾相接的方式形成数据链。在系统中，单独的节点模块都具有完整的信息，并且可以对信息进行追溯。区块链的优势体现在信息的存储和提取都需要验证，一次交易需要系统的多方共同检验通过之后才能完成。因此，区块链系统的安全性得到极大的保障，可以解决在交易过程中的信用风险等问题。

《区块链：新经济蓝图及导读》按照应用范围和发展阶段将区块链应用划分为区块链 1.0、区块链 2.0、区块链 3.0。具体如图 3-1 所示。

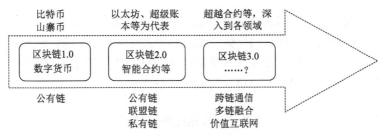

图 3-1 链发展阶段

区块链 1.0 支撑虚拟货币应用，也就是与转账、汇款和数字化支付相关的密码学货币应用，比特币是区块链 1.0 的典型应用。

区块链 2.0 支撑智能合约应用，合约是经济和金融领域区块链应用的基础，区块链 2.0 应用包括了股票、债券、期货、贷款、抵押、产权、智能财产和智能合约，以太坊、超级账本等是区块链 2.0 的典型应用。

区块链 3.0 应用是超越货币和金融范围的泛行业去中心化应用，特别是在政府、医疗、科学、文化和艺术等领域的应用。

案例 3-2　　　　　　　　跨境支付应用区块链技术

　　跨境支付领域的痛点在于到账周期长、费用高、交易透明度低。以第三方支付公司为中心，完成支付流程中的记账、结算和清算，到账周期长，比如跨境支付到账周期在三天以上，费用较高。以 PayPal 为例，普通跨境支付交易手续费率为 4.4%+0.3 美元，提现到国内以美元进账，单笔一次 35 美元，以人民币进账为 1.2%的费用。

区块链去中介化、交易公开透明和不可篡改的特点，以及没有第三方支付机构加入，缩短了支付周期、降低了费用、增加了交易透明度。在这一领域，Ripple 支付体系已经开始了实验性应用，主要为加入联盟的商业银行和其他金融机构提供基于区块链协议的外汇转账方案。国内金融机构中，招商银行落地了国内首个区块链跨境支付应用，民生银行、中国银联等也在积极推进。

案例 3-3　　　　　　　　数字票据应用区块链技术

　　数字票据领域痛点在于三个风险问题。一是操作风险，由于系统中心化，一旦中心服务器出现问题，整个市场瘫痪。二是市场风险，根据数据统计，在 2016 年，涉及金额达到数亿元以上的风险事件就有七件，涉及多家银行。三是道德风险，市场上存在"一票多卖"、虚假商业汇票等事件。

区块链去中介化、系统稳定性、共识机制、不可篡改的特点，减少了传统中心化系统中的操作风险、市场风险和道德风险。

国际区块链联盟 R3 联合以太坊、微软共同研发了一套基于区块链技术的商业票据交易系统，包括高盛、摩根大通、瑞士联合银行、巴克莱银行等著名国际金融机构加入了试用，并对票据交易、票据签发、票据赎回等功能进行了公开测试。与电子票据体系的技术支撑架构完全不同，该种类数字票据可在具备目前电子票据的所有功能和优点的基础上，进一步融合区块链技术的优势，成为一种更安全、更智能、更便捷的票据形态。在国内，浙商银行上线了第一个基于区块链技术的移动数字汇票应用，中国人民银行和恒生电子股份有限公司等也在测试区块链数字票据平台。

案例3-4　　　　　　　　　　　共享经济应用区块链技术

　　共享经济是"去中心化"的典型例子。如 Airbnb 对接了有闲置房屋或者床位的房东和租房者，Uber、滴滴对接了闲置的汽车和乘客，摩拜、OfO 提供的共享单车，等等。但共享经济始终面临的一大问题便是信用缺失。区块链技术能很好地解决这个问题，区块链的去中介化、共识机制、不可篡改的特点能有效解决人与人之间信任基础薄弱、个人信用体系不健全等阻碍共享经济发展的问题。

基于以上特点，在共享经济领域，Airbnb、Uber 和滴滴、摩拜和 OfO 都在借助区块链技术提升效率、降低成本。创业公司中，上海觿特数字科技有限公司推出了运行在区块链上的物联网智能锁系统，以此切入共享经济领域。

（三）大数据与区块链的区别与联系

去中心化的区块链技术正在尝试解决大数据行业"数据孤岛"的最大痛点。互联网时代不断前进，带来了一个间接产物，那就是大数据。大数据是现代经济最重要的基石，产业规模巨大。区块链技术则被认为是继蒸汽机、电力、互联网之后，下一代颠覆性的核心技术。如果说互联网彻底改变了信息传递的方式，那么区块链作为构造信任的机器，则可能彻底改变整个人类社会价值传递的方式。大数据和区块链在一起，会发生怎样的化学作用呢？

1. 区块链和大数据的融合关系

区块链是一种不可篡改的、全历史的分布式数据库存储技术，巨大的区块链数据集合包含着每一笔交易的全部历史，随着区块链技术应用的迅速发展，数据规模会越来越大，不同业务场景区块链的数据融合会进一步扩大数据规模和丰富性。区块链以其可信任性、安全性和不可篡改性，让更多数据被解放出来，推进了数据的海量增长。区块链的可追溯性使得数据从采集、交易、流通，以及计算分析的每一步记录都可以留存在区块链上，使得数据的质量获得前所未有的强信任背书，也保证了数据分析结果的正确性和数据挖掘的效果。

2. 区块链和大数据的相互差异

大数据通常用来描述足够大、足够复杂，以致很难用传统的方式来处理的数据集。而区块链能承载的信息数据是有限的，离"大数据"标准还差得很远。区块链与大数据有几个显著差异。

结构化与非结构化：区块链是结构定义严谨的块，是通过指针组成的链，是典型的结构化数据，而大数据需要处理的更多的是非结构化数据。

独立与整合：区块链系统为保证安全性，信息是相对独立的，而大数据着重的是信息的整合分析。

直接与间接：区块链系统本身就是一个数据库，而大数据指的是对数据的深度分析和挖掘，是一种间接的数据。

数学与数据：区块链试图用数学说话，区块链主张"代码即法律"，而大数据试图用数据说话。

匿名与个性：区块链是匿名的（公开账本，匿名拥有者，相对于传统金融机构的公开账号，账本保密），而大数据关注的是个性化。

3. 区块链与大数据的发展差距

大数据，需要应对海量化和快速增长的存储，这要求底层硬件架构和文件系统在性价比上要大大高于传统技术，能够弹性扩张存储容量。Google 的 GFS 和 Hadoop 的 HDFS 奠定了大数据存储技术的基础。另外，大数据对存储技术提出的另一个挑战是多种数据格式的适应能力，因此现在大数据底层的存储层不只是 HDFS，还有 HBase 和 Kudu 等存储架构。区块链技术作为一种持续增长的、按序整理成区块的链式数据结构，通过网络中多个节点共同参与数据的计算和记录，并且互相验证其信息的有效性。从这一点来说，区块链技术也是一种特定的数据库技术。由于去中心化数据库在安全、便捷方面的特性，很多业内人士看好其发展，认为它是对现有互联网技术的升级与补充。

第二节 大数据分析基础

一、数据挖掘

托马斯·达文波特（Thomas Davenport）在 2006 年《哈佛商业评论》中发表的一篇文章中称，当前商业社会最新的数据武器是基于数据挖掘得到的新知识所做出的分析决策。他列举了亚马逊、美国第一资本投资国际集团等众多应用过或正在应用分析学的企业，这些企业通过使用分析学加深对顾客的理解，优化外围供应链，从而实现投资回报最大化，并为顾客提供更好的服务。只有当企业穷尽所有，包括使用描述性、预测性、指向性三种分析学，更加深入地了解顾客的所需所求，了解零售商、商业程序和外围供应链，才能够取得这样的成功。

（一）数据挖掘的含义

数据挖掘是分析学最强大的工具之一，尽管其起源能够追溯到 20 世纪 80 年代末至 90 年代初，但它最有效的应用是从 21 世纪开始发展的。"数据挖掘"一词最早是指发现数据中未知的规律。数据挖掘应用的不断增多，为各管理层的决策者挖掘并提供了他们最需要的信息和知识。软件商和咨询机构将数据挖掘的定义扩展，使其包含了范围更广、数量更多的数据分析过程，增加了数据挖掘的广度和执行能力，以提高数据挖掘相关的工具、服务的销量。随着"分析学"一词的不断发展，其逐渐涵盖了数据分析的所有方面，数据挖掘也就退回到其原有的位置——在分析学中表示新知识的发现。

1. 数据挖掘的概念

从本质上来看，数据挖掘是从大量数据之中发现（即挖掘）知识（可用信息）的过程。然而"数据挖掘"这个词并不准确，与从土石中挖掘金子，我们称之为"掘金"而不是"掘土"或"掘石"类似，数据挖掘正确的名称应该是"知识挖掘"或者"知识发现"。尽管名不副实，但数据挖掘仍然是人们大多数时候交谈时所选择的词语。人们提出过用一些其他名称，例如，在数据库中用发现知识、信息提取、模式分析、信息收集以及模式搜索等来代替数据挖掘，但是迄今为止，还没有一个词能够真正地起到替代作用。因此，数据挖掘是运用统计学、数学和人工智能技术与公式在大量数据中发现并提取有效信息和相关知识（或模式）的过程。这些模式可以是商业规则、亲密关系、相互联系以及发展预测。数据挖掘可以定义为在结构化数据库储存的数据中发现可信的、新颖的、有潜在利用价值、简明易懂的规律的复杂过程，这些数据都是由类别化、序数化以及连续的变量构成的。这一定义中有如下几个关键词：①过程，表明数据挖掘包含着许多重复步骤；②复杂，说明数据挖掘需要进行实验性研究和推断，并不像计算预先设定好的数量那样简单直接；③可信，意味着发现的规律在应用于新数据时，其可信度要有一定保障；④新颖，说明该规律过去在该系统运行环境中未被发现过；⑤有潜在利用价值，意味着新规律对使用者或者应用任务要有所贡献；⑥简明易懂，即易于理解和应用。

数据挖掘并不是一个完全新颖的学科，而是建立在其他学科相互影响相互融合之上的新方法。从某种程度上说，数据挖掘是一种新的理念，用数据和数学模型创建、获取新知识。数据挖掘通过一种系统和协同的方式使用了不同学科知识，包括统计学、人工智能、机器学习、管理科学、信息系统以及计算机科学。数据挖掘旨在从大量数据存储中提取有效信息和知识。作为新兴领域，数据挖掘在短时间内吸引了广泛的关注，促进了分析学运动的产生和流行。

2. 数据挖掘主要内容

数据挖掘作为知识发现过程中的重要组成部分，在实际处理过程中，数据挖掘的对象既有可能是结构化数据也可能是半结构化甚至是其他结构数据，具体过程又可进一步细分为数据选择、数据预处理、数据转换、数据挖掘和数据分析等五个步骤，具体过程如图 3-2 所示。

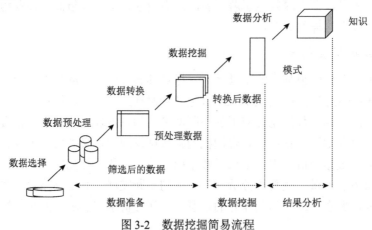

图 3-2　数据挖掘简易流程

3. 数据挖掘辨析

由于其强大的魅力，数据挖掘常常用来表示任何与数据相关的分析过程。举例来说，人们会将一般的网络搜索称为数据挖掘。网络搜索是从大量、多样的数据或信息源中为特定问题寻找解决方法，也正是由于这个原因，网络搜索与数据挖掘很相似。然而，数据挖掘是利用统计或机器学习技术发现可重复使用规律的过程，这比单纯的网络搜索更为活跃、更具科学性。

另一种容易与数据挖掘混淆的概念是联机分析处理（online analytical processing，OLAP），联机分析处理是商务智能运动的核心技术，是一组利用数据魔方在大型数据库（或数据仓库）中进行搜索的数据库检索方法。数据魔方从多方面表现了数据仓库中储存的数据，同联机分析处理一起共同帮助决策者将企业数据切分为不同的片段，分别回答企业的不同问题，如"发生了什么"、"在哪里发生的"以及"什么时候发生的"，等。联机分析处理听起来很复杂，而且如果从效率角度来看的话，它的确复杂，但它不是数据挖掘。联机分析处理可以看作数据挖掘的早期形式，在将数据转化为信息和知识以进行更好更快的决策方面，二者甚至是互补的。联机分析处理是描述性分析学的一部分，而数据挖掘则是预测性分析学的核心组成部分。

关于统计学与数据挖掘的话题也是经久不衰，有人认为数据挖掘就是一种统计学，有人则认为统计学是数据挖掘的一部分，还有人则坚持两者是一回事。虽然我们在这里并不能彻底说清楚这些问题，但至少可以提几个关键点。数据挖掘与统计学有很多共同点，而两者最大的区别在于，统计学有一个预先规划好的命题或假设，数据挖掘却只有一个简单的发现计划。统计学收集一系列的数据（原始数据）来证明假设，而数据挖掘则通过分析现有数据（通常是可观测的二手数据）来发现新的规律和联系。两者之间的另一区别是使用的数据规模，数据挖掘对"大规模数据"的定义是有差别的：几百或几千个数据个体对于统计学而言已经足够大了，但对于数据挖掘来说，需要上百万甚至几十亿数据才能够算作大型。

综上所述，数据挖掘并不是简单的网络搜索或是联机分析处理的常规应用，与统计学也有区别。虽然这些描述技术都能在数据挖掘中找到应用，但是数据挖掘本质上属于更高等级的分析学，应用数据和模型来发现蕴涵其中的关联与未来趋势。

（二）数据挖掘与信息、知识的区分

数据挖掘是将数据转化成信息，进而转化为知识的过程。在知识管理的背景下，数据挖掘正是新知识产生的过程。比起数据和信息，知识是一种与众不同的事物。数据代表着事实、测量结果和统计结果，信息是实时处理或操控的数据（例如，在应用时间前去除了来自数据的干扰），与原数据相比，信息更容易理解。知识则是文本化、可执行的相关信息。举个例子，一张给出详细驾驶路线的地图可以看作数据；在高速公路边张贴的前方施工提醒车辆慢行的告示板可以看作信息；而在车辆倒车的时候，时时提醒路线的语音提醒则是知识。在这个例子中，地图之所以被认为是数据，是因为其不包括两地间影响行车时间和状况的实时相关信息。然而，即使信息能像这样提供当前具体状况，也需要驾驶人掌握避开施工地区的知识才能发挥作用。由此看出，比起信息，知识在特

定环境下关于经验和反应的因素较多。

拥有知识意味着人们可以通过实践解决问题，而信息却不包含这一层意思，知识本身包含着行动的能力。举例来说，两个人在同一环境下获得相同的信息，却不一定具有相同的能力来利用可用信息达成相同的效果。由此可见，人与人之间为信息增加价值的能力是有差距的，而这种能力的差距也许是不同的经历、所受的不同训练、看问题的不同角度等多种因素所造成的。虽然数据、信息和知识都能够被视作企业的资产，但知识所包含的意义要比数据和信息的意义更加深远。由于知识向人们传递着意义，因此相比之下，它就具有更多的价值，但也更加短暂。

（三）数据挖掘与商业活动的契合

当前全球竞争愈演愈烈，商业社会商品与服务的供应大于需求，消费者需求不断变化。社会中供给者越来越多，他们提供的产品与服务也越来越多（质量提高、价格下降、服务更快捷），消费者的需求正处于一个多变的阶段，企业正渐渐认识到大型数据源中蕴涵的丰富价值。数据导向、事实导向的决策过程正成为常态，大大地改变了管理者的工作模式。收集并整合各种多源数据，形成标准化数据结构使得企业能够轻松获取消费者、经销商和商业交易的高质量数据。数据库及其他数据存储以数据仓库的形式被整合进了一个单一位置，以支持分析学和管理的决策制定。计算机设备的处理和存储能力都大大提高了，虽然处理能力提高，进行数据存储和处理的软件、硬件成本却在快速下降。在互联网时代，具备分析能力的企业有了更多机会发现并获取信息丰富的大型数据源（包括社交媒体和社交网络），从而能更好地认识我们所生活的世界。

在商业领域，数据与数据挖掘最常见的应用集中在金融、零售及医疗卫生部门。数据挖掘广泛应用于检测并剔除欺诈活动，尤其在保险赔付和信用卡使用方面得到了好评。数据挖掘可以用于定位消费者的消费模式，吸引可能进行消费的顾客，从历史数据中发现贸易规律，利用市场篮子分析提高企业利润。数据挖掘的应用帮助企业更好地定位顾客，在电子商务普遍发展的今天，这无疑是企业发展所必不可少的。

（四）数据挖掘的商务应用

数据挖掘已成为解决复杂商业问题，抓住商机的常用工具，在多个领域做出了贡献，接下来我们将会介绍其中的一些领域。现在已经很难找到哪个领域不涉及大规模的数据挖掘，而大多数应用的目的都是解决复杂问题，发现潜在机遇，以提升企业自身的竞争优势。

1. 市场营销与客户关系管理

市场营销与客户关系管理是传统市场营销的延展，其宗旨是通过深入理解消费者需求，创建与客户一对一的关系。企业在通过各种渠道（包括产品调研、销售、服务请求、报修热线、产品评论、社交网络媒体）与顾客建立联系的过程中，收集了大量的数据信息。企业将这些数据与人口和社会经济特点结合起来，就可以用来判断新产品或新服务的最佳消费群体，获取消费者资料；理解消费者偏好的根本原因，提高顾客忠诚度；发现产品与服务之间的时间周期联系，最大化提高销售额和顾客满意度；找出最大消费群体的消费需求，以加强联系，促进销售。

2. 零售与物流

在零售业，数据挖掘可用于预测特定零售点的销售量，决定合适的库存水平，通过市场篮子分析，发现不同商品之间的销售关系，优化商店布局，以利于促销；根据季节和环境条件，预测不同产品的销售水平；通过分析传感器和 RFID 标签，发现商品在供应链中的流动规律，尤其是对于那些易过期、变质、污染的短生命周期产品。

3. 经纪业与证券交易

经纪人和交易商利用数据挖掘预测特定股票和证券价格变化的时间和变动方式，估计市场波动的范围和方向，预测特定时间对整个市场运作的影响，发现并检测证券市场的欺诈行为。

4. 保险业

保险业利用数据挖掘技术预测财产和医疗垫付的保险金额，以更好地实施行业规划；根据保险申领和顾客数据更好地进行赔率设计；预测哪一位顾客最有可能购买具有一定特色的新产品；发现并预防不正当保险申领和欺诈行为。

5. 旅游与住宿

数据挖掘在旅游业也有着长足的发展。它能够精确预测不同服务的销售量（包括航班的不同座席，酒店或度假村的不同房间、租车公司的不同车型等），制订最优价格方案，使利润最大化（通常称这种策略为收益管理）；预测不同地区的不同需求以合理安排有限的企业资源；找出能带来最大利益的顾客，向其提供定制服务，保证消费者忠诚度；通过辨别人员损耗的根源，留住有价值的雇员。

（五）数据挖掘的标准流程

跨行业标准数据挖掘流程（cross-industry standard process for data mining，CRISP-DM）是公认的、较有影响的数据挖掘方法论之一。

CRISP-DM 流程主要分为商业理解、数据理解、数据准备、建立模型、模型评估和结果发布六个步骤，如图 3-3 所示。

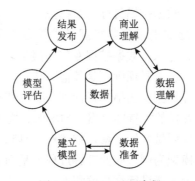

图 3-3　CRISP-DM 流程

如果顺利，按照顺序执行即可完成一次完整的数据挖掘应用，但有三个点可能涉及返工。在数据理解过程中如果发现数据无法满足业务定义，就需要重新进行商业理解；初步建模后发现效果不能满足要求，往往需要重新进行数据准备，重整数据、增加新的实例或属性；如果模型没有通过评估，则需要重新进行商业理解，这是一个数据挖掘项目的最大风险。图 3-4 是各个步骤的具体工作。

图 3-4   CRISP-DM 详细流程内容

1. 商业理解（business understanding）

商业理解是以企业的业务问题解决方案为核心，理解项目的目标和要求并转化为数据挖掘问题。确定数据挖掘目标，制订出初步项目实施计划，包含确定商业目标、评估形势、确定数据挖掘目标和制订项目计划四个步骤。

（1）确定商业目标。确定商业目标的过程包括描述项目背景，客户需要达到的主要目标，从业务运作、实施和价值层面来衡量项目成功或有用的、可测量的标准。背景分析包括确定项目负责人和联络人，收集项目背景信息，确定问题领域。商业目标包括检查目前的状态和先决条件，确定项目成果的提供方式和目标群体。确认需求和预期，描述当前该问题的解决方案。商业成功标准包括详细说明商业成功标准，明确谁负责评估成功的标准。

（2）评估形势。评估形势是尽可能地寻找和确定出与数据挖掘项目有关的资源、约束、假设和在决定数据分析目标及项目计划中应该予以考虑的其他因素。具体的操作步骤包括列出调研计划、座谈计划等，以及调研的数据源、信息源、软硬件、人力规划，通过座谈、文案调查、电话、电子邮件等沟通方式，建立术语表，理解和熟悉业务语言和数据挖掘语言，建立统一的语言，估算收集数据的工作量和成本、解决方案的成本、项目的各种收益，如果要建立系统则要估算运营成本。

（3）确定数据挖掘目标。数据挖掘目标用数据挖掘专业术语来表达，确定数据挖掘目标的过程就是将业务语言定义的项目需求翻译成数据挖掘语言定义的项目需求的过程。在这个过程中需要与业务专家、数据挖掘专家交流学习，详细说明数据挖掘问题所属的技术类型，如聚类、分类、关联规则还是其他。

（4）制订项目计划。该计划主要包括项目计划、工具和技术的初始评估两个方面。要详细列出各个步骤、时间安排的甘特图、需要的资源、投入/产出、所依赖的条件，对可能用到的工具和技术如何使用做初始考察，描述对工具和技术的具体要求。

以基于分类技术的预测模型为例，商业理解过程就是回答以下问题：

什么业务发展不好，是否需要进行客户预测？

在没有预测模型的情况下，如何评价目前的工作？

做了预测模型之后，会带来哪些改进，得到哪些收益？

预测模型会带来哪些成本，影响哪些部门，有多少工作量？

预测模型的技术术语如何理解？

数据挖掘专家如何了解我们的业务内涵？

预测模型有哪些风险，各自的可能性有多大？

2. 数据理解（data understanding）

数据理解始于原始数据的收集，然后是熟悉数据、识别和标注数据质量问题、探索数据，发现有深层含义的数据子集以形成对隐藏信息的假设，包含收集原始数据、描述数据、探索数据和检查数据四个步骤。这部分流程其实是从商业到数据解读的过程，严格地说，还没有进入数据预处理阶段，只是数据的采集和质量检测，其核心是研究现有的数据是否可以解决商业理解过程中提出的那些关键问题。

3. 数据准备（data preparation）

数据准备阶段包括所有从未原始加工的数据中构造出要嵌入建模工具中的数据集的活动，包含选择数据、清洗数据、构造数据、整合数据和格式化数据五个步骤。本阶段主要就是数据预处理，有效地完成 ETL（extract-transform-load，抽取、转换、加载）过程，提升数据质量，将分散的数据整合和清洗成一张数据挖掘软件可处理的宽表。

4. 建立模型（modeling）

建立模型阶段的任务是选择和应用各种建模技术，同时对它们的参数进行校准以达到最优值，包含选择建模技术、产生检验设计、建立模型和评估模型四个步骤。建模过程不仅仅是把宽表（字段比较多的数据库表，通常是指与业务主题相关的指标、维度、属性关联在一起的一张数据库表）往数据挖掘软件里导入就万事大吉，非常重要的操作是调整参数以获得较优的模型。同时，选择变量也是非常值得仔细研究的，如维度归约等技术的应用。

5. 模型评估（evaluation）

模型评估阶段的主要任务就是评价模型在多大程度上满足了项目的商业目标，并且努力寻求商业理由以解释模型的欠缺。包含评估结果、复核流程和确定下一步工作三个步骤。评估决定了当前模型的命运，没通过评估只能返工。评估工作主要是由业务专家来完成，他们不会考虑技术细节，而仅仅从商业上的可用性角度提出自己的结论。

6. 结果发布（deployment）

结果发布阶段的任务是将获得的知识进行组织并以委托方能够使用的方式呈现出来。包含计划发布、计划监测和维护、生成最终报告和项目回顾四个步骤。进入发布流程的数据挖掘应用是成功的。但是，任何模型都不是一成不变的，模型的更新、维护和实际部署（如营销派单），意味着模型的发布仅仅是营销流程的开始，最终的效果还需要营销结果来检验。

二、大数据挖掘与分析工具

有很多软件商提供功能强大的数据挖掘与分析工具。在对大数据进行分析处理时，机器学习、数据挖掘方面的算法是重要的理论基础。而对于这些常用的算法，目前已有许多工具库进行了封装，以便我们在实际中进行调用，或根据实际需要做进一步扩展。

这里主要介绍几种目前比较主流的工具，包括 Mahout、MI Jib、TensorFlow。

（一）Mahout

Mahout 是 Apache 软件基金会旗下的一个开源项目，提供了一些可扩展的机器学习领域经典算法的实现，旨在帮助开发人员更加方便快捷地创建智能应用程序。Mahout 包含的算法实现主要有分类、聚类、推荐过滤、维数约简等。此外，Mahout 可以通过 Hadoop 库有效地扩展到云中。

此外，Mahout 为大数据的挖掘与个性化推荐提供了一个高效引擎 Taste，该引擎基于 Java 实现，可扩展性强。它对一些推荐算法进行了 Map Reduce 编程模式的转化，从而可以利用 Hadoop 进行分布式大规模处理。Taste 既实现了最基本的基于用户的和基于内容的推荐算法，同时提供了扩展接口，便于实现自定义的推荐算法。Taste 主要由以下几个组件组成。

（1）Data Model。它是用户喜好信息的抽象接口，其具体实现支持从任意类型的数据源抽取用户喜好信息。Taste 默认提供 JDBC（Java database connectivity，Java 数据库互连）Data Model 和 File Data Model，分别支持从数据库和文件中读取用户的喜好信息。

（2）User Similarity 和 Item Similarity。User Similarity 用于定义两个用户间的相似度、它是基于协同过滤的推荐引擎的核心部分，可以用来计算与当前用户喜好相似的"邻居"。类似地，Item Similarity 用于计算内容之间的相似度。

（3）User Neighborhood。它应用于基于用户相似度的推荐方法中，推荐的内容是基于找到与当前用户喜好相似的"邻居用户"的方式产生的。User Neighborhood 定义了确定邻居用户的方法，具体实现一般是基于 User Similarity 计算得到的。

（4）Recommender。它是推荐引擎的抽象接口，是 Taste 中的核心组件。程序中，为它提供了一个 Data Model，它可以计算出针对不同用户的推荐内容。

（二）MI Jib

MI Jib 是 Spark 平台中对常用机器学习算法实现的可扩展库。它支持多种编程语言，包括 Java、Scale、Python 和 R 语言，并且由于构建在 Spark 之上，其对大量数据进行挖掘处理时具有较高的运行效率。MI Jib 支持多种机器学习算法，同时也包括相应的测试和数据生成器。

（三）TensorFlow

TensorFlow 是由 Google Brain 团队开发的深度学习框架，和大多数深度学习框架一样，TensorFlow 是一个用 Python API 编写然后通过 C/C++引擎加速的框架，它的用途不止于深度学习，还有支持强化学习和其他机器学习算法的工具。

从目前来看，TensorFlow 自 2015 年开源以来便成为极受欢迎的机器学习项目，主要应用于图像、语音、自然语言处理领域的学术研究，使用 TensorFlow 表示的计算可以在众多异构的系统上方便地移植，从移动设备如手机或者平板电脑到成千的 CPU 计算集群上都可以执行。预计未来几年，TensorFlow 的发展会非常迅猛，在利用深度学习对大数据进行分析处理方面将发挥重要作用。

TensorFlow 使用的是数据流图（data flow graph）的计算方式，即使用数据流图的节点和边共同描述数学计算。图中的节点代表数学操作，也可以表示数据输入输出的端点，边表示节点之间的关系，传递操作之间使用多维数组（即张量 Tensor），Tensor 在数据流图中流动——这也是 TensorFlow 名字的由来。一般来说，我们使用 TensorFlow 支持的前端语言（C++或 Python）构建一个计算图。

三、数据可视化

（一）数据可视化技术

　　数据可视化（data visualization）技术指的是运用计算机图形学和图像处理技术，将数据转换为图形或图像在屏幕上显示出来，并进行交互处理的理论、方法和技术。它涉及计算机图形学、图像处理、计算机辅助设计（computer aided design，CAD）、计算机视觉及人机交互技术等多个领域。数据可视化概念首先来自科学计算可视化（visualization in scientific computing），科学家们不仅需要通过图形图像来分析由计算机算出的数据，而且需要了解在计算过程中数据的变化。随着计算机技术的发展，数据可视化概念已大大扩展，它不仅包括科学计算数据的可视化，而且包括工程数据和测量数据的可视化。学术界常把这种空间数据的可视化称为体可视化（volume visualization）技术。近年来，随着网络技术和电子商务的发展，学术界提出了信息可视化（information visualization）的要求。

　　可视化技术的基本特点如下。

　　（1）交互性，用户可以方便地以交互的方式管理和开发数据。

　　（2）多维性，可以看到表示对象或事件的数据的多个属性或变量，而数据可以按其每一维的值，将其分类、排序、组合和显示。

　　（3）可视性，数据可以用图像、曲线、二维图形、三维体和动画来显示，并可对其模式和相互关系进行可视化分析。

　　可视化方面的研究带来了诸多应用。应用的外观和功能取决于下列因素：可视化设计用来支持的用户任务的类型、可视化数据的种类，以及应用颜色、大小、形状和运动等基本特征来表示数据的方式。虽然综述诸多数据可视化应用有几种方法，但最基本的方法是根据应用所要可视化的基本数据类型进行分类。由本·施奈德曼概述的按数据类型进行归类的方法把数据分成七类：一维数据、二维数据、三维数据、多维数据、时态数据、层次数据和网络数据。

1. 一维数据的可视化

　　一维数据就是简单的线性数据，如文本或数字表格。文本文档、姓名和地址表格以及许多日常处理的程序源代码都基于一维线性数据。一维数据可视化的效用取决于数据大小和用户想用数据来处理什么任务。最常见的一维数据是文本文档。大多数情况下，不需要对文本文档进行可视化。因为人们通常是将文本从头读到尾，或者在必要时，对有关部分进行参阅。不过在有些情况下，我们可以充分发挥计算机和数字信息的功能，利用可视化增强一维数据文本文档的效用，以便用户浏览，或者通过链接将同一文档的不同部分联系在一起。

可视化显示一维数据的系统有：文档透镜，它可以把多页缩小文本映象成三维形体，这样方便用户查阅某一页；佐治亚理工学院的"信息壁画"计划，在紧凑的空间用不同量值的颜色、点和线来表示大量数据，同时提供查看数据详细资料的便利。所有这些系统表明，即便对简单的一维数据而言，可视化照样能够增强信息效用。

2. 二维数据的可视化

在信息可视化当中，二维数据是由在空间体现的两种主要属性构成的数据。譬如，宽度和高度表示物体尺寸，而物体在 X 轴和 Y 轴上的位置表示空间方位。标明城市位置的地图、建筑物的楼层平面图以及文档库里面的一批相关文档都是二维数据的可视化实例（二维数据集里面的物体可能有两种以上属性，数据是不是二维数据，取决于数据是否由两种主要属性来描述，而不是属性的总数量）。最常见的二维数据可视化就是地理信息系统（GIS）。大型的商业化 GIS 可用于地区规划、交通规划与管理、气象预测及地图绘制。简单的 GIS 应用在互联网上司空见惯，表现为接到搜索引擎的查询后，定制地图就能显示地址方位。

3. 三维数据的可视化

三维数据比二维数据更进了一层，它可以描述立体信息。科学可视化的许多应用是三维可视化，因为科学可视化的用途主要就是表示实际的三维物体。这种计算机模型可供科学家进行操纵及试验，以此预测真实物体的实际行为。改用实际物体，不是太费钱、太困难、太危险，就是完全不可能。近年来，三维可视化被应用于众多方面，特别是建筑和医学领域。QuickTime-VR、虚拟现实建模语言（virtual reality modeling language，VRML）和数字成像等技术用来构建能够逼真显示三维数据的系统。有了这些系统，人们就能分析及研究三维物体和空间了，这种方式比使用实际物体更实用、更有效。

目前全球最大搜索引擎 Google 在极力开发空间资讯的三维市场，推出 Google Earth，提供全世界的卫星或地图影像资料供使用者进行在线查询；同时也提供 Web 界面的 App 供使用者做进一步的应用。Google 结合本地搜索和卫星图片发布了最新的地图搜索服务，它可以让用户看到建筑物或地形的三维图像。Google Earth 采用了成熟的宽带流技术，实时地为用户提供数据。3D 图形技术则让用户可以从任意角度浏览到高清晰的地图。

4. 多维数据的可视化

在信息可视化环境中，多维数据是描述有三种以上属性的物体的数据，每种属性在视图上大体相同。譬如有一张表，列出了所有房子的价值及地址（一维数据），就可以按照价值对房子进行分类及排序，还可以根据表示房子的点的大小来创建缩放比例，以表明房子的相对价值；然后把一个个点放在地图上，表明位置（二维数据）。虽然有些信息可能与房子的其他属性（如卧室数量、房子年限和面积）相关，而在前文所述部分，这些属性都是次要属性。多维数据的维度更高，数据结构更为复杂，不易在平面或空间中同时表达出数据的所有属性信息。

5. 时态数据的可视化

以图形方式显示随着时间推移不断产生的数据是可视化信息最常见、最有用的方法之一，并且在过去 20 多年不断得到应用。近年来，时间线（Timeline）作为排列数据的基础已普遍出现在诸多商业软件当中。Microsoft Project 等计划管理工具就是使用时间线，使用户一眼就能够看出事件前后发生时的持续情况，以及哪些事件与其他事件相关。

6. 层次数据的可视化

层次数据即树形数据，就是有这样一种内在结构的数据：每个项目或节点都有个父节点（最上面的节点，根节点除外）。节点分兄弟节点（拥有同一个父节点的节点）和子节点（从属某个父节点的节点）。层次结构相当常见，商业组织、计算机数据存储系统和家谱图都是按树形结构排列的层次数据。层次结构的基本可视化也很常见。譬如，Windows 操作系统和 Windows NT 文件系统的 Windows Explorer 界面能够可视化显示计算机的目录结构，与使用基于文本的命令行界面相比，用户能更快地了解结构，浏览到某个节点。不过对许多层次数据实例来讲，这些简单的视图有着严重局限。

对大型层次结构而言，Windows Explorer 及其他应用软件采用的树形视图格式无法用一个视图表示整个结构。如果子节点缩在父节点里面，以便一个视图就能显示整个结构，那么用户就看不到子节点，也不知道有多少子节点、子节点所在位置以及它们的名字。虽然可以展开庞大层次结构显示子节点，但用户要想浏览所有信息，就要滚动不止一个屏幕。

层次数据的三维视图也会遇到这样一个问题：每个节点的大小和内容都是隐藏的。尽管用户可能知道某个节点在结构中的位置，但所有节点似乎都一样。利用树形图（tree map）来显示层次数据可以解决这个问题。树形图用嵌套矩形来表示数据层次。所有矩形都放在一个很大的边界矩形里面，里面的每个矩形表示 1 个节点。如果是父节点，里面还会有子节点。这种设计使树形图用一个视图就能够显示数据层次里面的所有节点。实际上，树形图显示的节点数量要比传统树形视图多出一个数量级。

树形图只需一个视图就能表示层次里面的所有节点，另外，树形图还能在同一视图中显示单个节点的信息。树形图中矩形的大小表示了它在整个层次中的相对大小，其他属性由颜色和内容敏感的属性显示区加以表示。譬如说，用树形图来表示按杜威图书分类法排列的一堆书籍。矩形的排列表示了层次结构，单个矩形的大小表示层次中该级别的书籍的数量，而矩形里面的颜色表示该级别书籍的翻阅频率。

7. 网络数据的可视化

网络数据指与任意数量的其他项目有关系的项目（有时又叫节点）。因为网络数据集里面的节点不受与它有关系的数量有限的其他节点的约束（不像层次节点，它们都有唯一的父节点），网络数据没有固有的层次结构，两个节点之间可以有多条路径。项目与项目之间的关系其属性数量都是可变的。因为属性和项目之间的关系可能非常复杂，如果不用某种可视化方法，网络数据很难显示。比方说，Internet 上有成千上万台服务器，服务器之间又可能存在众多路径。尽管对特定的任务而言，通过观察表格和统计数字，有可能了解网络流量模式、使用量高峰和低峰以及节点之间的备用路径，但使用可视化表示法可以大大简化这项复杂工作。

（二）可视化与虚拟现实技术

虚拟现实（virtual reality，VR）是人们通过计算机对复杂数据进行可视化操作与交互的一种全新方式，与传统的人机界面以及流行的视窗操作相比，虚拟现实在技术思想上有了质的飞跃。虚拟现实中的"现实"是泛指在物理意义上或功能意义上存在于世界上的任何事物或环境，它可以是实际上可实现的，也可以是实际上难以实现的或根本无法实现的。而"虚拟"是指用计算机生成的意思。因此，虚拟现实是指用计算机生成的一种特殊环境，人可以通过使用各种特殊装置将自己"投射"到这个环境中，并操作、控制环境，实现特殊的目的，即人是这种环境的主宰。

从本质上来说，虚拟现实就是一种先进的计算机用户接口，它通过给用户同时提供诸如视觉、听觉、触觉等各种直观而又自然的实时感知交互手段，最大限度地方便用户的操作。根据虚拟现实技术所应用的对象不同，其作用可表现为不同的形式，例如将某种概念设计或构思可视化和可操作化，实现逼真的遥控现场效果，达到任意复杂环境下的廉价模拟训练目的等。

虚拟现实技术主要包括以下几个方面。

（1）动态环境建模。虚拟环境的建立是 VR 系统的核心内容，动态环境建模技术的目的就是获取实际环境的三维数据，并根据应用的需要建立相应的虚拟环境模型。三维数据的获取可以采用 CAD 技术，更多的情况则需要采用非接触式的视觉技术，两者有机结合可以有效地提高数据获取的效率。

（2）实时三维图形生成技术。三维图形的生成技术已经较为成熟，这里的关键是如何实现"实时"生成。为了达到实时的目的，至少要保证图形的刷新频率不低于 15 帧/秒，最好高于 30 帧/秒。在不降低图形的质量和复杂程度的前提下，如何提高刷新频率是该技术的主要内容。

（3）立体显示和传感器技术。虚拟现实的交互能力依赖于立体显示和传感器技术的发展，现有的设备远远不能满足需要，比如头盔式三维立体显示器有以下缺点：过重（1.5～2 千克）、分辨率低（图像质量差）、延迟大（刷新频率低）、行动不便（有线）、跟踪精度低、视场不够宽、眼睛容易疲劳等，因此有必要开发新的三维显示技术。同样，数据手套、数据衣服等都有延迟大、分辨率低、作用范围小、使用不便等缺点。另外，触觉传感装置等的研究也有待进一步深入，虚拟现实设备的跟踪精度和跟踪范围也有待提高。

（4）应用系统开发工具。虚拟现实应用的关键是寻找合适的场合和对象，即如何发挥想象力和创造性。选择适当的应用对象可以大幅度提高生产效率，减轻劳动强度，提高产品质量。为了达到这一目的，必须研究虚拟现实的开发工具，如 VR 系统开发平台、分布式虚拟现实技术等。

（5）系统集成技术。由于 VR 系统中包括大量的感知信息和模型，因此系统集成技术起着至关重要的作用。集成技术包括信息的同步技术、模型的标定技术、数据转换技术、数据管理模型、识别与合成技术等。

思考与练习

1. 云计算对大数据的影响？
2. 基于大数据的物联网应用内容。
3. 大数据与人工智能结合在企业的应用范畴。
4. 数据挖掘的含义及内容。
5. 数据挖掘的商务应用？
6. 数据挖掘的流程内容。
7. 主要的大数据挖掘与分析工具有哪些？
8. 数据可视化有哪些分类？

第四章

商务大数据的获取与存储

 学习目标

数据一直伴随着人类社会的发展变迁，承载了人类基于数据和信息认识世界的努力和取得的巨大进步。本章基于商务大数据的产生，系统介绍了商务大数据的来源，分析了商务大数据的获取及存储。通过本章的学习，理解大数据采集的四种方法，掌握大数据预处理技术的主要内容，重点学习大数据存储与管理技术。

第一节　商务大数据产生

一、数据生成

（一）数据生成概念

数据是怎样产生的？其实数据就在我们身边，每个人都是数据的生产者。从人类文明诞生的那一刻起，数据就伴随我们而生——人类交流信息所用的文字和语言，计量距离或数量使用的记号和图案，观察自然所积累和传承的经验等，都是由数据构成的。这些数据在百万年的历史长河里，为人类文明的发展进化带来了难以估量的巨大价值，我们今天所享受的现代文明，都深深植根于数据技术。

从文明之初的"结绳记事"，到文字发明后的"文以载道"，再到近现代科学的"数据建模"，数据一直伴随着人类社会的发展变迁，承载了人类基于数据和信息认识世界的努力和取得的巨大进步。然而，直到以电子计算机为代表的现代信息技术的出现，为数据处理提供了自动化的方法和手段，人类掌握数据、处理数据的能力才实现了质的跃升。信息技术及其在经济社会发展方方面面的应用（即信息化），推动数据（信息）成为继物质、能源之后的又一种重要战略资源。

数据生成是指数据的诞生。具体来说，数据是指通过各种纵向或分布式数据源生成的规模庞大、多样化和复杂的数据集，这些数据源包括传感器、视频、点击流或所有其

他可用的数据源。目前数据来源主要是企业内部的经营交易信息，物联网世界中物流、传感信息，互联网世界中人与人交互信息、位置信息，科学研究所产生的数据等，其信息量远远超越了现有企业 IT 架构和基础设施的承载能力，其实时性要求大大超越了现有的计算能力。对于当今的企业来说，如何有效地利用数据理解客户、消费者和商业运作本身来保持并促进公司成长，提高公司整体的效益迫在眉睫。随着企业可以获得的数据越来越多，形式也千变万化，仅仅采用传统的方法处理这些数据是不现实的。

（二）数据生成的模式

一般而言，狭义的数据主要包括交易数据、交互数据、传感数据等。广义的数据除了上述几种数据外，还包括自然界和社会生活中存在的全部其他数据。数据生成的模式可分为三个顺序的阶段。

1. 运营式系统阶段

始于 20 世纪 90 年代，随着数字技术和数据库系统的广泛使用，许多组织的管理系统存储了大量的数据，如银行交易事务、购物中心记录和政府部门归档等。这些数据集是结构化的，并能通过基于数据库的存储管理系统进行分析。

数据库的出现使得数据管理的复杂度大大降低，在实际使用中，数据库大多为运营系统所采用，作为运营系统的数据管理子系统，如超市的销售记录系统、银行的交易记录系统、医院病人的医疗记录系统等。人类社会数据量的第一次大的飞跃正是在运营模式系统开始广泛使用数据库时开始的。这个阶段的最主要特点是数据的产生往往伴随着一定的运营活动，而且数据是记录在数据库中的，例如，商店每售出一件产品就会在数据库中产生一条相应的销售记录。这种数据的产生方式是被动的。

2. 用户原创内容阶段

互联网的诞生促使人类社会数据量出现第二次大的飞跃，但是真正的数据爆发产生于 Web2.0 时代，而 Web2.0 的最重要标志就是用户原创内容。这类数据近些年一直呈现爆炸式的增长。以搜索引擎和电子商务为代表的 Web1.0 系统在 20 世纪 90 年代末期产生了大量的半结构化和无结构的数据，包括网页数据和事务日志等。而自 21 世纪初期开始，许多 Web2.0 应用从在线社交网络（如论坛、博客、社交网站和社交媒体网站等）中产生了大量的用户创造内容。

3. 感知式系统阶段

人类社会数据量第三次大的飞跃最终导致了大数据的产生，今天我们正处于这个阶段。这次飞跃的根本原因在于感知式系统的广泛使用。随着技术的发展，人们已经有能力制造极其微小的带有处理功能的传感器，并开始将这些设备广泛地布置于社会的各个角落，通过这些设备来对整个社会的运转进行监控。这些设备会源源不断地产生新数据，这种数据的产生方式是自动的。因移动设备（如智能手机、平板电脑、传感器和基于传感器的互联网设备）的普及而引发。分析以移动为中心的网络将产生高度移动、位置感知、以个人为中心和与上下文相关的数据可以发现，数据生成模式是从阶段 1 的被动记录到阶段 2 的数据主动生成，再到阶段 3 的自动生成。

除了用数据产生速率描述，大数据源还与数据产生领域相关。以商业领域的大数据相关技术研究为例，首先，大数据和商业活动联系紧密，许多大数据工具已经被开发并广泛使用；其次，大部分的商业数据是由互联网、移动网络和物联网产生的；最后，企业研发会产生大量的数据，高效的数据分析将帮助开发人员发现基本原理，促进研发进程。

二、商务大数据的来源

商务大数据伴随着消费者和企业的行为实时产生，广泛分布在各类商务平台、社交媒体、智能终端、企业内部系统和其他第三方服务系统中。商务数据类型多种多样，既包含消费者交易信息、消费者基本信息、企业的产品信息与交易信息，也包括消费者评论信息、行为信息、社交信息和地理位置信息等。移动智能终端对商务业务的影响越来越大，移动终端的移动性、便捷性和私人性等特征促进了移动商务业务的快速发展，产生了大量的电子数据。在传统数据体系和新数据体系中，数据共分为以下五种。

（1）业务数据，如消费者数据、客户关系数据、库存数据、账目数据等。

（2）行业数据，如车流量数据、能耗数据、$PM_{2.5}$数据等。

（3）内容数据，如应用日志、电子文档、机器数据、语音数据、社交媒体数据等。

（4）线上行为数据，如页面数据、交互数据、表单数据、会话数据、反馈数据等。

（5）线下行为数据，如车辆位置和轨迹、用户位置和轨迹、动物位置和轨迹等。

对商务大数据进行挖掘并创造价值，将成为企业的主要竞争力。例如充分利用大数据开展个性化推荐和按需定制等服务。

大数据的主要来源如下。

（1）企业系统，如客户关系管理系统、企业资源计划系统、库存系统、销售系统等。

（2）机器系统，如智能仪表、工业设备传感器、智能设备、视频监控系统等。

（3）互联网系统，如电商系统、服务行业业务系统、政府监管系统等。

（4）社交系统，如微信、QQ、微博、博客、新闻网站等。

对企业经营管理者而言，在大数据时代所面临的主要困惑包括：如何将大数据应用和企业真实业务场景结合，让大数据真正发挥效用；如何基于云计算、大数据重构企业的商业模式，帮助企业实现"互联网+"转型升级？企业多年积累了很多数据，这些数据哪些有用，如何用来帮助企业实现业务改进，创造新的商业价值？企业的各种数据散落在不同系统中，要如何清洗整合和挖掘应用？

（一）企业内部大数据

1. 企业内部大数据来源的渠道

2013 年，IBM 公司发布《分析：大数据在现实世界中的应用》，该报告显示企业内部数据是商务大数据的主要来源。企业内部数据主要来自联机交易数据和联机分析数据，这些数据大部分是历史的静态数据，并且多以结构化的形式被关系型数据库管理。生产数据、库存数据、销售数据、财务数据等构成了企业内部数据，它们将企业内部的所有活动都尽可能地信息化、数据化，用数据记录企业的每个活动。概括起来，企业内部大数据来源渠道主要包括三个方面。

一是来自企业数据化的档案。19 世纪中叶，美国航海学家马修·方丹·莫里利用美国海军图表与仪器仓库里的海量航海日志和航海图档案，绘制了大西洋的航线图，并为当时 95% 的商船所使用。美国纽约的爱迪生联合电气公司通过对城市地下电力管网 100 多年维修和事故记录档案的整理与挖掘，成功预测了那些最有可能发生引燃事故的检修孔。每个企业都会有历史档案，一些企业还会有很多。历史档案资料中，那些与财务、客户、员工、地理、人文甚至是天气等相关的资料会蕴涵着可观的数据挖掘潜力。例如著名的啤酒与尿布的故事，即是通过对历史销售数据进行分析，才发现两者之间的相关性。又如在房地产企业的销售中，可以通过历史档案数据与当时天气、地理等数据的结合，进而有针对性地进行一些营销活动。当然，利用历史档案的前提是档案的数据化，借助于现代的图像、文字、音视频等的识别技术，将大量的历史档案转化为数据资料，是档案大数据挖掘的重要基础。

二是来自企业信息化系统。企业的信息化系统包括 OA、ERP、CRM 等多种类别。在这些信息化系统中，每一天都会有大量的数据产生并沉淀。例如，OA 系统中各种办公流程所产生的人事、财务、业务、项目等方面的数据，以及后台的日志数据；ERP 系统中关于企业人、财、物、时间、空间等资源与企业供应链方面的数据；CRM 系统中客户的信息与交互数据等。这里需要说明的是，这样的信息化系统本身就是良好的数据分析平台，其报表生成、运营分析等各种分析功能也能够为企业带来诸多的分析价值。不过在大数据时代，我们还需要更多地关注信息化系统中的"数据废气"（data exhaust）。微软、Google 等利用用户的拼写失误所产生的"数据废气"开发了自动拼写检查功能，为用户提供体验更佳的服务；电子书阅读器也可以实时捕捉用户书签、停顿、时间等阅读习惯，以此为出版商提供价值可观的出版参考。在大数据理念下，企业在使用 OA、ERP 等系统的过程中，也应当多关注系统中那些与正常的流程或模块无关的"数据废气"。

三是来自企业物联网络。企业数据化的一个重要领域是物联网，那么，企业内部有哪些物联数据产生渠道？一方面，物联网的技术存在于企业产品的智能化互联中，例如施奈德电气公司通过电梯设备的数据化物联网，可以将电梯的等待时间降低 50%，又如德国某光学设备生产企业通过涵盖整个制造流程的数据化传感网络，使其生产制造具备了工业 4.0 的特征。另一方面，物联网的大数据还可能来自企业内部管理的物联网络。例如，美国的 Sociometric Solutions 公司，是一家社会经济学解决方案提供商，这家公司推出了一款智能工牌，如胸牌大小，内置了多种物联传感器。这种智能工牌可以记录员工的交流行为，包括声调、姿态和身体语言。当员工之间在聊天时身体有向前靠的举动，则有可能说明二人的合作状态不错。类似于这种的物联网系统所产生的大数据，其应用潜力是巨大的。

2. 大数据分析的效用

近几十年来，在提高业务部门的营利能力方面，信息技术和数字数据功不可没。信息技术和数字数据的使用对商业领域的繁荣发展起到了重要的推动作用。全球所有公司商业数据量每 1.2 年会翻番。互联网上的商业事务，包括 B2B 和 B2C 事务，每天约有 4500 亿条。日益增长的商业数据需要使用高效的实时分析工具挖掘其价值。例如，亚马逊每天要处理几百万的后端操作和来自第三方销售超过 50 万条的查询请求。沃尔玛每小时要处理上百万的客户事务，这些事务被导入数据库，约有超过 2.5PB 的数据量。Akamai

每天则需分析 7500 万个事件，以更好地实现广告定位。

在零售行业，同类产品彼此之间差异小，于是可替代性强，零售企业要想提高销售收入就需要提供更好的购物体验和详细的客户服务，需要销售有特色的商品，丰富本地化商品，增加各种流行款式，缩短消费周期，运用最适当的计算机技术帮助销售，通过各种通信技术了解客户需求，对消费需求的变化迅速做出反应。通过分析大数据，零售企业需要精心选择上架产品，确保提供新鲜商品，样式新颖以吸引顾客，需要分析消费行为，以及判断销售趋势，进行调整；在制定价格时采取灵活策略，对广告促销进行大数据分析，并考虑节假日和天气等因素；在稳定收入源方面，零售企业需要了解消费群体，进行大数据预测，利用电话、网络、电子邮件等一切方式联络客户，采集数据进行分析，并结合各种客户的具体购物习惯，提供不一样的个性化购物体验，改善客户忠诚度。微博等社交媒体产生大量实时数据，采取大数据技术及时收集，同市场销售收集进行整合，能够为企业决策提供指导，帮助企业实现智能发展，把握市场发展趋势，预测客户消费行为，制定更加有效可行的策略。

（二）企业外部大数据

1. 互联网数据

美国可视化服务商 Domosphere 在 2014 年 4 月发布的 2.0 版《数据永不眠》显示，每分钟 Facebook 上有 246 万条的帖子被分享，Twitter 上有 28 万条推送，Youtube 上能收到时长达 72 小时的视频。每分钟如此，每天、每年的数据量，只能用"海量"来概括。当然，准确计算究竟有多少数据量，没有实际意义，因为互联网上的数据增加速度，时刻都在变化。这里，需要重点关注的是现在的社交网络，美国的 Twitter 与中国的微博，美国的 Facebook、WhatsApp 与中国的微信，已呈现"统治一切"的节奏，这些应用所带来的数据量时刻都在急速增长，这样的一个世界所带来的大数据价值也将不可估量。

互联网一直是大数据的主要来源，随着移动互联网和社交网络的兴起，互联网所生成的数据规模呈爆炸式增长。截至 2020 年底，中国网民规模为 9.89 亿人，互联网普及率达到 70.4%，特别是移动互联网用户总数超过 16 亿；5G 网络用户超过 1.6 亿，约占全球 5G 总用户数的 89%；基础电信企业移动网络设施，特别是 5G 网络建设步伐加快，2020 年新增移动通信基站 90 万个，总数达 931 万个，工业互联网产业规模达到 9164.8 亿元；数字经济持续快速增长，信息技术与实体经济加速融合，规模达到 39.2 万亿元，总量跃居世界第二。

搜索词条、论坛帖子、聊天记录和微博消息等互联网数据，都具有一个共同的特点——价值高但是密度低。这些互联网数据就个体而言，也许无法找出有价值的信息，但是通过对积累的大数据进行挖掘，可以发现用户的行为习惯和喜好，甚至预测人们的行为和情绪。

2. 物联网数据

物联网是新一代信息技术，其核心和基础仍然是互联网，是在互联网基础上的延伸和扩展的网络，其用户端延伸和扩展到了任何物品与物品之间，相互进行信息交换和通信，而其具体实现是通过传感技术获取外界的物理、化学和生物等数据信息。

传感器从物联网消费者设备收集数据，如安全系统、智能电器、智能电视和可穿戴健康装置。数据也可以从商业设备中收集，包括商业安全系统、交通监控设备和天气跟踪系统。数据被传输、保存，并且可以随时检索。

以下是物联网设备收集数据的类型示例。

（1）自动化数据。许多人对设备自动化持怀疑态度。无论是办公室里的自动灯还是恒温器上的自动设置，都需要自动化。如果没有自动化，某人的工作就是记住每天调整2次恒温器的设置，最后一次调整后，关闭所有灯。

（2）状态数据。最基本和最流行的物联网数据类型是状态数据。大多数物联网设备生成状态数据，这些数据作为原始数据采集，然后用于更复杂的分析。

（3）位置数据。将位置数据想象成一个室内全球定位系统，位置数据能够实时跟踪包裹、托盘和设备，而不是将其引导到特定的目的地。农民可以在收割期间跟踪设备；仓库主管可以在车间找到特定的零件托盘；在消费者层面，可以使用位置数据来跟踪丢失的手机、笔记本电脑，甚至是钥匙。

物联网是大数据的一个重要来源。图 4-1 所示的是物联网架构及各层具备的功能。其网络架构可分为四层：感知层、网络层、分析层和应用层。

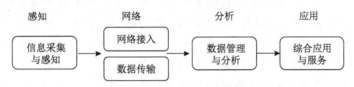

图 4-1 物联网的架构与功能

感知层负责采集数据，其主要构成是传感网；网络层负责信息传输和处理，近距离的传递可以依靠传感网，远距离的传输则要借助互联网；分析层进行信息管理与分析，对上层服务和应用起到支撑作用，分析层的主要系统设备包括大型计算机群、海量网络存储设备、云计算设备等；应用层是物联网的具体应用实践。面向物联网的数据采集网络以及物联网与云计算进行融合，通过数据从端到云的传输，以及从云到端的反馈来实现物理世界与数字世界的共融，物联网用户通过"云-端"融合技术实现对真实世界的控制。

由物联网生成的数据具有以下特点。

（1）数据规模大。物联网中分布着海量的数据采集设备，它们既可以采集简单的数值型数据，如 GPS 等，又可以采集复杂的多媒体数据，如摄像头等。为了满足分析处理的需求，物联网不仅需要存储当前的采集数据，还需要存储一段时间范围内的历史数据。因此，物联网所产生数据的规模是巨大的。

（2）异构性。由于物联网中数据采集设备种类的多样性，所采集数据的类型也各不相同，因此物联网所采集的数据也具有异构性。

（3）时空相关度大。在物联网中，每个数据采集设备都有地理位置，每个采集数据都有时间标签，时空关系是物联网数据的重要属性。在进行数据分析处理时，时空也是进行统计分析的重要维度。

（4）有效数据所占比例小。物联网数据在采集和传输过程中会产生大量的噪声，而且在采集设备不断采集的数据集中，有价值的只是其中极少一部分的状态异常数据。例如，在交通视频采集过程中，与其他正常的视频帧相比，只有违反交通规则、交通事故等少数的视频帧具有更高的价值。

3. 公共渠道的大数据

企业所面对的政府、协会、其他中介组织等，也会拥有大量的数据信息。例如，现在许多城市所推动的智慧城市建设蓝图，其基本思路之一即是推动各种公共渠道大量数据的共享，从而为城市的各种智慧化应用提供数据支撑，其服务对象当然也包括广大的企业。又如，2014 年我国实施的企业工商数据公示制度，其实也会成为一个很好的公共数据来源。任何一个企业的基本情况与报表信息都可以在网上查到，如果能够对这样的数据资源进行归集整理，其中的价值不可小视。国内不少银行已经尝试通过大数据来驱动业务运营，如中信银行信用卡中心使用大数据技术实现了实时营销，光大银行建立了社交网络信息数据库，招商银行则利用大数据发展小微信贷。

4. 其他科学大数据

越来越多的科学应用正产生海量的数据集，若干学科的发展极度依赖于对这些海量数据的分析，如光学观测和监控。在光学遥感和对地观测领域、基于光学等设备的视频监控领域等，往往需要获取连续大量的数据。这些几乎造成管理和处理灾难的数据有一定的周期性，而用户关心的又往往是其中的差异和异常的部分。考虑到这类数据的分析和学习过程往往又同获取这些数据时的装置和参数密切相关，再加上视觉信息对人类的重要性以及用户同系统的必要交互，对光学观测和监控数据的管理和处理已经提上重要日程。

自然、商业、互联网、政府部门和社会环境之间的普适传感和计算正以前所未有的复杂性生成异构数据。在规模、时间维度、数据种类等方面，这些数据集有其独特的数据特征。如在有的文献中，记录着与位置、运动、近似度、通信、多媒体、应用程序的使用和音频环境有关的移动数据。根据应用环境和要求，可以将这些数据集分为不同的类别，从而挑选出合适的、可行的大数据解决方案。

第二节　商务大数据获取

一、商务大数据采集

数据采集，又称数据获取，是利用一种装置从系统外部采集数据并输入到系统内部的一个接口。数据采集技术广泛应用在各个领域。大数据采集是指从传感器和智能设备、企业在线系统、企业离线系统、社交网络和互联网平台等获取数据的过程。数据包括 RFID 数据、传感器数据、用户行为数据、社交网络交互数据及移动互联网数据等各种类型的结构化、半结构化及非结构化的海量数据。不但数据源的种类多，数据的类型繁杂，数据量大，而且产生的速度快，传统的数据采集方法完全无法满足需求。所以，大数据采集技术面临着许多技术挑战，一方面需要保证数据采集的可靠性和高效性，同时还要避免重复数据。

（一）大数据采集简介

足够的数据量是企业大数据战略建设的基础，因此数据采集是大数据价值挖掘中的重要一环。数据的采集有基于物联网传感器的采集，也有基于网络信息的数据采集。比如在智能交通中，数据的采集有基于 GPS 的定位信息采集、基于交通摄像头的视频采集、基于交通卡口的图像采集、基于路口的线圈信号采集等。而在互联网上的数据采集是对各类网络媒介的，如搜索引擎、新闻网站、论坛、微博、博客、电商网站等的各种页面信息和用户访问信息进行采集，采集的内容包括文本信息、网页链接、访问日志、日期和图片等。之后需要把采集到的各类数据进行清洗、过滤、去重等各项预处理并分类归纳存储。

数据采集的时效越快，其产生的数据价值就越大。从管理者的角度看，如果通过数据能实时地了解企业经营情况，就能够及时地做出决策；从业务的角度看，如果能够实时地了解客户的动态，就能够更有效地为客户提供合适的产品和服务，提高客户满意度；从风险管理的角度看，如果能够通过数据及时发现风险，企业就能够有效地避免风险和损失。

在数据量呈爆炸式增长的今天，数据的种类丰富多样，也有越来越多的数据需要放到分布式平台上进行存储和计算。数据采集过程中的 ETL 工具将分布的、异构数据源中的不同种类和结构的数据抽取到临时中间层进行清洗、转换、分类、集成，最后加载到对应的数据存储系统，如数据仓库或数据集市中，成为联机分析处理、数据挖掘的基础。在分布式系统中，经常需要采集各个节点的日志，然后进行分析。企业每天都会产生大量的日志数据，对这些日志数据的处理也需要特定的日志系统。因为与传统的数据相比，大数据的体量巨大，产生速度非常快，对数据的预处理也需要实时快速，所以在 ETL 的架构和工具选择上，也需要采用分布式内存数据、实时流处理系统等技术。根据实际生活环境中应用环境和需求的不同，目前已经产生了一些高效的数据采集工具，包括 Flume、Scribe、Chukwa 和 Kafka 等。

（二）大数据采集策略

在计算机广泛应用的今天，数据采集的重要性是十分显著的。它是计算机与外部物理世界连接的桥梁。大数据采集的扩展，也意味着企业 IT 成本和投入的增加。因此需要结合企业本身的战略和业务目标，制定大数据采集策略。企业的大数据采集策略一般有两个方向。

（1）尽量多地采集数据，并整合到统一平台中。该策略认为，任何只要与企业相关的数据，尽量采集并集中到大数据平台中。该策略的实施一般需要两个条件：首先，需要较大的成本投入，内部数据的采集、外部数据的获取都需要较大的成本投入，同时将数据存储和整合到数据平台上，也需要较大的 IT 基础设施投入；其次，需要有较强的数据专家团队，能够快速地甄别数据并发现数据的价值。如果无法从数据中发现价值，较大的投入无法快速得到回报，就无法持续。

（2）以业务需求为导向的数据采集策略。当业务或管理提出数据需求时，再进行数据采集并整合到数据平台。该策略能够有效避免第一种策略投入过大的问题。但是完全以需求为导向的数据采集，往往无法从数据中发现"惊喜"，在目标既定的情况下，数据的采集、分析都容易出现思维限制。

对于完全数字化的企业，如互联网企业，建议采用第一种大数据采集策略。对于目前尚处于数字化过程中，成本较紧、数据能力成熟度较低的企业，建议采用第二种大数据采集策略。

（三）大数据采集范围

为满足企业或组织不同层次的管理与应用的需求，数据采集分为三个层次。

（1）业务电子化。主要实现对手工单证的电子化存储，并实现流程的电子化，确保业务的过程被真实记录。本层次的数据采集重点关注数据的真实性，即数据质量。

（2）管理数据化。在业务电子化的过程中，企业逐步学会了通过数据统计分析来对企业的经营和业务进行管理。因此，对数据的需求不仅仅是满足于记录和流程的电子化，而是要求对企业内部信息、企业客户信息、企业供应链上下游信息实现全面的采集，并通过数据集市、数据仓库等平台的建立，实现数据的整合，建立基于数据的企业管理视图。本层次的数据采集重点关注数据的全面性。

（3）数据化企业。在大数据时代，数据化的企业从数据中发现和创造价值，数据已经成为企业的生产力。企业的数据采集向广度和深度两个方向发展。在广度方面，包括内部数据和外部数据，数据范围不仅包括传统的结构化数据，也包括文本、图片、视频、语音、物联网等非结构化数据。在深度方面，不仅对每个流程的执行结果进行采集，也对流程中每个节点执行的过程信息进行采集。本层次的数据采集重点关注数据价值。

（四）大数据采集技术与方法

1. 采集技术

在大数据的技术生态中，最底层的数据采集，因为物联网和智能硬件的广泛应用越来越重要。数据来源除了传统的政府管理数据以外，物联网、移动互联网（尤其是社交网络、电子商务）产生的多样化数据和高速度数据流，带来了新的软硬件产业需求。

目前，互联网企业都有自己的海量数据采集工具，如 Apache 的 Chukwa，Cloudera 的 Flume，Facebook 的 Scribe 等，这些工具均采用分布式架构，能满足每秒数百 MB（Megabytes，兆字节）日志数据采集和传输需求。网络数据采集是指通过网络爬虫或网站公开 API 等方式从网站上获取数据信息。该方法可以将非结构化数据从网页中抽取出来，将其存储为统一的本地数据文件，并以结构化的方式存储。对于企业生产经营数据或学科研究数据等保密性要求较高的数据，可以通过与企业或研究机构合作，使用特定系统接口等相关方式采集数据。

ZigBee 是一种专注于低功耗、低成本、低复杂度、低速率的近程无线网络通信技术，也是嵌入式应用的一个大热点，特别适合于采集原始传感器数据。Chukwa 是一个开源的用于监控大型分布式系统的数据采集系统，其特点是：架构清晰，部署简单，收集的数据类型广泛，具有很强的扩展性；与 Hadoop 无缝集成，能完成海量数据的收集与整理。Facebook 的 Scribe 能够从各种日志源上收集日志，存储到一个中央存储系统上，以便进行集中统计分析处理。

2. 采集渠道与方法

数据采集是从具体的数据生产环境中获取原始数据，利用多个数据库或存储系统来接收发自客户端（Web、App 或者传感器形式等）的数据。例如，电商企业会使用传统的关系型数据库 MySQL 和 Oracle 等来存储每一笔事务数据，在大数据时代，Redis、MongoDB 和 HBase 等 NoSQL 数据库也常用于数据的采集。大数据的采集过程的主要特点和挑战是并发数高，因为同时可能会有成千上万的用户在进行访问和操作，例如，火车票售票网站和淘宝的并发访问量在峰值时可达到上百万，所以在采集端需要部署大量数据库才能为其提供支撑，并且，在这些数据库之间进行负载均衡和分片是需要深入地思考和设计的。根据数据源的不同，大数据采集方法也不相同。但是为了能够满足大数据采集的需要，大数据采集时都使用了大数据的处理模式，即 MapReduce 分布式并行处理模式或基于内存的流式处理模式。以下是四种常见的大数据采集方法。

1）数据库采集

传统企业会使用传统的关系型数据库 MySQL 和 Oracle 等来存储数据。随着大数据时代的到来，Redis、MongoDB 和 HBase 等 NoSQL 数据库也常用于数据的采集。企业通过在采集端部署大量数据库，并在这些数据库之间进行负载均衡和分片来完成大数据采集工作。

2）日志文件

系统日志采集主要是收集公司业务平台日常产生的大量日志数据，供离线和在线的大数据分析系统使用。高可用性、高可靠性、可扩展性是日志采集系统所具有的基本特征。系统日志采集工具均采用分布式架构，能够满足每秒数百 MB 的日志数据采集和传输需求。作为广泛采用的数据采集方法之一，日志文件是由数据源系统自动生成的记录文件，用以记录指定的文件格式中的活动，以供后续分析。几乎所有数字装置中的应用程序都会采用日志文件。例如，网站服务器会将所有网站用户的点击次数、点击率、访问量和其他属性记录在日志文件中。在捕捉用户网站活动方面，网站服务器主要有以下三种类型日志文件格式：公用日志文件格式、扩展日志格式和 IIS（Internet information services，互联网信息服务）日志格式。这三种日志文件都是 ASCII 文本格式的。有时会用数据库，而不是使用文本文件来存储日志信息，以便提高海量日志存储库的查询效率。还有一些其他基于数据采集的日志文件，其中包括金融应用程序中的股票指标、网络监控和交通管理中的工作状况测定等。

3）感知设备数据采集

感知设备数据采集是指通过传感器、摄像头和其他智能终端自动采集信号、图片或录像来获取数据。大数据智能感知系统需要实现对结构化、半结构化、非结构化的海量数据的智能化识别、定位、跟踪、接入、传输、信号转换、监控、初步处理和管理等。其关键技术包括针对大数据源的智能识别、感知、适配、传输、接入等。传感器常见于日常事务中，主要用于测量物理量，并将物理量转换成可读的数字信号，以供后续处理（可能会进行存储）。根据类型，传感器可分为声波、语音、振动、汽车、化工、电流、天气、压力、温度、近似度等，通过一些沟通媒体，以及有线或无线网络，感知信息将被转移到一个数据采集点。传感器可以很容易地部署和管理应用程序，如视频监控系统加有线传感器网络是一种很方便的解决方案，可以利用它来获取信息。

当某个特定现象的确切位置是未知数时，尤其是要监视的环境不具备能源或通信基础架构时，在能源和通信来源有限的情况下，必须通过无线通信方式来实现传感器节点之间的数据传输。近年来，无线传感器网络（wireless sensor network，WSNs）引起了人们广泛的讨论，并已应用于多种应用程序中，如环境研究、水质监测、土木工程、野生动物栖息地的监测等。无线传感器网络通常包含大量空间分布式传感器节点，这些传感器节点都是采用电池供电的微型设备。首先将传感器部署至应用要求所指定的位置以收集感知数据。传感器部署完毕后，基站会将网络设置管理或收集等指示信息发送至各个传感器节点。基于这些指示信息，检测到的数据被聚集在不同的传感器节点并传回基站，以供进一步处理。

4）网络数据采集方法

目前网络数据采集主要是采用网络爬虫、分词系统、任务与索引系统等技术进行综合运用来完成的。网络爬虫是搜索引擎使用的一个下载和存储网页的程序。大致来说，网络爬虫从一个初始网页的统一资源定位符（uniform resource locator，URL）开始，按队列进行访问，期间要对所有需要检索的 URL 进行保存和排序。通过这个队列，网络爬虫按优先顺序获得一个 URL，之后下载页面和识别下载页面中的所有 URL，并取新的 URL 放入这一队列。这一过程会反复进行，直到网络爬虫发布停止命令。网络爬虫这种数据采集方法广泛应用于基于网页的应用程序中，如搜索引擎或网页缓存系统。传统的网页提取技术具备多种高效的解决方案，人们已对该领域进行了深入的研究。随着更多更先进的网页应用程序的出现，又提出了一些提取策略，以应对丰富的互联网应用程序。目前的网络数据采集技术主要有基于 Libpcap 的传统报文捕获技术和采用零拷贝的报文捕获技术，同时出现了一些专门的网络抓包的软件，如 Wireshark、SmartSniff、WinNetCap 等。

除上述几大主要数据来源的数据采集方法外，还有许多其他数据采集方法或系统。例如，在科学实验领域，人们利用许多专业工具来收集实验数据，如磁谱仪、无线电望远镜。我们可以从不同的角度对数据采集方法进行分类。从数据源的角度来看，数据采集方法可分为两大类：通过数据源记录的采集方法和通过其他辅助工具记录的采集方法。

二、商务大数据传输

（一）数据传输的分类

数据传输就是按照一定的规程，通过一条或者多条数据链路，将数据从数据源传输到数据终端，它的主要作用就是实现点与点之间的信息传输与交换。一个好的数据传输方式可以提高数据传输的实时性和可靠性。数据传输是数据从一个地方传送到另一个地方的通信过程。数据传输系统通常由传输信道和信道两端的数据电路终端设备组成，在某些情况下，还包括信道两端的复用设备。传输信道可以是一条专用的通信信道，也可以由数据交换网、电话交换网或其他类型的交换网来提供。数据传输系统的输入输出设备为终端或计算机，统称数据终端设备（data terminal equipment，DTE），它所发出的数据信息一般都是字母、数字和符号的组合，为了传送这些信息，就需将每一个字母、数字或符号用二进制代码来表示。

数据信号的基本传输方式有三种：基带传输、频带传输和数字数据传输。

（1）基带传输是基带数据信号（数据终端输出的未经调制变换的数据信号）直接在电缆信道上传输。换句话说，基带传输是不搬移基带数据信号频谱的传输方式。

（2）频带传输是基带数据信号经过调制，将其频带搬移到相应的载频频带上再传输（频带传输时信道上传输的是模拟信号）。

（3）数字数据传输是利用脉冲编码调制（pulse code modulation，PCM）信道传输数据信号，即利用 PCM30/32 路系统的某些时隙传输数据信号。

数据传输方式是指数据在信道上传送所采取的方式。例如，按数据代码传输的顺序可以分为并行传输和串行传输；按数据传输的同步方式可分为同步传输和异步传输；按数据传输的流向和时间关系可分为单工、半双工和全双工数据传输。

（二）数据传输的两个阶段

在完成原始数据的采集后，就需要将这些数据转移到数据存储基础构架中，以供后续处理和分析。数据传输这一任务可分为两个阶段：外部传输和内部传输。

1. 外部传输

外部传输（Inter-DCN①）是指从数据源到数据中心基础架构这一传输过程，通常是在当前物理网络基础架构的协助下完成的。由于流量需求的快速增长，全球大部分地区的物理网络基础架构都是由大容量、高速率、高性价比的光纤传输系统组成的。

为了对光纤网络进行智能控制和管理，人们研发了管理设备和技术，如基于 IP 的波分多路复用（wavelength division multiplexing，WDM）网络架构和无线系统中的正交频分复用（orthogonal frequency division multiplexing，OFDM）。波分多路复用是指将多种不同波长的光载波信号经复用器汇合在一起并耦合到光线路的同一根光纤中进行传输的技术。

无线系统中的正交频分复用，是一种多载波并行传输技术，通过将高速的数据流分割成若干个正交子信道，将高速的信号转换成低速子数据流进行传输。与波分多路复用系统固定的信道间隔的特征相比，正交频分复用允许各个子信道频谱重叠，是一种灵活、敏捷和高效的光网络技术。

2. 内部传输

内部传输（Intra-DCN）是指数据中心内的数据通信流，内部传输取决于数据中心的通信机制（物理连接板、芯片和数据服务器内存、数据中心网络架构和通信协议）。

数据中心由多个服务器集合机架组成，通过数据中心内部网络进行连接。例如，数据中心内部网络基于商品交换来构建标准的胖树型（fat-tree）2 层或 3 层结构。在 2 层

---

① DCN 全称为 data communication network。

拓扑结构中,首先机架通过 1Gb/s 顶级机架交换机连接,然后再通过拓扑结构中的 10Gb/s 聚合交换机对这些顶级机架交换机进行连接。3 层拓扑结构在 2 层拓扑结构的顶部添加一层,这一层是由 10Gb/s 或 100Gb/s 的核心交换机组成,用以连接拓扑结构中的聚合交换机。还有一些其他旨在提高数据中心网络的拓扑结构。由于电子分组交换机的不足,很难在降低能耗的同时增加通信带宽。因为光学技术在电信网络的巨大成功,数据中心网络的光互联被认为是一种高吞吐量、低延迟、低能耗的解决方案。光学技术被用于数据中心的点到点链接中。这些链接是基于低成本的多模光纤(multi-mode fibers,MMF)来实现交换机的连接,带宽达 10GB/s。数据中心网络的光互联(在光域进行切换)是一个可行的解决方案,光互联能够提供 TB/s 级的传输带宽,还能减少能源消耗。数据中心网络有许多光互联方案,有些方案添加了光路,以对现有网络进行升级,其他方案则完全替换了当前的交换机。在提高数据中心网络效率和利用率方面还包括网络虚拟化技术。

三、商务大数据预处理

(一)大数据预处理技术

由于数据源的多样性,就噪声、冗余、冲突等来说,可能会收集到不同质量级别的数据集,存储无意义的数据无疑是一种浪费。此外,一些数据分析方法对数据质量有严格的要求。因此,多数情况下,有必要对数据进行预处理,数据预处理旨在集成不同数据源的数据,以实现有效的分析。它不仅降低了存储开销,还提高了分析准确度。下面列出一些关系型数据预处理技术。

1. 数据集成

数据集成是现代商业信息学的基石,涉及不同来源数据的结合,以及为用户提供统一的数据视图。在传统的数据库研究中,这是一个成熟的研究领域。从历史上看,有两种方法已经获得了认可:数据仓库和数据联邦。数据仓库也称为 ETL,包括三个步骤:提取、转换和加载。提取步骤包括连接到源系统,选择和收集分析处理所必需的数据。转换步骤包括执行一系列的规则,以将所提取的数据转换为标准格式。加载步骤是指将提取和转换的数据导入目标存储基础架构中。加载步骤最复杂,包括许多操作,如转换、复制、清除、规范、筛选、整理等。通过创建一个虚拟的数据库,可以查询和聚合来自不同数据源的数据。虚拟数据库本身不包含数据,相反,它包含有关实际数据及其位置的信息或源数据。这两种“存储—读取”方式不适用于数据流或搜索应用程序的高性能需求,与查询相比,这两种方法中的数据更加动态化,且必须在传输过程中进行处理。在一般情况下,数据集成方法通常伴随有流处理引擎和搜索引擎。

2. 数据清洗与清理

数据清洗、数据清理和数据治理相互交叉,相互关联。数据清洗是对数据进行重新审查和校验的过程,目的在于删除重复信息、纠正存在的错误,并提供数据一致性。数据清洗从名字上也看得出就是把“脏”的“洗掉”,指发现并纠正数据文件中可识别的错误的最后一道程序,包括检查数据一致性,处理无效值和缺失值等。因为数据仓库中的数据是面向某一主题的数据的集合,这些数据从多个业务系统中抽取而来而且包含历史数据，这样就避免不了有的数据是错误数据、有的数据相互之间有冲突，这些错误的或有冲突的数据显然是我们不想要的，称为"脏数据"。我们要按照一定的规则把"脏数据""洗掉"，这就是数据清洗。而数据清洗的任务是过滤那些不符合要求的数据，将过滤的结果交给业务主管部门，确认是否过滤掉还是由业务单位修正之后再进行抽取。不符合要求的数据主要有不完整的数据、错误的数据、重复的数据三大类。数据清洗与问卷审核不同，录入后的数据清理一般是由计算机而不是人工完成。

数据清理是一个识别不准确、不完整或不合理的数据，然后对其进行修改或删除，以提高数据质量的过程。数据清理的总体框架包括五个互补性步骤：定义和确定错误类型、搜索和识别错误情况、纠正错误、识别文件错误实例和错误类型，以及修改数据录入程序，以减少未来的错误。在数据清理的过程中，应进行格式检查、完整性检查、合理性检查和限制检查。数据清理对保持数据的一致性和数据的不断更新至关重要，数据清理被广泛应用于许多领域，如银行、保险、零售，电信、交通等领域。

3. 冗余消除

数据冗余是指数据之间的重复，也可以说是同一数据存储在不同数据文件中的现象。可以说增加数据的独立性和减少数据冗余是企业范围信息资源管理和大规模信息系统获得成功的前提条件。数据冗余会增加不必要的数据传输开销，并给存储系统带来缺陷，如存储空间的浪费，从而导致数据的不一致，数据的可靠性降低，并会导致数据损坏。因此，学者们提出了各种冗余度缩减方法，如冗余检测、数据过滤和数据压缩。这些方法可用于不同的数据集或应用环境，并能获得大量的回报；同时，也会带来一些额外的负面因素。例如，数据压缩方法在数据压缩和解压过程中会带来额外的计算负担。我们应该在冗余缩减的益处和随之而来的负担之间做出一个权衡。

一般情况下，应尽量减少数据冗余，保证数据的一致性，但在某些情况下，也需要适当增加数据冗余度：重复存储或传输数据以防止数据的丢失；对数据进行冗余性的编码来防止数据的丢失、错误，并提供对错误数据进行反变换得到原始数据的功能；为方便处理而使同一信息在不同地点有不同的表现形式，如一本书的不同语言的版本；为了提高数据的检索速度。数据冗余或者信息冗余是生产、生活所必然存在的行为，没有好与不好的总体倾向。

除上述数据预处理方法外，还需对特定的数据对象进行一些其他操作，如特征提取，这种操作在多媒体搜索、DNA 分析等方面起着关键的作用。通常情况下，可以使用高维特征矢量（或高位特征点）来描述这些数据对象，系统会将这些高维特征矢量存储起来以供检索。数据转换通常用来处理分布式异构数据源，尤其适用于业务数据集。事实上，鉴于数据集种类之广，不可能创建出一个适用于所有数据集的统一数据预处理程序和技术，而需要综合考虑数据集的特征、要解决的问题、性能要求和其他因素，才能够选择出一种合适的数据预处理方案。

（二）大数据整合

数据整合主要进行数据的累积和指标的计算。对于多维分析和数据挖掘应用所需的数据，建议由批量计算进行处理。数据整合过程中重点关注主数据的管理。主数据是指系统间共享的数据，是业务系统中最有价值的数据，与源数据、流程数据、非结构化数据相比，更为稳定。在数据整合过程中，需要考虑两个方面：①一切数据应尽量和主数据进行关联。数据只有关联起来才有价值，而主数据正是关联其他数据的枢纽点，对于业务系统来讲，一切数据只有和主数据关联起来才有意义。②利用大数据来提升主数据的质量。在数据整合过程中，可以通过各系统采集到的数据对主数据进行补充和纠正，以提升主数据的质量，也可以通过非结构数据的挖掘获取有效信息，提升主数据质量。当然，各业务系统数据源的可信度也需要进行识别和定义，避免低质量的数据覆盖了高质量的数据。大数据整合包括批量数据的整合和实时数据的整合。

1．批量数据的整合

传统的数据整合一般采用 ELT 模式，即抽取、加载、转换。

1）数据抽取

在进行数据抽取和加载之前，需要定义数据源系统与数据平台之间的接口，形成数据平台的接入模型文档。从源系统中抽取数据一般分为两种模式：抽取模式和供数模式。从技术实现角度来讲，抽取模式是较优的，即由数据平台通过一定的工具来抽取源系统的数据。但是从项目角度来讲，建议采用源系统供数模式，鉴于抽取数据对源系统的影响，如果数据抽取都由数据平台项目来负责，有可能会给数据平台项目带来重大的风险，最终导致数据平台项目失败。

2）数据加载

随着大数据并行技术出现，数据库的计算能力大大加强，数据加载一般都采用先加载后转换的方式。在数据加载过程中，应该对源数据和目标数据进行数据比对，以确保抽取加载过程中的数据一致性，同时设置一些基本的数据校验规则，对于不符合数据校验规则的数据，应该退回源系统，由源系统修正后重新供出。通过这样的方式，能够有效地保证加载后的数据质量。在完成数据加载后，系统能够自动生成数据加载报告，报告本次加载的情况，并说明加载过程中的源系统的数据质量问题。在数据加载的过程中，还需要注意数据版本管理。

3）数据转换

数据转换分为简单映射、数据转换、计算补齐、规范化四种类型。简单映射就是在源系统和目标系统之间一致地定义和格式化每个字段，只需在源系统和目标系统之间进行映射，就能把源系统的特定字段复制到目标表的特定字段。数据转换，即将源系统的值转换为目标系统中的值，最典型的案例就是代码值转换。计算补齐，在源数据丢失或者缺失的情况下，通过其他数据的计算，经过某种业务规则或者数据质量规则的公式，推算出缺失的值，进行数据的补齐工作。规范化，当数据平台从多个数据系统中采集数据的时候，会涉及多个系统的数据，不同系统对于数据会有不同的定义，需要将这些数据的定义整合到统一的定义之下，遵照统一的规范。

4）数据整合

数据整合在数据整合到数据平台之后，需要根据应用目标进行数据的整合，将数据关联起来并提供统一的服务。传统的数据仓库的数据整合方式主要有建立基于不同数据域的实体表和维表；建立统一计算层；生成面向客户、面向产品、面向员工的宽表，用于数据挖掘。在大数据时代，这三种数据整合方式仍然适用。通过不同的方式将数据关联起来，通过数据的整合为数据统计、分析和挖掘提供服务。

2. 实时数据的处理整合

大数据的一个重要特点是速度。在大数据时代，数据应用者对数据的时效性也提出了新的要求，如企业的管理者希望能够实时地通过数据看到企业的经营状况；销售人员希望能够实时地了解客户的动态，从而发现商机快速跟进；电子商务网站也需要能够快速地识别客户在网上的行为，实时地做出产品的推荐。实时数据的整合要比批处理数据的整合复杂一些，抽取、加载、转换等常用步骤依然存在，只是它们以一种实时的方式进行数据处理。

1）实时数据的抽取

在实时数据抽取过程中，必须实现业务处理和数据抽取的松耦合。业务系统的主要职责是进行业务的处理，数据采集的过程不能影响业务处理的过程。实时数据抽取一般不采用业务过程中同步将数据发送到数据平台的方式，因为一旦同步发送失败或超时，就会影响到业务系统本身的性能。建议采用下述两种方式：定时的小批量的实时数据采集；实时业务的异步数据发送。

2）实时数据的加载

在实时数据加载过程中，需要对数据完整性和质量进行检查。对于不符合条件的数据，需要记录在差异表中，最终将差异数据反馈给源系统，进行数据核对。实时数据加载一般采用流式计算技术，快速地将小数据量、高频次的数据加载到数据平台上。

3）实时数据的转换

实时数据转换与实时加载程序一般为并行的程序，对于实时加载完的数据，通过轮询或者触发的方式，进行数据转换处理。

4）实时数据的整合

实时数据的整合主要是根据实时的数据，进行数据的累积和指标的计算。对于多维分析和数据挖掘应用所需的数据，建议仍然由批量计算进行处理。数据整合应注重数据的质量和数据本身的完整性、准确性，才能保障大数据分析结果的真实有效，否则可能得到错误的分析结果，做出错误的判断和决策。大数据的整合，除了数据层面的整合，还涉及数据处理架构的整合，即大数据平台以及平台基础设施的整合，其中包括了能够完成数据的统一存储和深度分析、展示及应用整合，存储架构的整合、网络架构的整合，还有虚拟化技术的整合等。

第三节　商务大数据存储

大数据时代，数据爆炸式增长，数据的急速增长对数据存储和管理都提出了更高的要求。传统上，数据存储设备只是服务器的附属设备，并且大都采用结构化的关系型数据库进行数据存储、管理、查询和分析。而大数据的急速增长使得传统的存储设备和管理方式都不再适用，数据存储设备在服务器中占据着越来越重要的位置，存储也成为互联网主要的开销所在，因此，对数据存储的研究从没有间断过。

一、大数据存储与管理技术

数据存储是指大规模数据集的存储和管理，同时还要实现可靠性和可用性这两个主要目标。数据存储系统可分为两部分：硬件基础和数据存储方法或机制。硬件基础架构包括为反馈各种任务的瞬时需求而利用到的大量共享 ICT 资源，这些 ICT 资源是以一种弹性的方式进行组织的，硬件基础架构应具备伸缩性和动态重新配置功能，以应对不同类型的应用环境。数据存储方法部署在硬件基础架构顶部，以维系大规模的数据集。为了分析或与存储的数据进行互动，存储系统应尽可能地具备更多的接口功能，以及快速查询或其他编程模型。

1. 并行数据库

并行数据库是指那些在无共享的体系结构中进行数据操作的数据库系统。这些系统大部分采用了关系数据模型并且支持 SQL 语句查询，但为了能够并行执行 SQL 的查询操作，系统中采用了两个关键技术：关系表的水平划分和 SQL 查询的分区执行。

1）原理

水平划分的主要思想就是根据某种策略将关系表中的元组分布到集群中的不同节点上，这些节点上的表结构是一样的，这样就可以对元组并行处理。现有的分区策略有哈希分区、范围分区、循环分区等。例如，哈希分区策略是将表 T 中的元组分布到 n 个节点上，可以使用统一的哈希算法对元组中的某个或某几个属性进行哈希，然后根据哈希值将元组放置到不同的节点上。

在分区存储的表中处理 SQL 查询需要使用基于分区的执行策略，如获取表 T 中某一数值范围内的元组，系统首先为整个表 T 生成总的执行计划 P，然后将 P 拆分成 n 个子计划 $\{P_1, P_2, \cdots, P_n\}$，子计划 P_i 在节点 n_i 上独立执行，最后每个节点将生成的中间结果发送到某一选定的节点上，该节点对中间结果进行聚集产生最终的结果。

2）目标

并行数据库系统的目标是高性能和高可用性，通过多个节点并行执行数据库任务，提高整个数据库系统的性能和可用性。最近一些年不断涌现一些提高系统性能的新技术，如索引、压缩、实体化视图、结果缓存、I/O 共享等，这些技术都比较成熟且经得起时间的考验。与一些早期的系统如 Teradata 必须部署在专有硬件上不同，如 Aster、Vertica 等可以部署在普通的商业机器上，这些数据库系统可以称得上准云系统。

3）缺点

并行数据库系统的主要缺点就是没有较好的弹性，而这种特性对中小型企业和初创企业是有利的。人们在对并行数据库进行设计和优化的时候认为集群中节点的数量是固定的，若需要对集群进行扩展和收缩，则必须为数据转移过程制订周全的计划。这种数据转移的代价是昂贵的，并且会导致系统在某段时间内不可访问，而这种较差的灵活性直接影响到并行数据库的弹性以及现用现付商业模式的实用性。

并行数据库的另一个问题就是系统的容错性较差，过去人们认为节点故障是个特例，并不经常出现，因此系统只提供事务级别的容错功能，如果在查询过程中节点发生故障，那么整个查询都要从头开始重新执行。这种重启任务的策略使得并行数据库难以在拥有数以千个节点的集群上处理较长的查询，因为在这类集群中节点的故障经常发生。基于这种分析，并行数据库只适合于资源需求相对固定的应用程序。不管怎样，并行数据库的许多设计原则为其他海量数据系统的设计和优化提供了比较好的借鉴。

2. NoSQL 数据库

1）沿革

NoSQL 一词最早出现于 1998 年，它是 Carlo Strozzi 开发的一个轻量、开源、不提供 SQL 功能的关系型数据库，NoSQL 主要指非关系型、分布式、不提供 ACID①的数据库设计模式。对 NoSQL 最普遍的解释是"非关系型的"，强调键值存储和文档数据库的优点，而不是单纯地反对关系型数据库。

2）主要技术

传统关系型数据库在处理数据密集型应用方面显得力不从心，主要表现在灵活性差、扩展性差、性能差等方面。最近出现的一些存储系统摒弃了传统关系型数据库管理系统的设计思想，转而采用不同的解决方案来满足扩展性方面的需求。这些没有固定数据模式并且可以水平扩展的系统现在统称为 NoSQL（有些人认为称为 NoREL 更为合理），这里的 NoSQL 指的是"Not Only SQL"，即对关系型 SQL 数据系统的补充。NoSQL系统普遍采用的一些技术有以下三种。

（1）简单数据模型。不同于分布式数据库，大多数 NoSQL 系统采用更加简单的数据模型，这种数据模型中，每个记录拥有唯一的键，而且系统只需支持单记录级别的原子性，不支持外键和跨记录的关系。这种一次操作获取单个记录的约束极大地增强了系统的可扩展性，而且数据操作可以在单台机器中执行，没有分布式事务的开销。

（2）元数据和应用数据的分离。NoSQL 数据管理系统需要维护两种数据：元数据和应用数据。元数据是用于系统管理的，如数据分区到集群中节点和副本的映射数据。应用数据就是用户存储在系统中的商业数据。系统之所以将这两类数据分开是因为它们有着不同的一致性要求。若要系统正常运转，元数据必须是一致且实时的，而应用数据的一致性需求则因应用场合而异。因此，为了达到可扩展性，NoSQL 系统在管理两类数据上采用不同的策略。还有一些 NoSQL 系统没有元数据，它们通过其他方式解决数据和节点的映射问题。

（3）弱一致性。NoSQL 系统通过复制应用数据来达到一致性。这种设计使得更新数据时副本同步的开销很大，为了减少这种同步开销，弱一致性模型，如最终一致性和时间轴一致性得到广泛应用。

---

① A（Atomicity）：原子性，是指事务必须是原子工作单元，对于其数据修改（包括新增、修改、删除数据），要么全都执行，要么全都不执行。

C（Consistency）：一致性，是指事务在完成时，必须使所有的数据都保持一致状态。

I（Isolation）：隔离性，是指由并发事务所做的修改必须与任何其他并发事务所做的修改隔离。

D（Durability）：持久性，是指事务完成之后，它对于系统的影响是永久性的，该修改即使出现致命的系统故障也将一直保持。

3）优势

通过这些技术，NoSQL 能够很好地应对海量数据的挑战。相对于关系型数据库，NoSQL 数据存储管理系统主要有以下四方面优势。

（1）避免不必要的复杂性。关系型数据库提供各种各样的特性和强一致性，但是许多特性只能在某些特定的应用中使用，大部分功能很少被使用。NoSQL 系统则提供较少的功能来提高性能。

（2）高吞吐量。一些 NoSQL 数据系统的吞吐量比传统关系数据管理系统要高很多，如 Google 使用 Map Reduce 每天可处理 20PB 存储在 Bigtable 中的数据。

（3）高水平扩展能力和低端硬件集群。NoSQL 数据系统能够很好地进行水平扩展，与关系型数据库集群方法不同，这种扩展不需要很大的代价。而基于低端硬件的设计理念为采用 NoSQL 数据系统的用户节省了很多硬件上的开销。

（4）避免了关系映射。许多 NoSQL 系统能够存储数据对象，这就避免了数据库中关系模型和程序中对象模型相互转化的代价。

NoSQL 向人们提供了高效便宜的数据管理方案，许多公司不再使用 Oracle 甚至 MySQL，它们借鉴 Amzon 的 Dynamo 和 Google 的 Bigtable 的主要思想建立自己的海量数据存储管理系统，一些系统也开始开源，如 Facebook 将其开发的 Cassandra 捐给了 Apache 软件基金会。

4）缺点

虽然 NoSQL 数据库提供了高扩展性和灵活性，但是它也有自己的缺点。

（1）数据模型和查询语言没有经过数学验证。SQL 这种基于关系代数和关系演算的查询结构有着坚实的数学保证，即使一个结构化的查询本身很复杂，但是它能够获取满足条件的所有数据。NoSQL 系统都没有使用 SQL，其使用的一些模型还未有完善的数学基础。这也是 NoSQL 系统较为混乱的主要原因之一。

（2）不支持 ACID 特性。这为 NoSQL 带来了优势，同时也是其缺点，毕竟事务在很多场合下还是需要的，ACID 特性使系统在中断的情况下也能够保证在线事务能够准确执行。

（3）功能简单。大多数 NoSQL 系统提供的功能都比较简单，这就增加了应用层的负担。例如，如果在应用层实现 ACID 特性，那么编写代码的程序员一定极其痛苦。

（4）没有统一的查询模型。NoSQL 系统一般提供不同查询模型，这一定程度上增加了开发者的负担。

3. NewSQL 数据库

NewSQL 是一类现代关系型数据库，旨在为 NoSQL 的联机事务处理（online transaction processing，OLTP）读写负载提供相同的可扩展性能，同时仍然提供事务的 ACID 特性。换言之，NewSQL 希望达到与 NoSQL 相同的可扩展性，又能保留关系模型和事务支持，使得应用可以执行大规模的并发事务，并使用 SQL 而不是特定的 API 来修改数据库的状态。NewSQL 结合了传统关系型数据库和灵活的 NoSQL 数据库的优点，可以预测 NewSQL 是未来数据库的发展方向。

基于 NewSQL 的定义，并根据 NewSQL 数据库的实现方式，可以将 NewSQL 数据库分为三类：第一类是使用全新的架构；第二类是重新实现数据分片基础架构，并在此基础上开发数据库中间件；第三类是来自云服务提供商的数据库即服务（database as a service，DBaaS），同样基于全新的架构。

二、分布式存储系统与海量存储系统

（一）分布式存储系统

1. 分布式存储系统的架构

分布式存储大数据带来的首要挑战是如何建立高效海量分布式存储机制，进行数据的战略存储，并支持高效的数据处理和分析。分布式存储系统需要解决的关键技术问题包括可扩展性、数据冗余性、数据一致性、缓存等。分布式存储面临的另外一个共同问题，就是如何组织和管理成员节点，以及如何建立数据与节点之间的映射关系。成员节点的动态增加或删除，在分布式系统中可以算是一种常态，目前比较常见的解决方案是使用分布式哈希表技术（distributed Hash table，DHT）。分布式哈希表通常使用的是一致性哈希算法，即将所有节点组织在一个环状结构中，当要存放或查找某份数据时，只要通过数据的关键字，便可以计算出其对应的值。分布式哈希表的这个特点，基本可以保证将数据均匀地分布到各个节点上，从而达到负载均衡的目的。

从架构上讲，分布式存储大体可以分为 C/S（Client-Server，客户-服务器）架构和 PP（peer-to-peer，端到端）架构两种。当然，也有一些分布式存储中会同时存在这两种架构方式。而谈到分布式系统的设计，就不得不提及著名的 CAP 理论，该理论指出，一个分布式系统不可能同时保证一致性、可用性和分区容错性这三个要素。因此，一个分布式存储系统将根据其具体业务特征和具体需求，最大化地优化其中两个要素。当然，一个分布式存储系统往往会根据其业务的不同在特性设计上做不同的取舍，比如是否需要缓存模块、是否支持通用文件系统接口等。

2. 分布式存储系统的三因素

使用一个分布式系统保存海量数据时，需要考虑如下三个方面的因素。

1）一致性（consistence）

分布式存储系统需要使用多台服务器共同存储数据，而随着服务器数量的增加，服务器出现故障的概率也在不断增加。为了保证在有服务器出现故障的情况下系统仍然可用，一般做法是把一个数据分成多份存储在不同的服务器中。但是由于故障和并行存储等情况的存在，同一个数据的多个副本之间可能存在不一致的情况，这里称保证多个副本的数据完全一致的性质为一致性。

2）可用性（availability）

分布式存储系统需要多台服务器同时工作，当服务器数量增多时，其中的一些服务器出现故障是在所难免的。希望这样的情况不会对整个系统造成太大的影响，在系统中的一部分节点出现故障之后，系统的整体不影响客服端的读/写请求称为可用性。

3）分区容错性（partition tolerance）

分布式存储系统中的多台服务器通过网络进行连接，但是无法保证网络是一直通畅的，分布式系统需要具有一定的容错性来处理网络故障带来的问题。一个令人满意的情况是，当一个网络因为故障而分解为多个部分的时候，分布式存储系统仍然能够工作。

（二）海量存储系统

针对大数据的需求，陆续出现了各种海量存储系统。目前海量存储系统从数据存储的模式来看，可以分为直接附接存储（direct attached storage，DAS）和网络存储两种，其中网络存储又可以分为网络附接存储（network attached storage，NAS）和存储区域网络（storage area network，SAN）。

1. 直接附接存储

直接附接存储，即磁盘驱动器和服务器直接连接，存储设备作为外围设备。在这种存储结构中，数据管理是以服务器为中心的，而且所有的应用软件都是和存储子系统配套（这样 I/O 会占用系统带宽）。DAS 适用于一个或有限的几个服务器环境，但存储容量增加时，不但存储供应的效率变得越来越低，而且可升级和扩展性受到很大限制，当服务器出现异常时，更使数据不可获得，同时存储资源和数据也无法进行共享。DAS 主要在个人计算机和小型服务器上使用，只能满足数据存储量较低的应用，不直接支持多机共享存储，磁带机与独立磁盘冗余阵列（redundant arrays of independent disks，RAID）就是典型的 DAS 设备。

2. 网络存储

网络存储就是通过网络存储设备，包括专用数据交换设备、磁盘阵列或磁带库等存储介质以及专用的存储软件，利用原有网络或构建一个存储专用网络为用户提供统一的信息系统的信息存取和共享服务，其特点为数据大容量存储、数据有限制共享、数据挖掘和信息充分利用、数据可靠性、数据备份与安全性、数据管理的简单化和统一化。同时网络存储还具有很强的可扩展性，可以提供大数据量的信息传输率的特点。

NAS 实际上是一个网络的附接存储设备，它通过集线器或交换机直接连接，通过 TCP/IP 协议进行通信，面向消息传递，以文件的方式进行数据的传输。NAS 系统有两个突出的特点：一是物理连接，将存储器直接连到网络，然后再挂在服务器后端，避免给服务器增加 I/O 负载；二是技术上通过专用软件减少磁头臂机械移动的次数，克服由此造成的时延，但从 NAS 的构成看，其路径在本质上仍然是传统的服务器存储设备 I/O 方式。

SAN 是以数据存储为中心，采用可伸缩的网络拓扑结构，通过具有较高传输速率的光通道直接连接方式，提供 SAN 内部任意节点之间的多路可选择的数据交换，并将数据存储管理集中在相对独立的存储区域网内，实现最大限度的数据共享和数据优化管理，以及系统的无缝扩充。

从数据存储系统的组成上看，无论是 DAS、NAS 还是 SAN，其存储系统都可以分为三个部分：首先是磁盘阵列，它是存储系统的基础，是完成数据存储的基本保证；其次是连接和网络子系统，通过它们实现了一个或多个磁盘阵列与服务器之间的连接；最后是存储管理软件，在系统和应用级上，实现多个服务器共享、容灾等存储管理任务。

3. 云存储

云存储是由第三方运营商提供的在线存储系统，比如面向个人用户的在线网盘和面向企业的文件或对象存储系统。云存储的运营商负责数据中心的部署、运营和维护等工作，将数据存储以服务的形式提供给客户，客户不需要自己搭建数据中心和基础架构，也不需要关心底层存储系统的管理和维护等工作，并且可以根据业务需求动态地扩大或减少其对存储容量的需求。

云存储背后的技术主要是分布式存储技术和存储虚拟化技术。存储虚拟化是通过抽象和封装底层存储系统的物理特性，将多个互相隔离的存储系统统一化为一个抽象的资源池的技术。存储虚拟化技术主要分为 3 种：基于主机的虚拟化存储、基于网络的虚拟化存储、基于存储设备的虚拟化存储。通过存储虚拟化技术，用户数据可以实现逻辑上的分离、存储空间的精简配置等。总而言之，云存储通过集中统一地部署和管理存储系统，降低了数据存储的成本，从而也降低了大数据行业的准入门槛。

思考与练习

1. 商务大数据的来源？
2. 商务大数据采集有哪三个层次？
3. 大数据采集的四种方法？
4. 简述大数据预处理技术内容。
5. 简述大数据存储与管理技术。
6. 从数据存储模式角度分析海量存储系统的分类。

第五章

商务大数据分析

本章在前面章节基础上，从商务大数据分析的基本理论出发，介绍了商务大数据分析方法，并对大数据分析的应用进行了概括。通过本章的学习，理解数据分析的目的和分类、数据分析与过程，重点掌握关联规则、回归与分类分析、聚类分析等商务大数据分析方法，了解大数据应用演化和应用场景。

第一节　商务大数据分析概述

一、数据分析目的和分类

（一）数据分析的目的

数据分析的目的是从和主题相关的数据中提取尽可能多的信息。主要目标包括：推测或解释数据并确定如何使用数据；检查数据是否合法；给决策制定合理建议；诊断或推断错误原因；预测未来将要发生的事情。数据分析创造价值，可以从许多方面进行，如促进销售、产品更新换代等。

首先是数据驱动企业销售，有针对性地系统分析所带来的商业价值远远高于盲目地执行。利用大数据分析获得更多的客户，并防止客户流失，是企业销售最关心的问题之一。当发展一家公司作为合作客户时，应该从五个方面进行分析：公司名称、决策人、接洽方式、销售人员的确定、具体销售方案。而对于客户留存，则需要分析：流失客户、客户流失时间、重点关注客户、销售人员的确定、销售行动方案。

其次是数据驱动产品的更新与换代。产品经理基于大数据分析可以进行新产品的决策、新产品质量、对本产品关键绩效指标（key performance indicator，KPI）的影响、功能优化方向。数据分析会不断地为不同的部门输送数据，包括销售、市场推广、产品、运营、客户服务、风控，各个不同的部门通过数据分析创造出巨大的价值。

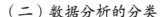

（二）数据分析的分类

由于统计数据的多样性，数据分析的方法大不相同。可以将数据根据不同标准进行分类，如根据观察和测量得到的定性或定量数据，根据参数数量得到的一元或多元数据。另外，根据数据分析深度可将数据分析分为三个层次：描述性分析、预测性分析和规则性分析。

（1）描述性分析，即基于历史数据描述发生了什么。例如，利用回归技术从数据集中发现简单的趋势，可视化技术用于更有意义地表示数据，数据建模则以更有效的方式收集、存储和删减数据。描述性分析通常应用在商务智能和可见性系统。

（2）预测性分析，即用于预测未来的概率和趋势。例如，预测性模型使用线性和对数回归等统计技术发现数据趋势，预测未来的输出结果，并使用数据挖掘技术提取数据模式，给出预见。

（3）规则性分析，即解决决策制定和提高分析效率。例如，仿真用于分析复杂系统以了解系统行为并发现问题，而优化技术则在给定约束条件下给出最优解决方案。

二、数据分析与过程

（一）数据分析

数据分析采用一定的方式、方法对收集来的多种资料进行比较和分析，以求尽可能地利用数据资料，发挥数据的功能。它是对数据加以详细研究和概括总结的过程，是为了提取有用信息并形成结论。

数据分析的目的是把隐藏在一大批看似杂乱无章的数据背后的信息集中和提炼出来，希望能总结出所研究对象的内在规律。在实际工作中，有效的数据分析能够帮助管理者进行判断和决策，以便采取适当策略与行动。当然若产生了错误的数据分析，它可能给我们的工作和生活造成失误。例如，企业的高层希望通过市场分析和研究，把握当前产品的市场动向，从而制订合理的产品研发和销售计划，这就必须依赖数据分析才能完成。

那么，在什么时候会产生有效或错误的数据分析呢？这不是一句简单的话就能说明白的。而描述性、探索性和验证性数据分析，是统计学领域对数据分析常用的三类划分。其中，描述性数据分析属于初级数据分析，常见的分析方法有对比分析法、平均分析法、交叉分析法等；而探索性数据分析和验证性数据分析属于高级数据分析，常见的分析方法有相关分析、因子分析、回归分析等。探索性数据分析侧重于在数据之中发现新的特征，验证性数据分析则侧重于已有假设的证实或证伪。

（二）数据分析的过程

数据分析过程的主要活动由识别信息需求、数据采集、数据分析、过程的改进的有效性组成。

1. 识别信息需求

识别信息需求是管理者根据项目或工作中涉及的重要决策和过程控制的需要，提出对有用信息的需求，舍去无用、垃圾、干扰、虚假信息，找到需要利用哪些有用信息，以支持项目或工作过程的输入、输出资源配置的合理性、过程活动的改进方案和过程异常变化的发现与处置等。识别信息需求是确保数据分析过程有效性的首要条件，是有效工作的基础。准确的信息需求可以为收集数据、分析数据提供清晰的目标。

2. 数据采集

有效的数据采集是确保数据分析过程的效率基础，在组织、策划时可考虑以下几个方面。

（1）将识别的需求转化为具体的要求，如评价供方时，需要收集的数据可能包括其过程能力、测量系统不确定度等相关数据。

（2）明确由谁在何时何处，通过何种渠道和方法收集数据。

（3）记录表应便于使用。

（4）采取有效措施，防止数据丢失和虚假数据对系统的干扰。

3. 数据分析

数据分析是将采集到的数据通过整理、归纳、加工、抽样、量化等方式，使其转化为有用的信息。常用方法根据其发展有老和新各七种工具。①老的七种工具，即排列图、因果图、分层法、调查表、散布图、直方图、控制图。②新的七种工具，即关联图、系统图、矩阵图、KJ法、计划评审技术、过程决策程序图法、矩阵数据图。

4. 过程的改进

数据分析是项目或工作的管理者在适当时候通过对以下几个方面问题的分析，评估其有效性，它是质量管理体系的基础。

（1）收集数据的目的是否明确，收集的数据是否真实和充分，信息渠道是否畅通。

（2）数据分析所需资源是否得到保障。

（3）数据分析方法是否合理，是否将风险控制在可接受的范围内。

（4）提供决策的信息是否存在信息量不足、失准、滞后等方面的问题，即要求提供决策的信息应该是可信并且充分的。

（5）提供的信息对持续改进质量管理体系、过程、产品所发挥的作用是否与期望值一致，是否在产品实现过程中不断有效运用数据分析。

三、大数据分析架构

由于大数据来源广泛，种类繁多，结构多样且应用于众多不同领域，因此针对不同业务需求的大数据，应采用不同的分析架构。

1. 根据实时性

根据实时性，大数据分析架构可分为实时分析和离线分析。

1）实时分析

实时分析多用于电子商务、金融等领域。由于数据瞬息万变，因此需要及时的数据分析，在极短的时间能返回分析结果。目前，实时分析的主要架构有：采用传统关系型数据库组成并行处理集群；采用内存计算平台，EMC 的 Greenplum、SAP 的 HANA（high-

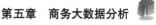

performance analytic appliance）等，都是进行实时分析的工具。

2）离线分析

离线分析往往用于对结果反馈时间要求不高的场合，如机器学习、统计分析、推荐算法等。离线分析一般是通过数据采集工具将日志大数据导入专用的平台进行分析。在大数据环境下，为了降低数据格式转化的开销，提高数据采集的效率，很多互联网企业都采用基于 Hadoop 的离线分析架构。例如，Facebook 开源的 Scribe、LinkedIn 开源的 Ka1ka、淘宝开源的 TimeTunnel、Hadoop 的 Chukwa 等，均可以满足每秒数百兆字节的日志数据采集和传输需求。

2. 根据数据规模

根据数据规模，大数据分析架构可分为内存级分析、BI 级分析和海量级分析。

1）内存级分析

内存级分析是指数据总量不超过集群内存的最大值。目前的服务器集群的内存超过几百 GB 字节，甚至达到 TB 级别都是很常见的，因此可以采用内存数据库技术，将热点数据常驻内存，从而达到提高分析效率的目的。内存级分析非常适用于实时分析业务。

2）BI 级分析

BI（business intelligence，商务智能）级分析是指数据规模超出了内存级，但是又可以导入 BI 分析环境下进行分析，BI 产品有支持 TB 级以上的数据分析方案。

3）海量级分析

海量级分析是指数据规模已经完全超出 BI 产品以及传统关系型数据库的能力。目前，大多数的海量级分析都是采用 Hadoop 的分布式文件系统来存储数据，并使用 MapReduce 进行分析，海量级分析，基本上也都属于离线分析。

3. 根据算法复杂度

根据业务数据和业务需求的不同，数据分析算法的时空复杂度也有巨大的差异性。例如，针对易并行问题，可以设计分布式算法，采用并行处理的模型进行分析。

四、常用大数据分析视角

尽管目标和应用领域不同，一些常用的分析方法几乎对所有的数据处理都有用，下面将讨论三种类型的常用数据分析视角。

1. 数据可视化

数据可视化出现于 20 世纪 50 年代，是关于数据视觉表现形式的科学技术研究。它利用计算机图形学和图像处理技术，将数据转换成图形或图像显示出来，并提供人机交互界面，对数据加以可视化解释。数据可视化涉及计算机图形学、图像处理、计算机视觉、人机交互等多个领域，是研究数据相关问题的一项综合技术，与信息绘图学和信息可视化相关。数据可视化的目标是以图形方式清晰有效地展示信息。一般来说，图表和地图可以帮助人们快速理解信息。但是，当数据量增大到大数据的级别，传统的电子表格等技术已无法处理海量数据。大数据的可视化已成为一个活跃的研究领域，因为它能够辅助算法设计和软件开发。

数据可视化技术的基本思想是将数据库中每一个数据项作为单个图元素表示，大量的数据集构成数据图像，同时将数据的各个属性值以多维数据的形式表示，可以从不同的维度观察数据，从而对数据进行更深入的观察和分析。数据可视化技术包含数据空间、数据开发和数据分析三个基本概念。其中，数据空间是由 n 维属性和 m 个元素组成的数据集构成的多维信息空间；数据开发是指利用一定的算法和工具对数据进行定量的推演和计算；数据分析是指对多维数据进行切片、块、旋转等动作剖析数据，从而能多角度、多侧面观察数据。

数据可视化的一个重要目标是将大数据中包含的信息清晰、有效地传递给用户并进行沟通。相对于传统的数据可视化技术，大数据可视化技术需要处理更多类型、更大体量的数据，并能够快速地收集、筛选、分析、归纳、展现决策者所需要的信息，同时支持用户与可视化平台的交互分析及对新增数据的实时更新。

2. 统计分析

基于统计理论，统计分析是应用数学的一个分支。在统计理论中，随机性和不确定性由概率理论建模。统计分析技术可以分为描述性统计和推断性统计。描述性统计技术对数据集进行摘要或描述，而推断性统计则能够对过程进行推断。更多的多元统计分析包括回归分析、因子分析、聚类分析和判别分析。

3. 数据挖掘

数据挖掘是发现大数据集中数据模式的计算过程。许多数据挖掘算法已经在人工智能、机器学习、模式识别、统计和数据库领域得到了应用。数据挖掘算法，包括 k 均值聚类（k-means）、支持向量机（support vector machine，SVM）、Apriori、最大期望值法（expectation maximization，EM）、PageRank、Adaboost、k-近邻算法（k-nearest neighbor，KNN）等，覆盖了分类、聚类、回归和统计学习等方向。此外，神经网络和基因算法也被用于不同应用的数据挖掘，如机器学习、模式识别甚至视觉信息处理、媒体信息处理等。

第二节　商务大数据分析方法

一、关联规则

（一）关联规则简介

1993 年，Agrawal 等首先提出了关联规则（association rules）概念，同时给出了相应的挖掘算法 AIS（Agrawal，Imieliński，Swami），但是性能较差。1994 年，他们建立了项目集格空间理论，提出了著名的 Apriori 算法，至今 Apriori 仍然作为关联规则挖掘的经典算法被广泛讨论，以后诸多的研究人员对关联规则的挖掘问题进行了大量的研究。关联规则最初是针对购物篮分析（market basket analysis）问题提出的。假设分店经理想更多地了解顾客的购物习惯。特别是，想知道哪些商品顾客可能会在一次购物时同时购买？为回答该问题，可以对商店的顾客实物零售数量进行购物篮分析。该过程通过发

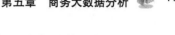

现顾客放入"购物篮"中的不同商品之间的关联，分析顾客的购物习惯。这种关联的发现可以帮助零售商了解哪些商品频繁地被顾客同时购买，从而帮助他们开发更好的营销策略。

1. 定义与规则

关联规则定义为：

假设 $I=(I_1, I_2, \cdots, I_m)$ 是项的集合。给定一个交易数据库 D，其中每个事务（Transaction）t 是 I 的非空子集，即每一个交易都与一个唯一的标识符 TID（Transaction ID）对应。关联规则在 D 中的支持度（support）是 D 中事务同时包含 X、Y 的百分比，即概率；置信度（confidence）是 D 中事务已经包含 X 的情况下，包含 Y 的百分比，即条件概率。如果满足最小支持度阈值和最小置信度阈值，则认为关联规则是有趣的。这些阈值是根据挖掘需要人为设定。

关联规则主要用于发现数据之间的联系，这些联系常用频繁项集作为表现形式。频繁项集是指出现次数在一定阈值之上、一起出现的项的集合，也就是说，如果两个或多个对象同时出现的次数很多，那么可以认为它们是高关联性的，当这些高关联性对象出现次数满足一定阈值时即称其为频繁项集。关联规则或频繁项集的典型应用场景有：

（1）哪些商品通常会被一同购买？

（2）喜欢/购买了这个产品的顾客会倾向于喜欢/购买哪些其他产品？

关联规则的简单化表达就是，当购买产品 X 时，也倾向于购买产品 Y。在此过程中，有两个关键阈值用来评估关联规则的重要度，即支持度和置信度。

支持度，即项在数据集中的频度，公式为 $\text{support}(A) = \dfrac{\text{support\_count}(A)}{|D|}$。

置信度公式为 $\text{confidence}(A \Rightarrow B) = \dfrac{\text{support\_count}(A \cup B)}{\text{support\_count}(A)}$。

其中，support_count（A）指的是 A 在数据集 D 中出现的次数，支持度表达的是数据集 D 中 A 出现的频度，而置信度表达的是在 A 出现的基础上，既出现 A 又出现 B 的频度。

2. 关联规则的过程及示例

关联规则挖掘过程主要包含两个阶段：第一阶段必须先从资料集合中找出所有的高频项目组（Frequent Itemsets 或 Large Itemsets），第二阶段再由这些高频项目组中产生关联规则。

关联规则挖掘的第一阶段必须从原始资料集合中，找出所有高频项目组。高频的意思是指某一项目组出现的频率相对于所有记录而言，必须达到某一水平。一项目组出现的频率称为支持度，以一个包含 A 与 B 两个项目的 2-Itemset 为例，可以经由公式求得包含 $\{A, B\}$ 项目组的支持度，若支持度大于等于所设定的最小支持度（minimum support）阈值时，则 $\{A, B\}$ 称为高频项目组。一个满足最小支持度的 k-Itemset，则称为高频 k-项目组（Frequent k-Itemset），一般表示为 Large k 或 Frequent k。算法并从 Large k 的项目组中再产生 Large $k+1$，直到无法再找到更长的高频项目组为止。

关联规则挖掘的第二阶段是要产生关联规则。从高频项目组产生关联规则，是利用

前一步骤的高频 k-项目组来产生规则，在最小置信度的条件门槛下，若一规则所求得的信赖度满足最小置信度，称此规则为关联规则。例如，经由高频 k-项目组 $\{A, B\}$ 所产生的规则 AB，其信赖度可经由公式求得，若信赖度大于等于最小信赖度，则称 AB 为关联规则。

用一个简单的例子说明。包含顾客购买记录的数据库 D，包含 6 个事务。项集 $I=\{$网球拍，网球，运动鞋，羽毛球$\}$。考虑关联规则（频繁二项集）——网球拍与网球，事务 1, 2, 3, 4, 6 包含网球拍，事务 1, 2, 6 同时包含网球拍和网球，$X \bigcap Y = 3$，$D=6$，支持度（$X^{\wedge}Y$）$/D=0.5$；$X=5$，置信度（$X^{\wedge}Y$）$/X=0.6$。若给定最小支持度 $\alpha = 0.5$，最小置信度 $\beta = 0.6$，认为购买网球拍和购买网球之间存在关联。如表 5-1 所示。

表 5-1　关联规则示例

TID	网球拍	网球	运动鞋	羽毛球
1	1	1	1	0
2	1	1	0	0
3	1	0	0	0
4	1	0	1	0
5	0	1	1	1
6	1	1	0	0

（二）Apriori 算法

关联规则挖掘的目标是寻找数据之间"有价值"的关联，"有价值"则取决于用它来挖掘的算法。Apriori 算法是一种挖掘布尔关联规则（布尔关联规则处理的值都是离散的、种类化的，它显示了这些变量之间的关系）频繁项集的算法。其核心是基于两阶段频繁项集思想的递推算法。该关联规则在分类上属于单维、单层布尔关联规则。在这里，所有支持度大于最小支持度的项集称为频繁项集。

1. 计算步骤

Apriori 算法是最早的也是应用最广泛的关联规则挖掘算法之一，当输入一个最小的支持度阈值，只有满足这个阈值的关联规则才会被挖掘出来。Apriori 算法利用的是这样一个特性：任何频繁项集的子集都是频繁的。例如，当我们挖掘出（A, B, C）的支持度满足阈值，即它是频繁项集的时候，那么它的任意一个子集，如（A, B）或（A, C）也都是频繁的，因为出现了（A, B, C）的数据中也一定出现了（A, B）或（A, C）。遵循这个思想，Apriori 算法有效地精简了搜索空间。

Apriori 算法的步骤如下。

（1）在最小支持度阈值的基础上，找出 1 项的频繁项集，然后找到 2 个频繁项之间的组合及组合的支持度。

（2）删除掉所有不符合最小支持度的项集。

（3）逐步利用频繁项的组合增加项的个数，并重复以上过程，直到找到所有的频繁项集或项集中项的个数达到最大值。

2. 基本思想

该算法的基本思想是：首先找出所有的频繁项集，这些项集出现的频繁性至少和预定义的最小支持度一样。然后由频繁项集产生强关联规则，这些规则必须满足最小支持度和最小置信度。然后使用第 1 步找到的频繁项集产生期望的规则，产生只包含集合的项的所有规则，其中每一条规则的右部只有一项。一旦这些规则被生成，那么只有那些大于用户给定的最小置信度的规则才被留下来。为了生成所有频繁项集，使用了递推的方法。Apriori 算法采用了逐层搜索的迭代的方法，算法简单明了，没有复杂的理论推导，也易于实现。

3. 主要缺点

（1）对数据库的扫描次数过多。
（2）Apriori 算法会产生大量的中间项集。
（3）采用唯一支持度。
（4）算法的适应面窄。

二、回归分析

回归分析（regression analysis）是研究一个变量与其他若干变量之间相关关系的一种数学工具，它是在一组实验或观测数据的基础上，寻找随机性掩盖了的变量之间的依存关系。通过回归分析，可以把变量之间的复杂的、不确定的关系变得简单化，有规律化。分类，关注的则是预测的目标所属的类别，并且这些类别是已经定义好的。例如，预测明天的天气是阴、晴还是雨，预测一封电子邮件是否是垃圾邮件等，这些都属于分类问题。分类预测的结果是分散的。

（一）简介

社会经济领域与自然科学等诸多现象之间始终存在着相互联系和相互制约的普遍规律。比如社会经济的发展与一定的经济变量的数量变化密切联系，社会经济现象不仅同与它有关的现象构成一个普遍联系的整体，同时在其内部也存在着彼此关联的因素。在一定的社会环境等诸多条件的影响下，一些因素推动、制约另外一些与之关联的因素发生变化。也就是说，社会经济现象的内部和外部联系中存在一定的相关性，要认识和掌握客观经济规律就必须探求经济现象和经济变量的变化规律，变量间的统计关系是经济变量变化规律的重要内容。

在统计学中，回归分析指的是确定两种或两种以上变量间相互依赖的定量关系的一种统计分析方法。回归分析按照涉及的变量的多少，分为一元回归和多元回归分析；按照因变量的多少，可分为简单回归分析和多重回归分析；按照自变量和因变量之间的关系类型，可分为线性回归分析和非线性回归分析。

一般而言，给定 p 个变量，$x_1, x_2, \cdots, x_p$，就能够确定变量 y，称这种变量之间的关系是确定性关系，它往往可以用某一函数关系 $y = f(x_1, x_2, \cdots, x_p)$ 来表示。可是，在实际问题中，变量之间存在大量非确定的关系，它们之间虽存在着密切联系，但是其密切程度不是由确切关系所能够刻画的。

在日常生活中，变量与变量之间表现为这种关系的有很多。比如粮食产量与施肥量之间的关系，银行储蓄额与居民收入之间的关系。以上可概括为：变量 x 与变量 y 有密切关系，但是又没有密切到可以通过一个变量可以确定另一个变量的程度。它们之间是一种非确定性的关系，我们称这种关系为统计关系或相关关系。回归分析就是讨论变量与变量之间的统计关系的一种统计方法。

（二）回归分析的一般种类

1. 线性回归

线性回归（linear regression）是最为人熟知的建模技术之一。线性回归通常是人们在学习预测模型时首选的技术之一。在这种技术中，因变量是连续的，自变量可以是连续的也可以是离散的，回归线的性质是线性的。线性回归使用最佳的拟合直线（也就是回归线）在因变量（Y）和一个或多个自变量（X）之间建立一种关系，可分为一元线性回归和多元线性回归。

在研究实际问题时，经常需要研究某一现象与影响它的某一最主要因素的关系。比如，影响粮食产量的因素很多，但是在众多因素中，施肥量是一个最重要的因素。我们往往要研究施肥量这一因素与粮食产量之间的关系。又如，保险公司在研究火灾损失的规律时，把火灾发生地和最近的消防站的距离作为一个最主要的因素，研究火灾损失与火灾发生地和最近的消防站的距离之间的关系。我们可以假设它们之间满足如下的统计模型：

$$y = \beta_0 + \beta_1 x + \xi$$

上述公式被称为一元线性回归模型。β_0 被称为回归常数，β_1 被称为回归系数。ξ 是随机误差，且满足 $E(\xi) = 0$，$\mathrm{Var}(\xi) = \delta^2$。

在线性相关条件下，两个和两个以上自变量对一个因变量的数量变化关系称为多元线性回归分析，其数学表达式称为多元线性回归模型。多元线性回归模型是一元线性回归模型的自然推广，其基本原理与一元线性回归模型类似，只是自变量的个数增加了，这样加大了在计算上的复杂性。

2. 逻辑回归

逻辑回归（logistic regression）于 19 世纪 40 年代作为线性回归与线性判别分析方法的补充而发展起来，并广泛应用于包括医学与社会科学在内的许多学科领域。逻辑回归与线性回归类似，也是旨在利用历史观察数据（训练数据）回归到数学函数，以反映应变量与表达变量之间的关系。但是该算法与线性回归有一个显著的不同点：其输出变量（反应变量）是一个类别而非数值，也就是说，线性回归用来估计连续数值型变量，而逻辑回归用来将类别变量归类。逻辑回归最初是输出二进制变量（如 1/0、是/否、通过/未通过、接受/拒绝），现在能够预测多种类别的输出变量（多项式逻辑回归）。若只有一个预测变量与被预测变量，则称为简单的逻辑回归，这与将只有一个独立变量的线性回归模型称为简单线性回归是一样的。

逻辑回归是用来计算"事件=Success"和"事件=Failure"的概率。当因变量的类型属于二元（1/0，真/假，是/否）变量时，应该使用逻辑回归。这里，Y的值为0或1，它可以用下面方程表示。

odds=p/(1−p)=probability of event occurrence / probability of not event occurrence

Ln(odds)=ln(p/(1−p))

logit(p)=ln(p/(1−p))=b_0+b_1X_1+b_2X_2+b_3X_3+⋯+b_kX_k

上述式子中，p表示具有某个特征的概率。这里使用的是二项分布（因变量），需要选择一个对于这个分布最佳的连接函数。它就是 Logit 函数。在上述方程中，通过观测样本的极大似然估计值来选择参数，而不是最小化平方和误差（在普通回归中使用的）。

在预测分析法中，逻辑回归模型用于建立一个或多个自变量（或预测）与因变量（或类别，可以是二项或多项变量）之间的概率模型。逻辑回归与普通的线性回归不同，是用来预测因变量的类别（通常是二项），将因变量看作伯努利（Bernoulli）实验。逻辑回归利用因变量的对数值建立连续标准，作为因变量的转化版本。因此，对数变换在逻辑回归中也称为连接函数。虽然逻辑回归中的因变量是类别或二项的，但其对数是线性回归用到的连续标准。

3. 多项式回归

在回归函数的线性诊断中，如发现其是非线性的，则常用的方法是改变回归模型，而最便于选择的非线性回归模型便是多项式回归（polynomial regression）模型。多项式回归可以处理非线性问题，因为根据微积分的知识，任一函数都可以分段用多项式来逼近，因而在实际问题中，不论变量 y 与 x 的关系如何，我们常可以选择适当的多项式回归或分段选择多项式回归加以研究。

对于一个回归方程，如果自变量的指数大于 1，那么它就是多项式回归方程。如下面方程所示：

$$y = \beta_0 + \beta_1 x^2 + \xi$$

在这种回归技术中，最佳拟合线不是直线，而是一个用于拟合数据点的曲线。

一般地，当变量 y 和 x 的关系如下式所示：

$$\begin{cases} y_i = \beta_0 + \beta_1 x_i + \cdots + \beta_p x_p + \xi_i, \quad i = 1, 2, \cdots, n \\ \xi_i, \xi_2, \cdots, \xi_n \text{相互独立且} \xi_i \sim \mathrm{N}\left(0, \delta^2\right) \end{cases}$$

上式被称为 P 次多项式的回归模型。这里 (x_i, y_i) 是第 i 次观察值，而 $\beta_0, \beta_1, \cdots, \beta_p$ 为未知参数。

三、聚类分析

（一）简介

1. 聚类分析的概念

聚类分析指将物理或抽象对象的集合分组为由类似的对象组成的多个类的分析过

程。它是一种重要的人类行为。聚类分析的目标就是在相似的基础上收集数据来分类。聚类源于很多领域，包括数学、计算机科学、统计学、生物学和经济学。在不同的应用领域，很多聚类技术都得到了发展，这些技术方法被用来描述数据，衡量不同数据源间的相似性，以及把数据源分类到不同的簇中。

聚类分析也称为无监督学习，与分类相比，聚类分析的数据样本一般事先没有属性标记，需要由聚类学习算法自动确定。简单来说，聚类分析就是在没有训练目标的情况下将样本数据划分为若干相似群组的一种方法。这些相似群组称为簇（Cluster），其目的就是要使得簇内部的样本数据相似度达到最大，而簇与簇之间的差异要最大。聚类分析是数据挖掘中的重要分析方法，由于数据和问题的复杂性，数据挖掘对聚类有一些特殊的要求，主要表现为大规模数据中块特征的认识需要，能够处理不同属性的数据，适应不同形状的聚类方法，具备抗噪声能力和较好的解释性，较高维度的聚类等。这也造就了丰富的聚类分析方法，如 k-means 聚类、K 点聚类、层次聚类、模糊聚类等。

2. 聚类分析的作用

聚类分析是非常重要的数据挖掘方法，用来将物体、事件或概念分类到常见的类别即集群中去。这一方法广泛应用于生物学、医学、遗传学、社交网络分析、人类学、考古学、天文学、特征识别与管理信息系统开发等领域。随着数据挖掘越来越受到重视，相关的基础技术也广泛应用于商业，特别是在市场营销领域。聚类分析被广泛应用于欺诈检测（包括信用卡欺诈与电商欺诈），以及当今客户关系管理系统中对消费者的市场划分领域。随着聚类分析的优势越来越受到重视，该方法越来越被广泛应用，越来越多的应用程序在商业中得到研发。聚类分析是解决分类问题的一种探索式数据分析工具，其目的是将目标（如人、物体、事件）分组或集聚，使得同一集群中成员的联系较强，而不同集群中的成员联系较弱，每一集群都体现了其成员所属类别。聚类分析中一个明显的例子就是建立分数范围，为某一大学班级确定班级等级，这与 19 世纪 80 年代美国财政部面临重新建立税级时所面临的聚类分析问题类似。聚类分析的虚构性实例可以在罗琳的《哈利·波特》中找到。在霍格沃茨魔法学校，分院运用这一分析法给一年级学生分配房间（如宿舍）。另一个例子就是在婚礼上如何给客人分配座位。从数据挖掘者方面来说，聚类分析的重要性在于能够揭示数据中的关联性与结构，这些特征并不明显，但却很有意义。

3. 聚类分析的应用场景与领域

聚类分析可以应用在数据预处理过程中，对于复杂结构的多维数据可以通过聚类分析的方法对数据进行聚集，使复杂结构数据标准化。聚类分析还可以用来发现数据项之间的依赖关系，从而去除或合并有密切依赖关系的数据项。聚类分析也可以为某些数据挖掘方法（如关联规则、粗糙集方法），提供预处理功能。

在商业上，聚类分析是细分市场的有效工具，被用来发现不同的客户群，并且它通过对不同的客户群的特征的刻画，研究消费者行为，寻找新的潜在市场。在生物学领域，聚类分析被用来对动植物和基因进行分类，以获取对种群固有结构的认识。在保险行业，聚类分析可以通过平均消费来鉴定汽车保险单持有者的分组，同时可以根据住宅类型、价值、地理位置来鉴定城市的房产分组。在互联网应用上，聚类分析被用来在网上进行文档归类。在电子商务领域，聚类分析通过分组聚类出具有相似浏览行为的客户，并分析客户的共同特征，从而帮助电子商务企业了解自己的客户，向客户提供更合适的服务。

聚类分析的结果可用于如下的领域，例如，确定分类方案（如消费者类型）；提供描述人口的统计模型建议；为不同类别增添新实例建立规则，以有助于实现确定、瞄准与诊断等目的；为广义概念提供定义、大小与变化等变量标准；发现典型案例，以标记与表示某一类别；为其他数据挖掘方法减小问题空间与复杂性；确定特定范围的异常值。

（二）聚类分析的数量确定与类别

1. 如何确定聚类的数量

聚类算法通常需要确定聚类的数量。这一数量若无法从已有的知识中获知就需要用某种方式来确定。但是，我们并没有计算这个数字的最佳方式。因此，这里有几种常见的启发式方法。

（1）计算方差的百分比，方差是由集群数量决定的。具体来说，在描绘由集群决定的方差百分比时，会出现一个点，在这一点边际收益开始下降，这一点就是要找的集群数量。

（2）将集群数量设为（1/2）～（n/2），这里 n 是数据点的数量。

（3）运用 Akaike 信息标准，该标准用量量拟合优度来确定集群数量。

（4）运用 Bayesian 信息标准，该标准用于模型选取（根据最大似然估计）来确定集群数量。

2. 聚类分析的类别

目前存在大量的聚类算法，算法的选择取决于数据的类型、聚类的目的和具体应用。聚类算法主要分为 5 大类：基于划分的聚类方法、基于层次的聚类方法、基于密度的聚类方法、基于网格的聚类方法和基于模型的聚类方法。

1）基于划分的聚类方法

基于划分的聚类方法是一种自顶向下的方法，对于给定的 n 个数据对象的数据集 D，将数据对象组织成 k（$k \leqslant n$）个分区，其中，每个分区代表一个簇。图 5-1 就是基于划分的聚类方法的示意图。

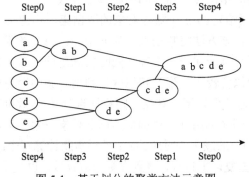

图 5-1　基于划分的聚类方法示意图

基于划分的聚类方法中，最经典的就是 k-means 算法和 k-中心（k-medoids）算法，很多算法都是由这两个算法改进而来的。基于划分的聚类方法的优点是，收敛速度快，缺点是它要求类别数目 k 可以合理地估计，并且初始中心的选择和噪声会对聚类结果产生很大影响。

2）基于层次的聚类方法

基于层次的聚类方法是指对给定的数据进行层次分解，直到满足某种条件为止。该算法根据层次分解的顺序分为自底向上法和自顶向下法，即凝聚式层次聚类算法和分裂式层次聚类算法。

3）基于密度的聚类方法

基于密度的聚类方法的主要目标是寻找被低密度区域分离的高密度区域。基于距离的聚类算法的聚类结果是球状的簇，与基于距离的聚类算法不同的是，基于密度的聚类算法可以发现任意形状的簇。基于密度的聚类方法是从数据对象分布区域的密度着手的。如果给定类中的数据对象在给定的范围区域中，则数据对象的密度超过某一阈值就继续聚类。这种方法通过连接密度较大的区域，能够形成不同形状的簇，而且可以消除孤立点和噪声对聚类质量的影响，以及发现任意形状的簇。

4）基于网格的聚类方法

基于网格的聚类方法将空间量化为有限数目的单元，可以形成一个网格结构，所有聚类都在网格上进行。基本思想就是将每个属性的可能值分割成许多相邻的区间，并创建网格单元的集合。每个对象落入一个网格单元，网格单元对应的属性空间包含该对象的值。

5）基于模型的聚类方法

基于模型的聚类方法是试图优化给定的数据和某些数学模型之间的适应性的。该方法给每一个簇假定了一个模型，然后寻找数据对给定模型的最佳拟合。假定的模型可能是代表数据对象在空间分布情况的密度函数或者其他函数。这种方法的基本原理就是假定目标数据集是由一系列潜在的概率分布所决定的。

（三）k-means 算法

1. 基本原理

k-means 算法是一种基于划分的聚类算法，它以 k 为参数，把 n 个数据对象分成 k 个簇，使簇内具有较高的相似度，而簇间的相似度较低。

k-means 算法是根据给定的 n 个数据对象的数据集，构建 k 个划分聚类的方法，每个划分聚类即为一个簇。该方法将数据划分为 n 个簇，每个簇至少有一个数据对象，每个数据对象必须属于而且只能属于一个簇。同时要满足同一簇中的数据对象相似度高，不同簇中的数据对象相似度较小。聚类相似度是利用各簇中对象的均值来进行计算的。

k-means 算法的处理流程如下：首先，随机地选择 k 个数据对象，每个数据对象代表一个簇中心，即选择 k 个初始中心；对剩余的每个对象，根据其与各簇中心的相似度（距离），将它赋给与其最相似的簇中心对应的簇；然后重新计算每个簇中所有对象的平均值，作为新的簇中心。不断重复以上过程，直到准则函数收敛，也就是簇中心不发生明显的变化。通常采用均方差作为准则函数，即最小化每个点到最近簇中心的距离的平方和。

新的簇中心计算方法是计算该簇中所有对象的平均值，也就是分别对所有对象的各个维度的值求平均值，从而得到簇的中心点。例如，一个簇包括以下 3 个数据对象 {（6, 4, 8），（8, 2, 2），（4, 6, 2）}，则这个簇的中心点就是（（6+8+4）/3，（4+2+6）/3，（8+2+2）/3）=（6, 4, 4）。

k-means 算法使用距离来描述两个数据对象之间的相似度。距离函数有明氏距离、欧氏距离、马氏距离和兰氏距离，最常用的是欧氏距离。k-means 算法是当准则函数达到最优或者达到最大的迭代次数时即可终止。当采用欧氏距离时，准则函数一般为最小化数据对象到其簇中心的距离的平方和，即

$$\min \sum_{i=1}^{k} \sum_{x \in C_i} \mathrm{dis}(c_i, x)^2$$

其中，k 为簇的个数；C_i 为第 i 个簇的中心点；$\mathrm{dis}(c_i, x)$ 为 x 到 C_i 的距离。

2. 优缺点

k-means 算法是一种经典算法，该算法简单高效，易于理解和实现；算法的时间复杂度低。k-means 算法也有许多不足的地方。

（1）需要人为事先确定簇的个数，k 的选择往往是一个比较困难的问题。

（2）对初始值的设置很敏感，算法的结果与初始值的选择有关。

（3）对噪声和异常数据非常敏感。如果某个异常值具有很大的数值，则会严重影响数据分布。

（4）不能解决非凸形状的数据分布聚类问题。

（5）主要用于发现圆形或者球形簇，不能识别非球形的簇。

四、决策树

（一）决策树简介

决策树（decision tree）是在已知各种情况发生概率的基础上，通过构成决策树来求取净现值的期望值大于等于零的概率，评价项目风险，判断其可行性的决策分析方法，是直观运用概率分析的一种图解法。由于这种决策分支画成图形很像一棵树的枝干，故称决策树。决策树是一种树形结构，其中每个内部节点表示一个属性上的测试，每个分支代表一个测试输出，每个叶节点代表一种类别。

决策树是一种易于解释且应用广泛的分类算法。决策树的基本思想是构建系列检验数据的 If-Then 规则，通过不断在数据上应用这些规则来逐步对数据进行细分，每个规则相当于一个问题，用规则来检验数据集上的数据，根据每条数据对规则的不同响应可以将数据集分为几个子集，再在子集上递归应用合适的规则，不断地对数据集进行细分，当某个子集中只剩下同一类数据时，即得到分类的最终答案——数据的分类标签。这种递归的不断分支的结构可以用树来表示，所以称为决策树。

决策树通常以树状模型呈现，内部节点用矩形表示，而叶子节点用椭圆表示。

分支指的是一个决策做出的结果，以连接线的方式展现。如果是数值型变量，可以

根据变量的不同选择放在左分支还是右分支。

内部节点指的是决策树内部用来做决策的节点，每个节点对应一个变量或属性，一个节点可以有超过两个分支。

叶子节点指的是一个分支的终点，表示的是所有之前的决定产生的一个结果。

（二）决策树的优缺点

（1）优点。决策树易于理解和实现，人们在学习过程中不需要了解很多的背景知识，决策树能够直接体现数据的特点，人们只要通过解释后都有能力去理解决策树所表达的意义。对于决策树，数据的准备往往是简单或者是不必要的，而且能够同时处理数据型和常规型属性，并且能在相对短的时间内对大型数据源做出可行且效果良好的结果。决策树易于通过静态测试来对模型进行评测，可以测定模型可信度；如果给定一个观察的模型，那么根据所产生的决策树很容易推出相应的逻辑表达式。

（2）缺点。对连续性的字段比较难预测。对有时间顺序的数据，需要很多预处理的工作。当类别太多时，错误可能会增加得比较快。一般的算法分类的时候，只是根据一个字段来分类。

（三）决策树案例

为了适应市场的需要，某地准备扩大电视机生产。如图 5-2 所示，市场预测表明：产品销路好的概率为 0.7；销路差的概率为 0.3。备选方案有三个：第一个方案是建设大工厂，需要投资 600 万元，可使用 10 年；如销路好，每年可盈利 200 万元；如销路不好，每年会亏损 40 万元。第二个方案是建设小工厂，需投资 280 万元；如销路好，每年可赢利 80 万元；如销路不好，每年也会赢利 60 万元。第三个方案也是先建设小工厂，但是如果销路好，3 年后扩建，扩建需投资 400 万元，可使用 7 年，扩建后每年会盈利 190 万元。

各点期望求解如下：

点②：$0.7 \times 200 \times 10 + 0.3 \times (-40) \times 10 - 600 = 680$（万元）

点⑤：$1.0 \times 190 \times 7 - 400 = 930$（万元）

点⑥：$1.0 \times 80 \times 7 = 560$（万元）

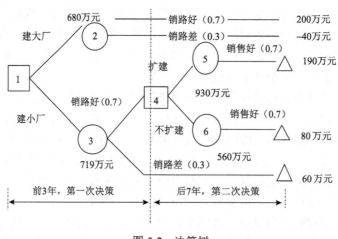

图 5-2　决策树

比较决策点④的情况可以看到，由于点⑤（930 万元）与点⑥（560 万元）相比，点⑤的期望利润值较大，因此应采用扩建的方案，而舍弃不扩建的方案。把点⑤的 930 万元移到点 4 来，可计算出点③的期望利润值。

点③：$0.7×80×3+0.7×930+0.3×60×（3+7）–280 = 719$（万元）

最后比较决策点①的情况。由于点③（719 万元）与点②（680 万元）相比，点③的期望利润值较大，因此取点③而舍点②。这样，相比之下，建设大工厂的方案不是最优方案，合理的策略应采用前 3 年建小工厂，如销路好，后 7 年进行扩建的方案。

五、其他分析方法

通过大数据分析可以快速地从海量数据中抽取出关键的信息，为企业和个人带来价值，大数据分析方法还包括以下几种。

（1）Bloom Filter：布隆过滤器，其实质是一个位数组和一系列 Hash 函数。布隆过滤器的原理是利用位数组存储数据的 Hash 值而不是数据本身，其本质是利用 Hash 函数对数据进行有损压缩存储的位图索引。其优点是具有较高的空间效率和查询速率，缺点是有一定的误识别率和删除困难。布隆过滤器适用于允许低误识别率的大数据场合。

（2）Hashing：散列法，也称为哈希法，其本质是将数据转化为长度更短的定长的数值或索引值的方法。这种方法的优点是具有快速的读/写和查询速度，缺点是难以找到一个良好的 Hash 函数。

（3）索引：无论是在管理结构化数据的传统关系数据库，还是管理半结构化和非结构化数据的技术中，索引都是一个减少磁盘读/写开销、提高增删改查速率的有效方法。索引的缺陷在于，需要额外的开销存储索引文件，且需要根据数据的更新而动态维护。

（4）Triel 树：又称为字典树，是哈希树的变种形式，多用于快速检索和词频统计，Triel 树的思想是利用字符串的公共前级，最大限度地减少字符串的比较，提高查询效率。

（5）并行计算：相对于传统的串行计算，并行计算是指同时使用多个计算资源完成运算。其基本思想是将问题进行分解，由若干个独立的处理器完成各自的任务，以达到协同处理的目的。目前，比较典型的并行计算模型除 MapReduce 和 Dryad 以外，还有 MPI（message passing interface，消息传递接口）。

案例 5-1　游园大数据分析帮助辛辛那提动植物园提高客户满意度

成立于 1873 年的美国辛辛那提动植物园，是一个非营利性组织，每年接待游客 130 多万人，是世界上著名的动植物园之一，同时也是美国国内享受公共补贴最低的动植物园。

除去政府补贴，在辛辛那提动植物园 2600 万美元的年度预算中，自筹资金部分达到 2/3 以上。辛辛那提动植物园为了不断增加收入，引入了大数据分析。涉及多种多样数据的收集、识别、清洗、处理，包括数据的存储能力、分析能力、互联能力以及随之带来的洞察力，在部署后，使其多方面受益。

（1）帮助动植物园了解每个客户的浏览、使用和消费模式，根据时间和地理分布情况采取相应的措施改善游客体验，同时实现营业收入最大化。

（2）根据消费和游览行为对动植物园游客进行细分，针对每一类细分游客开展营销和促销活动，显著提高忠诚度和客户保有量。

（3）识别消费支出低的游客，针对他们发送具有战略性的直寄广告，同时通过具有创意性的营销和激励计划奖励忠诚客户。

（4）360 度全方位了解客户行为，优化营销决策，实施解决方案后头一年节省 40 000 多美元营销成本，同时强化了可测量的结果。

（5）采用地理分析显示大量未实现预期结果的促销和折扣计划，重新部署资源支持产出率更高的业务活动，动植物园每年节省 100 000 多美元。

（6）通过强化营销提高整体游览率，2011 年至少新增 50 000 人次游览。

（7）提供洞察结果强化运营管理。例如，即将关门前冰激凌销售出现高潮，动植物园决定延长冰激凌摊位营业时间，直到关门为止。这一措施使得夏季每天可增加 2000 美元收入。

（8）与上年相比，餐饮销售额增加 30.7%，零售销售额增加 5.9%。

（9）动植物园高层管理团队可以制定更好的决策，不需要 IT 介入或提供支持。

（10）将大数据分析引入会议室，利用可视化工具帮助业务人员掌握经营数据。

第三节　商务大数据分析的应用

一、大数据应用演化

大数据价值链最后也是最重要的阶段就是数据分析，其目标是提取数据中隐藏的信息，提供有意义的建议以及辅助决策制定。例如，20 世纪 90 年代在商业领域出现的商务智能，21 世纪初期出现的基于数据挖掘的 Web 搜索引擎等，都属于大数据分析应用的范畴。接下来将介绍在不同时期典型大数据领域中具有高影响力的大数据分析应用的发展。

（1）商业应用演化。早期的商业数据是结构化的数据，由企业收集并存储在关系数据库管理系统中。这些系统应用的数据分析技术通常是直观简单的。Gartner 总结了商务智能应用的常用方法，包括报表（Reporting）、仪表盘（Dashboard）、即时查询（Ad hoc query）、基于搜索的商务智能、在线事务处理、交互可视化、计分卡、预测模型和数据挖掘。21 世纪初期，互联网和 Web 使得企业将其业务上线，并能和客户直接联系。大量的产品和客户信息，如点击流数据日志和用户行为可以通过 Web 收集。通过使用不同的文本和 Web 挖掘技术，可以完成产品放置优化、客户事务分析、产品推荐和市场结构分析。移动手机和物联网构建了具有位置感知、个人为中心和上下文感知的革新性应用系统。

（2）网络应用演化。早期的网络提供电子邮件和网站服务，因此文本分析、数据挖掘和网页分析技术被用于挖掘邮件内容、创建搜索引擎。网络数据占据了全球数据的绝大部分，包含文本、图像、视频、照片和交互式内容等多种类型的数据。随后，用于半结构化和无结构数据的分析技术得到了发展。例如，图像分析技术可以从照片中提取有意义的信息，多媒体分析技术可以使商业或军事领域的视频监控系统实现自动化。诸如论坛、博客、社交网站、多媒体分享站点等在线社交媒体的出现使得用户能够产生、上传和共享丰富的用户自主创造内容。从不同人发布的社交媒体内容中可以挖掘每天的热门事件和社会政治观点等，从而提供及时的反馈和意见。

（3）科学应用演化。科学研究的许多领域中高生产量的传感器和仪器将产生大量的数据，如天文学、海洋学、基因学和环境研究等学科领域。美国国家科学基金会（National Science Foundation，NSF）宣布对 BigData 项目进行立项，以促进数据分享和分析。如海量数据分析平台应用在生物学科，iPlant 利用信息基础设施、物理计算资源和支持互操作的分析软件等，提供数据服务。iPlant 数据集是多样性的数据，包含权威的和供参考的数据、实验数据、仿真建模数据、观察数据和其他处理后的数据。

二、大数据分析的应用场景

从数据生命周期的角度，以及数据源、数据特性等方面总结比较了主要的大数据分析的应用场景，包括结构化数据分析、文本分析、Web 数据分析、多媒体数据分析、社交网络数据分析和移动数据分析。

（一）结构化数据分析

在科学研究和商业领域产生了大量的结构化数据，这些结构化数据可以利用成熟的关系数据库管理系统（relational database management system，RDBMS）、数据仓库、OLAP 和业务流程管理（business process management，BPM）等管理技术，而采用的数据分析技术则是前面介绍的数据挖掘和统计分析技术。近来深度学习（deep learning）逐渐成为一个主流的研究热点，许多当前的机器学习算法依赖于用户设计的数据表达和输入特征，这对不同的应用来说是一个复杂的任务。深度学习则集成了表达学习（representation learning），即学习多个级别的复杂性/抽象表达。此外，许多算法已成功应用于一些最近的应用。例如，统计机器学习基于精确的数据模型和强大的算法，被应用在异常检测和能量控制，利用数据特征、时空挖掘技术能够提取模型中的知识结构，以及高速数据流与传感器数据中的模式，一些文献对大规模图像的模式挖掘进行了研究，由于电子商务、电子政务和医疗健康应用对隐私的需求较高，隐私保护数据挖掘也被广为研究。事件数据、过程发现和一致性检查技术的发展促进了过程挖掘的发展，即通过事件数据分析过程。

（二）文本分析

文本数据是信息储存的最常见形式，包括电子邮件、文档、网页和社交媒体内容，因此文本分析比结构化数据具有更高的商业潜力。文本分析又称为文本挖掘，是指从无结构的文本中提取有用信息或知识的过程。文本挖掘是一个跨学科的领域，涉及信息检索、机器学习、统计、计算语言和数据挖掘。大部分的文本挖掘系统建立在文本表达和自然语言处理的基础上。

自然语言处理技术能够增加文本的可用信息，允许计算机分析、理解甚至产生文本。词汇识别、语义释疑、词性标注和概率上下文无关文法等是常用的方法。基于这些方法提出了一些文本分析技术，如信息提取、主题建模、摘要、分类、聚类。信息提取技术是指从文本中自动提取具有特定类型的结构化数据。命名实体识别（named entity recognition，NER）是信息提取的子任务，其目标是从文本中识别原子实体并将其归类到人、地点和组织等类别中。NER 被应用于一些新的分析应用和生物医学中。主题模型则适用于文档包含多个主题的情况。主题是一个基于概率分布的词语，主题模型对文档而言是一个通用的模型，许多主题模型被用于分析文档内容和词语含义，文献引入一个新的主题模型，即主题超图，用于描述长文档的主体结构。文本摘要技术从单个或多个输入的文本文档中产生一个缩减的摘要，分为提取式（extractive）摘要和概括式（abstractive）摘要。提取式摘要从原始文档中选择重要的语句或段落并将它们连接在一起，而概括式摘要则需理解原文并基于语言学方法以较少的语句复述。演化网络，用于多元数据摘要。文本分类技术则用于识别文档主题，并将之归类到预先定义的主题或主题集合中。基于图表示和图挖掘的文本分类也得到了广泛应用。文本聚类技术用于将类似的文档聚合，和文本分类不同的是，文本聚类不是根据预先定义的主题将文档归类。文本聚类中，文档可以表现出多个子主题。一些数据挖掘中的聚类技术可以用于计算文档的相似度。有研究证实了结构化的关系信息能够用于增加 Wikipedia 的聚类效率。

（三）Web 数据分析

Web 数据分析的目标是从 Web 文档和服务中自动检索、提取和评估信息以发现知识，涉及数据库、信息检索、自然语言处理和文本挖掘，可分为 Web 内容挖掘、Web 结构挖掘和 Web 使用挖掘（Web usage mining）。

Web 内容挖掘是从网站内容中获取有用的信息或知识。Web 内容包含文本、图像、音频、视频、符号、元数据和超链接等不同类型的数据。而关于图像、音频和视频的数据挖掘被归入多媒体数据分析，将在随后讨论。由于大部分的 Web 数据是无结构的文本数据，因此许多研究都关注文本和超文本的数据挖掘。如前所述，文本挖掘已经比较成熟，而超文本的挖掘需要分析包含超链接的半结构化 HTML 网页。监督学习（supervised learning）或分类在超文本分析中起到了重要的作用，例如电子邮件管理、新闻组管理和维护 Web 目录等 Web 内容挖掘通常采用两种方法：信息检索和数据库。信息检索方法主要是辅助用户发现信息或完成信息的过滤；数据库方法则是在 Web 上对数据建模并将其集成，这样能处理比基于关键词搜索更为复杂的查询。

Web 结构挖掘是指发现基于 Web 链接结构的模型。链接结构表示站点内或站点之间链接的关系图，模型反映了不同站点之间的相似度和关系，并能用于对网站分类。PageRank、CLEVER 和 Focused Crawling 利用此模型发现网页。Focused Crawling 的目的是根据预先定义的主题有选择地寻找相关网站，它并不收集或索引所有可访问的 Web 文档，而是通过分析 Crawler 的爬行边界，发现和爬行最相关的一些链接，避免 Web 中不相关的区域，从而节约硬件和网络资源。

Web 使用挖掘则是对 Web 会话或行为产生的次要数据进行分析。与 Web 内容挖掘和结构挖掘不同的是，Web 使用挖掘不是对 Web 上的真实数据进行分析。Web 使用数据包括 Web 服务器的访问日志、代理服务器日志、浏览器日志、用户信息、注册数据，用户会话或事务，Cookies、用户查询、书签数据、鼠标点击及滚动数据，以及用户与 Web 交互所产生的其他数据。随着 Web 服务和 Web2.0 系统的日益成熟和普及，Web 用法数据将更加多样化。Web 使用挖掘在个性化空间、电子商务、Web 隐私和安全等方面将起到重要的作用。例如，协作推荐系统可以根据用户偏好的相同或相异实现电子商务的个性化。

（四）多媒体数据分析

多媒体数据分析是指从多媒体数据中提取有趣的知识，理解多媒体数据中包含的语义信息。由于多媒体数据在很多领域比文本数据或简单的结构化数据包含更丰富的信息，提取信息需要解决多媒体数据中的语义分歧。多媒体分析研究覆盖范围较广，包括多媒体摘要、多媒体标注、多媒体索引和检索处理、多媒体推荐和多媒体事件检测。

1. 多媒体摘要

音频摘要可以简单地从原始数据中提取突出的词语或语句，合成为新的数据表达；视频摘要则将视频中最重要或最具代表性的序列进行动态或静态的合成。静态视频摘要使用连续的一系列关键帧或上下文敏感的关键帧表示原视频，这些方法比较简单，并已用于 Yahoo 和 Google，但是它们的回放体验较差。动态视频摘要技术则使用一系列的视频片段表示原始视频，并利用底层视频特征进行平滑以使得最终的摘要显得更自然。

2. 多媒体标注

多媒体标注是指给图像和视频分配一些标签，可以在语法或语义级别上描述它们的内容。在标签的帮助下，很容易实现多媒体内容的管理、摘要和检索。由于人工标注非常耗时并且工作量大，没有人工干预的自动多媒体标注得到了极大的关注，多媒体自动标注的主要困难是语义分歧，即底层特征和标注之间的差异。尽管取得了一些重要的进展，目前的自动标注方法性能并不能令人满意。一些研究开始同时利用人和计算机对多媒体进行标注。

3. 多媒体索引和检索处理

多媒体索引和检索处理的是多媒体信息的描述、存储和组织，并帮助人们快速方便地发现多媒体资源。一个通用的视频检索框架包括 4 个步骤：结构分析，特征提取，数据挖掘、分类和标注，以及查询和检索。结构分析是通过镜头边界检测、关键帧提取和场景分割等技术，将视频分解为大量具有语义内容的结构化元素。结构分析完成后第二步是提取关键帧、对象、文本和运动的特征以待后续挖掘，这是视频索引和检索的基础。根据提取的特征，数据挖掘、分类和标注的目标就是发现视频内容的模式，将视频分配到预先定义的类别，并生成视频索引。基于内容的视频检索方法是通过时间和空间定位从数据库中有效地检索相关行为的视频；在大规模图像检索方面，基于图哈希的方法

（spectral embedded Hashing）；基于哈希方法的近似相似多媒体检索，通过机器学习方法有效地学习一组哈希函数来给数据产生哈希码；此外利用 Shearlets 和线性回归，对图像进行纹理分类与检索，其平均分类正确率比现有技术要高。

4. 多媒体推荐

多媒体推荐的目的是根据用户的偏好推荐特定的多媒体内容，多媒体推荐已被证明是一个能提供高质量个性化内容的有效方法。现有的推荐系统大部分是基于内容和基于协作过滤的机制。基于内容的方法识别用户兴趣的共同特征，并且给用户推荐具有相似特征的多媒体内容。这些方法依赖于内容相似测量机制，容易受有限内容分析的影响。基于协作过滤的方法将具有共同兴趣的人们组成组，根据组中其他成员的行为推荐多媒体内容。混合方法则利用基于内容和基于协作过滤两种方法的优点提高推荐质量。

5. 多媒体事件检测

多媒体事件检测是在事件库视频片段中检测事件是否发生的技术。视频事件检测的研究集中在体育或新闻事件，以及重复模式事件（如监控视频中的跑步）或不常见的事件。如即时多媒体事件检测算法，以应付训练正例不足的场景。

（五）社交网络数据分析

随着在线社交网络的兴起，网络分析从早期的文献计量学分析和社会学网络分析发展到 21 世纪的社交网络分析。社交网络包含大量的联系和内容数据，其中联系数据通常用一个拓扑图表示实体间的联系，内容数据则包含文本、图像和其他多媒体数据。显然，社交网络数据的丰富性给数据分析带来了前所未有的挑战和机会。从以数据为中心的角度，社交网络的研究方向主要有两个：基于联系的结构分析和基于内容的分析。

1. 基于联系的结构分析

基于联系的结构分析关注链接预测、社区发现、社交网络演化和社交影响分析等方向。社交网络可以看成一个图，图中顶点表示人，边表示对应的人之间存在特定的关联。由于社交网络是动态的，新的节点和边会随着时间的推移而加入图中。链接预测对未来两个节点关联的可能性进行预测。链接预测技术主要有基于特征的分类、概率方法和线性代数方法。基于特征的分类方法选择节点对的一组特征，利用当前的链接信息训练二进制分类器预测未来的链接；概率方法对社交网络节点的链接概率进行建模；线性代数方法通过降维相似矩阵计算节点的相似度。社区是指一个子图结构，其中的顶点具有更高的边密度，但是子图之间的顶点具有较低的密度。用于检测社区的方法中，大部分都是基于拓扑的，并且依赖于某个反映社区结构思想的目标函数。例如，利用真实世界中社区存在重叠的特性，提出了大规模社交网络中的社区发现算法；基于位置的社交网络挖掘以用户为中心的网络结构。社交网络演化研究则试图寻找网络演化的规律，并推导演化模型。部分经验研究发现，距离偏好、地理限制和其他一些因素对社交网络演化有着重要的影响。一些通用的模型也被提出用于辅助网络和系统设计。当社交网络中个体行为受其他人感染时即产生社交影响，社交影响的强度取决于多种因素，包括人与人之间的关系、网络距离、时间效应和网络及个体特性等。定量和定性测量个体施加给他人的影响，会给市场营销、广告和推荐等应用带来极大的好处。

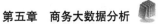

2. 基于内容的分析

随着 Web 2.0 技术的发展，用户自主创造内容在社交网络中取得了爆炸性的增长。社交媒体是指这些用户自主创造的内容，包括博客、微博、图片和视频分享、社交图书营销、社交网络站点和社交新闻等。社交媒体数据包括文本、多媒体、位置和评论等信息。几乎所有的对结构化数据分析、文本分析和多媒体分析的研究主题都能转移到社交媒体分析中。但是社交媒体分析面临着前所未有的挑战。首先，社交媒体数据每天不断增长，应该在一个合理的时间限制范围对数据进行分析；其次，社交媒体数据包含许多干扰数据，如博客空间存在大量垃圾博客；最后，社交网络是动态、不断变化、迅速更新的。简单来说，社交媒体和社交网络联系紧密，社交媒体数据的分析无疑也受到社交网络动态变化的影响。社交媒体分析即社交网络环境下的文本分析和多媒体分析。社交媒体分析的研究处于起步阶段。社交网络的文本分析应用包括关键词搜索、分类、聚类和异构网络中的迁移学习。关键词搜索利用了内容和链接行为；分类则假设网络中有些节点具有标签，这些被标记的节点则可以用来对其他节点分类；聚类则确定具有相似内容的节点集合。由于社交网络中不同类型的对象之间存在大量链接的信息，如标记、图像和视频等，异构网络的迁移学习可用于不同链接的信息知识迁移。在社交网络中，多媒体数据集是结构化的并且具有语义本体、社交互动、社区媒体、地理地图和多媒体内容等丰富的信息。文献讨论了地域社交多媒体信息挖掘的应用，包括移动位置检索、地标识别、场景重建、景点推荐等。社交网络的结构化多媒体又称为多媒体信息网络。多媒体信息网络的链接结构是逻辑上的结构，对网络非常重要。多媒体信息网络中有四种逻辑链接结构：语义本体、社区媒体、个人相册和地理位置。基于逻辑链接结构，可以提高检索系统、推荐系统、协作标记和其他应用的性能。

（六）移动数据分析

随着移动计算的迅速发展，更多的移动终端（移动手机、传感器和 RFID）和应用逐渐在全世界普及。巨量的数据对移动分析提出了需求，但是移动数据分析面临着移动数据特性带来的挑战，如移动感知、活动敏感性、噪声和冗余。目前移动数据分析的研究远未成熟，下面介绍一些具有代表性的移动数据分析应用。

RFID 能够在一定范围内读取一个和标签相联系的唯一产品标识码，标签能够用于标识、定位、追踪和监控物理对象，在库存管理和物流领域得到了广泛的应用。然而，RFID 数据给数据分析带来了许多挑战：①RFID 数据本质上是充斥着干扰数据和冗余数据的；②RFID 数据是时间相关的、流式的、容量大并且需要及时处理。通过挖掘 RFID 数据的语义（如位置、聚集和时间信息），可以推断一些原子事件，追踪目标和监控系统状态。

案例 5-2　　　　连锁型的社区生鲜超市 M6 的数据化管理系统

M6 数据化管理系统平台可以实现物品经收银员扫描，总部的服务器马上就能知道哪个门店，哪些消费者买了什么。M6 免费为顾客办理实名制会员卡，用户持卡结账可以享受优惠，但 M6 不找零，这样一来，既可以提高收银效率，又为数据分析提供基础。在一些细节上，M6 的收银模块甚至比一些大商超更细致，比如，信息被扫描进系统后，顾客突然要求退掉其中一件或几件，或者整单退掉，为什么要退掉，这些信息全都被写入了后台数据库。M6 的服务器开始从互联网上采集天气数据，然后从中国农历正月初一开始推算，分析不同气节和温度下，顾客的生鲜购买习惯会发生哪些变化。

M6 陆续推出"四部曲"。第 1 步是 O2O，即在用户的小区门口设立植入物联网芯片的智能电子保温柜，用户在线上购买生鲜后，由 M6 送到购物柜里，消费者可在自己方便的时间持卡取物。第 2 步是"优品预定"，这个服务主要是向顾客提供 M6 门店里没有的产品，满足高端需求，比如，全生态的玉米，等玉米自然生长到一定月份开始为顾客配送，这也是一种 C2B 的概念，在玉米种植的时候，订单已经安排好了，所以产品数量有限，订完即止。第 3 步叫作"优品分享"，消费者可以购买 M6 某类产品的电子码作为礼物，发送给他希望接收的人，对方就可以持电子码到 M6 的任何门店就近提货或预约提货。第 4 步是 F2F（farm to family），即"农场之选"，M6 近 20 万持卡用户可以自由选择农场，由农场送货至 M6 的配送仓，再由 M6 通过一天 4 次的物流车送达就近的门店，顾客可以选择到就近的门店自提或者由门店安排即时送货。

思考与练习

1. 简述数据分析的过程。
2. 基于不同业务需求的大数据，有哪些大数据分析架构？
3. 简述商务大数据分析方法。
4. 简述结构化数据分析。
5. Web 数据分析的基本内容。

第六章

W 集团商务大数据应用案例

第一节 W 集团项目建设背景

一、W 集团介绍

W 集团有限公司（简称 W 集团）是 S 省委、省政府于 1979 年 7 月成立的大型能源企业集团。注册资本 247 亿元，注册地济南。连续五年入选《财富》世界 500 强。W 集团坚持以煤为基、适度多元，规模增长与价值增长并重、产业运营与资本运营并举、传统能源与新型能源并行的方针，把传统能源与新型能源作为基础性主导产业，在发展煤、电、油、气等产业的基础上，坚持以市场为导向、效益为前提，积极进军风能、核能、太阳能、生物质能等新型能源领域，大力发展能源装备制造业，培育发展与主导产业相融合的现代服务业，创新发展煤化工等产业，实现安全发展、内涵发展、转型发展、跨越发展。W 集团资产总额达到 8300 多亿元，煤炭年产能近 5 亿吨，是 S 省能源产业的国有资本投资公司，肩负着贯彻实施省委省政府战略意图，引导带动全省经济转型发展和能源结构优化的使命，推动发展煤炭、煤电、煤化工、高端装备制造、新能源新材料、现代物流贸易等六大产业，打造世界一流能源企业的重任。

二、W 集团商务大数据项目建设背景

（一）数字时代发展新趋势

在数字经济时代，数据已经成为重要的生产要素和社会财富，数据资源是国家的战略性资源，近年来大数据迅速发展，成为工业界、学术界甚至世界各国政府高度关注的热点。2014 年 3 月，大数据首次写入中国中央政府工作报告；2015 年 10 月，十八届五中全会首次提出"实施国家大数据战略"，表明中国已将大数据视作战略资源并上升为国家战略；2018 年 5 月，《习近平向 2018 中国国际大数据产业博览会致贺信》中指出，"秉持创新、协调、绿色、开放、共享的发展理念，围绕建设网络强国、数字中国、智慧社会，全面实施国家大数据战略，助力中国经济从高速增长转向高质量发展"[①]。

---

① 习近平向 2018 中国国际大数据产业博览会致贺信，http://www.xinhuanet.com/politics/leaders/2018-05/26/c_1122891772.htm。

数据被称为"未来新石油"，大数据技术已经渗透到当今社会每一个行业和业务职能发展领域中，人们对于大数据的挖掘和运用，预示着新一波生产力增长和消费者盈余浪潮的到来，大数据时代已然来临。大数据应用对企业的价值创造主要体现在三个方面：大数据成为推动企业高速发展的新动力；大数据成为企业战略转型、重塑竞争优势的新机遇；大数据成为企业核心的生产性资产。

（二）W集团的发展战略及转型升级需要大数据支撑

2016年8月省政府会议研究通过W集团转型发展总体方案，W集团将以国有资本运营为基础，以金融服务为重点，打造金融控股、产业投资引领、企业改革发展三位一体的国有资本运营平台。

在新的历史时期，W集团要实现打造具有国际竞争力的世界一流能源企业的愿景，实现转型升级，需要精益管理、科学决策，需要大数据进行分析、预测，为集团腾飞发展提供强有力的支撑。

（三）W集团信息化现状及需求

W集团已完成财务、人力、OA等信息化系统建设，具备数据采集条件。同时，W集团进行了信息化整体咨询规划项目，形成了W集团的信息化建设蓝图。但是集团层面的运营分析、辅助决策等仍存在不足，需进一步解决数据孤岛，从现有数据中抽取、清洗出有用的关键信息数据，实现数据的可视化决策价值，提升业务应用效能，推进数据整合与共享。

W集团需要搭建集团级的商务大数据应用，完善和拓展W集团KPI体系，在此基础上，以数据规范化处理为手段，利用数据仓库整合数据，提高数据分析能力，发挥数据价值，支撑挂图作战，为集团的战略决策和运营决策提供实时有效的支撑。

第二节　W集团项目规划方案

一、项目总体建设目标

W集团商务大数据应用平台有以下建设目标。

（1）建设集团级大数据应用服务平台，整合经营管理数据、汇聚积累数据资产，解决数据缺失、数据滞后、数出多门等问题。

（2）深入挖掘数据价值，进行多维度、综合的业务数据分析，为公司决策层、管理层和操作层提供全面、及时、可靠的信息，辅助公司管理与经营决策。

（3）引导并推动企业由传统思维向大数据思维转变，促进管理变革，形成用数据说话、用数据管理、用数据决策、用数据创新的数字化管理模式，实现基于数据的科学决策，不断提高公司经营管理和运营管理水平，提升企业核心竞争力。

总结起来，W集团建设商务大数据应用平台的总体目标是：实现实时的数据获取与挖掘分析，实现业务过程管控和经营结果掌控，实现从"管理信息化"向"管理数字化"

转变,如图 6-1 所示。

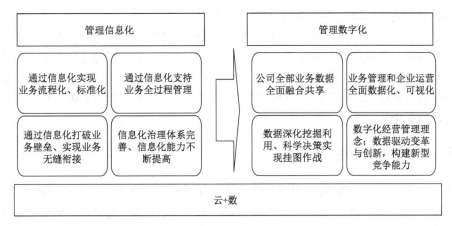

图 6-1 管理信息化与管理数字化

从管理信息化向管理数字化转变,应注意以下事项。

(1)建设基于统一数据集成平台的数据仓库,整合公司本部和直属企业的业务数据,形成数据资源中心、积累公司数据资产。

(2)建设主数据管理系统,规范业务数据管理标准,解决因历史原因造成的数据不一致问题,实现主数据共享共用。

(3)建设决策支持系统,利用各类分析模型,对公司总体经营情况和各业务执行情况进行及时、全面、综合的数据分析,为管理决策提供数据支撑。

二、项目规划原则

W 集团商务大数据应用的建设要立足于集团信息化现状和管控与分析所需、着眼未来、统筹规划、分步建设,在商务大数据应用项目的规划与建设过程中,遵循以下原则。

(1)统筹规划、协调发展。商务大数据应用建设要与集团的发展战略相结合,始终把支撑战略目标实现作为大数据分析的出发点,确保与集团发展战略目标相一致。做好大数据统筹规划和顶层设计,避免重复建设和资源浪费,处理好局部与全局、重点应用与整体推进、单向应用与整合集成的关系,实现智能决策大平台建设全面、可持续发展。

(2)业务驱动、融合创新。商务大数据应用建设要与集团"以国有资本运营为基础,以金融服务为重点"的发展定位相结合,坚持业务驱动需求导向、以用促建,建设与应用并重。明确大平台建设需求,构建大数据仓库,充分利用大数据应用和分析系统,增强大数据发展的内生动力,促进技术、应用和业务创新的良性互动。

(3)深化应用、集成共享。信息系统是商务大数据应用数据采集的主要来源,大数据应用要与现有信息系统的深化应用相结合,始终把推进深化应用作为建设的落脚点。要充分挖掘系统潜能,实现集团纵向与横向间的业务协同和资源共享,进一步提高基础数据采集的及时性和准确性,为集团决策支持提供大数据支撑。

(4)分步建设、循序渐进。商务大数据应用的建设与应用要从集团综合管控的关键环节着手,以解决实际问题为切入点,统筹规划与分步建设相结合,先基础后深化,以点带面，逐步推进大数据的应用，边实施、边总结、边推广，进而形成集团大数据采集、分析与应用智能化生态，打造 W 集团智慧大脑。

（5）建管并重、有机协同。商务大数据应用的建设要统筹考虑平台建设与业务管理间的有效协同，平台建设人员负责大数据技术路径实现，业务管理团队负责业务需求的提炼与分析模型的设计，技术实现要与业务分析相结合，建管并重，有机协同。系统建设过程中要注重技术与业务两支队伍的并行培养，切实形成集团大数据决策分析技术与业务的有效支撑。

三、系统总体架构

基于 W 集团商务大数据应用项目建设的总体目标和规划原则，规划形成"1243"的体系架构，"1"是一个中心，即大数据资源中心；"2"是两大平台，即数据采集整合平台和数据分析挖掘平台；"4"是四类分析应用，即对外的数字 W 集团，对内的领导看板、主题分析和自助分析；"3"是三种访问方式，即大屏、PC、移动。

W 集团商务大数据应用总体架构如图 6-2 所示。

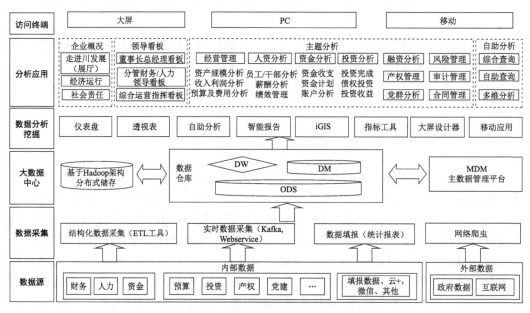

图 6-2　W 集团商务大数据应用总体架构

W 集团商务大数据应用总体架构由数据源层、数据采集层、大数据中心层、数据分析挖掘层、分析应用层和访问终端层构成，各层主要建设内容如下。

（1）数据源层。内部数据是 W 集团商务大数据应用的主要数据源头，主要是集团已建及将建的系统，包括财务、资金、人力等系统，以及系统外由各单位统一手工填报的数据；外部数据指外部政府行业数据、对标数据。

（2）数据采集层。通过数据采集平台相关工具，将各种来源数据抽取到统一的大数据资源中心中，其中 ETL 工具用来进行业务系统数据的抽取，统计报表用于手工数据的填报与补录，爬虫工具用于互联网数据的爬取。

（3）大数据中心层。利用大数据构建技术，采集业务数据、互联网数据，经过清洗、转换、加载，形成统一、标准、面向主题的、多维度模型的数据仓库，数据仓库可以基于传统DW和/或Hadoop两种模式构建。数据仓库是数据分析应用的基础，数据仓库构建的优劣将影响数据的分析挖掘。

（4）数据分析挖掘层。提供仪表盘、透视表、自助分析、智能报告、指标工具、大屏设计器等多种分析展现工具，通过工具组合应用、进行多维度的分析与数据可视化呈现。

（5）分析应用层。对外进行数字W集团的宣传展示，对内结合集团管控需要，构建不同分析应用，为集团各级管理者提供分析服务，针对高层领导构建云中看板，对其关注的整体战略、经营目标、重大事项等内容，进行宏观数据、指标的综合分析，辅助决策；针对集团中层管理人员构建主题分析，对各部门核心业务所涉及的关键指标进行抽取，形成各类分析主题并进行直观呈现；针对集团基层业务人员侧重于解放人力，通过为其提供标准化强、自动化程度高的报表、自助分析工具，极大降低了人工工作量，提高了工作效率。

（6）访问终端层。构建适合不同使用者和不同场景的应用访问终端，提供大屏、PC、移动全终端访问服务。对外通过大屏展示公司形象，对内通过移动分析随时随地掌握经营动态，让集团中层管理人员和基层业务人员通过PC端获知各自负责领域的数据和报表详情。

（一）业务架构

根据W集团商务大数据应用的建设目标，大数据分析对内应能够覆盖三层组织（集团公司、产业板块、下属单位）、服务三个层级（集团高层领导、集团中层管理人员、集团基层业务人员）、涵盖三个内容（领导看板、主题分析、报表分析），如图6-3所示。

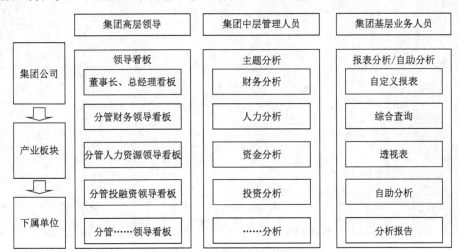

图6-3　商务大数据分析平台

（二）技术架构

基于W集团商务大数据应用项目建设需求和业务架构设计，进一步细化形成分析专题，包括领导看板、经营管理、人力分析、资金分析、投资分析、融资分析、党群分析、产权管理、风险管理、合同管理、审计管理等，大数据分析体系规划如图 6-4 所示。

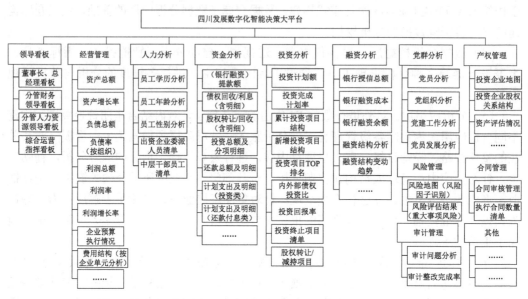

图 6-4　大数据分析技术架构

（三）关键技术

围绕 W 集团企业大数据平台，从数据源端到展示端的解决方案，主要涉及企业数据整合技术、数据仓库关键技术和智能分析等关键技术，如图 6-5 所示。

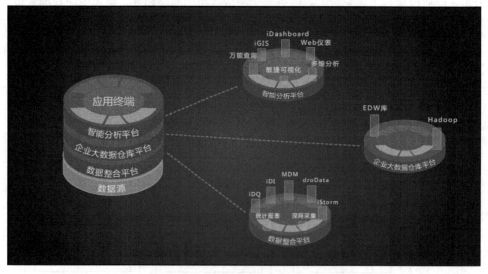

图 6-5　数据源端到展示端的解决方案

1. 数据整合技术

项目建设过程中，通过数据规划，将数据源划分为经营数据、互联网数据和物联网数据、安全生产数据。

通过 MDM 主数据管理，统一各类数据源的基础编码。

通过 DMP，高效集成各种经营数据。

通过 UData，有效采集各类互联网数据。

通过 iStorm，实现各类传感器数据秒级采集。

提供统计报表，实现各类缺失数据的人工录入。

2. 智能分析

基于 W 集团企业大数据仓库，支持多元回归、指数平滑等 36 种统计分析算法，形成面向煤炭、玻纤、铁矿等各板块的财务、物资、运销、设备、人力等关键应用，提供地图、推演、Web 仪表、多维分析等完整的可视化工具，支持大屏、PC 端信息分享，辅助中高层智慧决策，数字化展现企业实力。通过移动应用，领导可以随时随地掌握企业经营动态。

四、技术实现路线

（一）元数据实现路线

元数据管理是整个数据仓库建设项目的基础，它统一描述了系统构建的各个部分的规范，包括数据仓库结构、数据源的结构、数据源到数据仓库的 ETL 规则、ETL 计划、ETL 执行记录，各系统间数据交换的标准等；基于元数据的管理使数据仓库系统的可视化管理、监控、扩展、运维成为可能。本项目元数据的建设依据国际通用的公共仓库元模型（common warehouse metamodel，CWM）规范，通过 XML 形式表述各类元数据，能够实现同类主流大数据工具的集成。元数据通过 XML 编辑器实现，存放在数据库中。

（二）数据中心实现路线

数据中心是支撑企业大数据应用和各业务系统的应用集成的基础，是整个项目建设的核心工作。数据中心的构建依据元数据进行，从逻辑上分为 ODS（源数据层）、DW（数据仓库层）、DM（数据集市层）。ODS 存储当前操作的数据，并且按照业务系统数据交换的标准构造企业数据统一视图，既作为数据仓库建设的基础，又作为企业数据共享平台；数据仓库按照分析主题建立星形多维结构，存储企业所有数据；数据集市根据分析应用在数据仓库基础上裁减，以提升性能。数据仓库采用 Oracle 的数据仓库系统来搭建。

（三）展现工具实现路线

展现工具是供项目实施人员和用户维护人员使用，利用数据中心的各种数据，满足最终用户各种分析、查询需求的软件实现模块，主要包括：报表工具、多维分析工具、指标工具、智能报告工具、管理驾驶舱工具、电子地图工具等。展现工具采用浪潮大数据分析工具+部分定制开发实现。

（四）大数据应用实现路线

大数据应用是供最终用户使用的各种查询、分析、预测、预警功能，根据企业实施的业务系统和用户的分析需求不断变换扩展；大数据应用通过两部分实现：浪潮系统预制的部分分析应用和根据客户具体需求利用大数据工具定义实现。

第三节 W 集团数据仓库建设

一、数据仓库整体设计

W 集团经过多年信息化发展，信息资源整合被推至企业信息化战略规划的首要位置。企业需要一个数据中心来统一管理信息资源，以支持公司的数据决策分析挖掘需求，提升管理水平，协助领导层经营决策。

根据 W 集团数据源的类型，结合多年的实践经验设计数据仓库架构如图 6-6 所示。

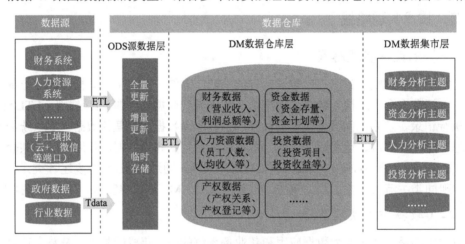

图 6-6 数据仓库架构

整体架构分为以下三层。

第一层为 ODS 源数据层，主要作用是为数据中心提供所需要的源数据。

第二层为 DW 数据仓库层，根据数据源类型的不同，利用聚数工具将 ODS 中的数据清洗、加工形成数据仓库。

第三层为 DM 数据集市层，数据集市中的数据按照分析进行分类，可以灵活地进行组合。

二、数据来源分析

数据仓库中的数据来自多种业务数据源，此次 W 集团搭建的大数据平台的数据主要来源，是集团（下属）单位的各类应用系统和手工填报数据，因业务系统繁多，采用分阶段集成的方式，需要与集团一起确定系统整合的先后顺序。

数据来源分析内容包括：①数据源范围，包括数据源逻辑范围和物理范围；②数据源格式，理解各数据源的格式，确定统一的格式，制定相应的转换规则；③数据更新频率；④数据量及解决数据获取效率的措施；⑤数据质量分析及解决措施。

三、数据采集与整合

（一）数据采集途径

W集团商务大数据应用需要通过两个途径实现数据定时采集。

途径一：从现有的集团财务、人资等系统以及即将构建的资金等系统中，按照统一的主要数据标准要求，定时采集数据并上传到集团的大数据中心服务器上。

途径二：对于非业务系统数据，如一些临时性的、自定义模式的数据采集需求，可以通过手工填报方式进行采集。通过平台与云+、微信等终端的对接，可实现快速、全员自主通过终端填报数据，后台采集数据并上传到集团的大数据中心服务器上。

（二）数据采集范围

（1）采集的数据类型包括结构化数据、半结构化数据、非结构化数据。

（2）各种数据源的接入，如FTP[①]/SFTP[②]、DB、Hadoop、Webservice、Socket等。

（3）采集的业务系统包括：ERP数据，如财务、人力等系统数据；非结构化数据，如文档、档案、视频等数据；外部数据，如互联网数据、政府数据、行业数据、手工填报数据等。

（三）数据采集方式

数据采集是大数据系统和各个业务系统的连接层，是大数据系统建设的难点和工作重点之一。对于W集团已有业务系统，可以通过以下方式实现数据采集。

方案一：对于能够通过网络直连的业务系统，可以通过ETL工具以接口文件或数据库直接访问的方式采集数据，数据库是集团本部数据库，也可以是备份数据库。

方案二：对于不能够通过网络直连的业务系统，可以将业务数据导出成接口文件，上传至数据交换区，再通过ETL工具直接访问数据交换区数据文件。

对于手工填报数据的采集，可通过以下方式实现数据采集。

大数据平台实现了与云+、微信集成，需要采集数据的格式在云+、微信上快速设计维护，员工定时填报后，通过ETL工具以接口文件或数据库直接访问的方式采集数据。数据采集汇总后形成数据仓库的基础性数据，数据仓库按照统一的规则集成并提高数据的价值，通过数据抽取、转换、装载的过程，完成数据从数据源向目标数据库的转化。

1. 指标类数据采集

针对各级领导所关心的数据指标进行统一设计，建立集团及下属单位的分析指标体系。根据自身的管理要求及管理特点，实现对多类数据指标的汇集分析，形成各类分析主题及具体指标，之后将根据分析指标建立各类分析模型，实现对具体指标的分析展示。

---

① 即file transfer protocol，文件传送协议。

② 即secret file transfer protocol，安全文件传送协议。

1）指标维度定义

定义指标的维度，包含单位、期间、行业、地区、板块、客商、项目、资产等。

2）指标量度定义

定义指标的数据量度，可以包含指标值、标准值、预算值、同比、环比、上限、下限、预算滚动数等。指标值、标准值、同比、环比、预算值、上限、下限作为系统预制量度。

3）指标内容定义

设定各指标属性，设置指标计算公式及标准值公式；对于多维指标，设定各指标属性后，设置维度、取数及量度对应。

4）指标体系定义

指标体系可以由任意单位创建。指标体系编号分单位保存，系统公用和预置的指标体系由系统管理员岗位创建和维护。

5）指标取数

为各单位定义个性指标取数公式和标准值公式。取数设置可以适用单位范围和期间范围个性化的需求，分单位和期间定义不同取数设置的功能，一个单位可以设定多套取数设置以实现不同单位和不同期间范围的取数。

6）指标计算任务管理

按指标体系、指标量度、指标单位、指标时间多个角度定义指标自动计算任务，也是手工计算的入口。

7）指标数据维护

对基础指标计算结果进行查阅、调整和封存启封。

2. 结构化数据采集

浪潮 DMP 工具可以实现数据抽取、清洗、转换和装载的全过程，能够将企业中分散、零乱、重复、标准不一致的数据转换为可供决策分析的有效数据，并加载到融合数据中心。

针对系统供应商同意开放数据库表结构，并同意分配数据库访问权限，数据库服务器部署在 W 集团平台的情况，采取 DMP 工具直接对各系统数据库进行访问，从集团平台取数，并进一步将数据进行提取、转换并最终存储到融合数据平台中。

浪潮 DMP 支持 Oracle、SQL Server、MySQL、金仓、达梦等国内外主流数据库的数据采集。其核心功能紧紧围绕构建大数据系统在数据处理层面上涉及的数据采集、清洗、转换、加载及交换的核心数据加工流程展开。

1）数据抽取

可以从不同数据源（RDBMS、Hadoop 等）进行指定规则的数据提取作业，抽取后的数据存储支持落地与不落地两大类进行，抽取后的数据可以为数据转换环节提供输入，也可以直接进行处理或者加载。

2）数据采集

数据采集内置提供多种数据采集工具组件来满足数据采集功能诉求，包括但不限于 HBase 抽取、HDFS 抽取、Excel 抽取、XML 抽取、SQL 抽取等组件。数据采集组件被统一归纳在抽取控件组件包中，支持用户根据自身诉求动态调整控件包内容，同时控件支持根据需要进行扩展系统计算。

3）数据转换

数据转换包括数据过滤、类型转换、文件拆分与合并、维度转换等功能。数据转换的任务主要是进行不一致的数据转换、数据粒度的转换和一些转换规则的计算。其中不一致转换过程是数据整合的过程，侧重于将来源于不同业务系统的相同类型的数据进行统一处理；数据粒度转换需要按照数据仓库粒度对数据进行统一归整；转换规则计算按照设计的计算规则对数据进行重新计算。

4）数据加载

数据加载功能包括文件加载、流加载、压缩加载、不落地加载等。数据加载功能具备将采集、处理后的数据源文件保存到不同数据库（RDBMS、Hadoop 等）中。

对于不同的数据库加载、不同的方式加载，数据加载过程的工作原理基本相同，仅在实现层面针对不同数据库或者方式进行个性化控件处理。

四、数据仓库设计

在完成对集团所需指标体系的梳理后，将根据分析主题及指标，建立操作型数据仓储（operational data store，ODS）、数据仓库、数据集市的模型，通过 ETL 工具、数据挖掘工具实现数据的加工处理，形成分析数据结果，为下一步展示做准备。数据仓库建模过程如图 6-7 所示。

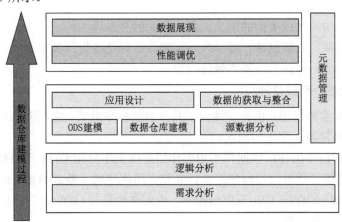

图 6-7　数据仓库建模过程示意图

数据仓库建模步骤如下。

（1）需求分析，明确主题。

（2）逻辑分析，概念设计。

（3）ODS 及 DW 的逻辑模型设计、物理模型设计。

（4）数据源分析，分析数据源类型、数据质量等。

（5）数据的获取与整合，通过 ETL 形成数据仓库数据。

（6）应用设计，依据数据展示需求，设计数据集市模型。

（7）性能调优，在数据仓库建成后，也需要经常对其性能进行监控，并随着需求和数据量的变更进行调整。

（8）数据展现，建立数据仓库的最终目的是为业务部分提供决策支持能力，必须为业务部门选择合适的展示工具实现其对数据仓库中的数据进行分析的要求。

（一）ODS 模型设计

ODS 具备数据仓库的部分特征和 OLTP 系统的部分特征，它是"面向主题的、集成的、当前或接近当前的、不断变化的"数据，用于支持企业对即时性的、操作性的、集成的全局信息的需求，同时 ODS 支持部分近实时性报表的展示。作为一个中间层次，它既不是联机事务处理，也算不上高层决策分析，是不同于 DB 的一种新的数据环境，是数据仓库扩展后得到的一个混合形式。

1. 建立 ODS—逻辑模型设计

确定数据范围：对 ODS 进行主题划分，这种划分是基于对业务系统的调研的基础上而进行的，并不十分关心整个数据仓库系统上端应用需求，但是需要把上端应用需求与 ODS 数据范围进行验证，以确保应用所需的数据都已经从业务系统中抽取出来，并且得到了很好的组织。

进一步的数据分析和主题定义：在第一步中定义了企业范围内的高层数据视图，以及所收集到的各种业务系统的资料，在这一步中，需要对大的数据主题进行分解，并进行主题定义，直到每个主题能够直接对应一个主题数据模型为止。

ODS 逻辑模型重点：

- 逻辑结构：完成实体的定义，各实体间的关系等；
- 存储周期：立即删除、过一段时间删除或者是备份到其他介质上；
- 存储粒度：与源系统基本保持一致。

2. 建立 ODS—系统设计

ODS 数据抽取转换层：由各种转换工具及抽取程序组成，主要完成从源数据系统到 ODS 系统的数据转换、净化和载入。

ODS 数据访问中间件：中间件的主要作用是提供用户和 ODS 系统数据之间的无缝连接，同时还提供了系统应用程序接口，允许应用程序同本地或异地 ODS 系统进行通信。另外，在 DB-ODS-DW 三层结构中，中间件也是将 ODS 中的信息与 DW 系统中的信息相关联的一条途径。

物理实现：定义每个主题的数据抽取周期、抽取时间、抽取方式、数据接口，抽取流程和规则。物理设计不仅仅是 ODS 部分的数据库物理实现，除设计数据库参数、操作系统参数、数据存储设计之外，有关数据抽取接口等也必须清晰定义。

ODS 物理模型设计重点包括：①数据的存储结构；②索引策略；③数据存放位置（硬盘或磁带等）；④存储分配；⑤分区设计。

（二）DW 模型设计

数据仓库模型设计包括数据仓库逻辑模型设计和物理模型设计。

1. 逻辑模型设计

逻辑模型设计是设计数据仓库的逻辑数据模型，为下一步的物理模型设计奠定基础。数据仓库逻辑模型设计内容包括确定主题域、规划数据粒度层次、制定数据分割策略和定义数据仓库关系表模式等内容。数据仓库逻辑模型设计流程如下所示。

第一步：确定主题域，对基本主题域进行分析，并选择首先要实施的主题域。

第二步：确定数据存储规划，数据存储规划包含数据粒度设计、存储策略制定等内容。

第三步：定义数据仓库关系表模式，在定义数据仓库关系表模式中，对选定的当前实施的主题进行模式划分，形成多个表，并确定各个表的关系模式。关系模式确定后，整理形成数据仓库关系模式说明书，其中要对各类数据采用的关系模式进行详细描述。

第四步：定义合适的数据来源，从数据仓库模型出发，结合主题的多个表的关系模式，确定符合数据仓库需要的具体数据来源，并做详细记录。

第五步：整理编写文档，将数据仓库粒度层次划分策略、数据分割策略、数据仓库关系模式和数据来源等逻辑设计内容整理编写至数据仓库模型设计说明书。

第六步：逻辑模型评审，评审通过后的逻辑模型将作为下一阶段物理模型设计的依据。

2. 物理模型设计

数据仓库物理模型设计阶段主要是将数据仓库逻辑模型转换为物理模型。数据仓库物理模型设计内容包括确定数据的存储结构、数据的索引策略、数据的存储位置等。数据仓库物理模型设计流程如下所示。

第一步：确定数据存储结构，确定数据存储结构需要考虑三个方面因素，即存取时间、存储空间利用率和维护代价、选择合适的存储结构。

第二步：确定索引策略，由于数据仓库存储数据量巨大，通过各种索引的创建，来优化和提高数据仓库的查询速度。根据数据仓库的实际应用情况，确定索引策略，并形成数据仓库索引说明书。

第三步：确定数据与索引存储位置，在物理模型设计时，可按数据的重要程度、使用频率以及对响应时间的要求进行分类，并存储在不同的存储设备中。重要程度高、经常存取并对响应时间要求高的数据存放在高速存储设备上，如硬盘；存取频率低或对存取响应时间要求低的数据则可以放在低速存储设备上，如磁盘或磁带。

第四步：确定存储分配参数，存储分配主要包括块的大小、缓冲区大小和个数等，具体的存储分配需要根据数据库管理系统提供的参数和数据仓库所需存放的数据量来最终确定。

第五步：整理编写文档，将数据仓库存储结构、索引策略、数据存放位置和存储分配等物理设计内容整理编写进数据仓库模型设计说明书。

第六步：物理模型评审，对物理模型进行评审，评审通过的物理模型将作为下一阶段开发实施的依据。

（三）DM 主题设计

数据主题梳理：通过仔细分析 W 集团各类业务系统详细说明，从中梳理出集团业务所产生和需要的主要数据并形成数据主题清单。主数据是指客户、供应商、组织机构等信息，而事务数据是指具体业务运营所产生的各种事务型数据，如设备检测数据、调度交易数据等。

数据主题域设计：根据分析整理得到的数据主题清单，并结合这些数据的特点和企业具体业务关注点即可归纳抽象出数据主题域。主题域集中反映了主题相关的所有业务内容，通常是同类或关联关系较为紧密的数据主题集合。

在进行数据主题设计时，业务人员与数据仓库建设方一起，根据核心数据类别，结合 W 集团实际情况，划分确定主要的主题域，如表 6-1 所示。

表 6-1　W 集团的主要主题域

主题域名称	主题域描述	数据类别名称	数据类别描述
财务	描述财务应用中相关的信息	总账	主要描述会计和财务信息的定义与维护、日常凭证管理、查询财务信息及财务报告等
		应付账款	主要是描述采购到支付以及费用使用情况
		应收账款	主要描述销售过程中发票和收账的相关信息
资金	描述集团资金管理过程中产生的数据	账户管理	描述账户相关信息，包括账户基本信息、信用信息等
		收款分析	描述资金收款的信息，判断资金收支的异常
		付款分析	描述资金付款的信息，判断资金收支的异常
人力资源	描述人力资源管理所涉及的相关信息	人力资源规划	使企业稳定拥有一定质量和数量的人力，实现该组织目标而拟定的一套措施
		人员招聘与配置	把优秀、合适的人招聘进企业，把合适的人放在合适的岗位中的信息
		薪酬福利	主要描述员工薪酬福利相关信息
……	……	……	……

第四节　W 集团商务大数据分析体系建设

数字 W 集团，主要通过大屏展现方式向政府、上级单位、客户以及其他来访者提供一个全面了解集团企业概况、战略、产业布局、企业文化、经营状况的窗口，旨在展现企业良好形象、经营业绩以及转型升级、数字化经营成效。

一、W 集团商务大数据分析体系构成

通过企业文化，展示树立打造"具有国际竞争力的世界一流能源企业"的宏大愿景，企业精神和核心价值观；通过关键运营指标展示集团的快速健康发展；通过地图直观展示数据空间分布情况，如投资项目分布、海外投资数据等；通过证书和荣誉资质展示 W 集团的实力。

运营分析大屏看板动态展示 W 集团整体经营指标，包括但不限于资产规模、收入利润、预算及费用、银行融资、融资结构、资金收支、资金计划、投资收益、风险地图等，形成集团总体指标走势、反映集团总体经济运行情况。

人力资源大屏看板用来分析集团员工基本信息（学历结构、年龄结构、职务人数结

构）、干部员工及任免、员工评价绩效分析、工资结构分析等方面的情况，以及对人力资源关注的合同到期续签和离退休人员安排进行智能提醒，为集团人力资源的合理发展提供输入。

智慧党建大屏看板，包括但不限于党员基本情况、党组织构成、党建工作开展、党员发展等内容。党员基本情况，展示党员总人数、学历结构、党龄结构等基本指标，以及党员变化趋势图；党建工作开展，展示党政领导班子党员大会、支委会、党课、"两学一做"等开展情况。

数据看板是通过大数据技术为集团高层服务的窗口。通过看板，为集团领导提供企业经营状况的统计报送、多维分析、关联评估、预警提醒等，同时，集团领导可针对异常状况，进行点评和关注，及时决策。

（一）数据看板构建原则

秉承"谁关心什么，谁使用什么，谁观看什么"为业务场景构建理念，为高层领导和各业务领域分管领导进行设计和分析看板，针对公司核心业务与核心资源在经营过程中的异动和问题进行动态监测及预警，在线跟踪运营状态，满足管理层对公司经营情况进行透明化管理，为管理层在经营决策、调度指挥方面提供支撑。

1. 一站式数据分析挖掘原则

数据看板所选取的分析指标是集团和二级单位领导最关心的、最能动态反映企业状况、健康度、发展趋势的总体经营指标，包括10～18个关键指标的动态显示、智能提醒，如收入利润、资金收支、预算及费用、资产规模、银行融资、债券投资、投资收益等。

2. 数据分级原则

提供集团、二级公司的经营状况综合信息检索入口，帮助领导快速了解企业经营、风险预警情况。

3. 多源数据原则

提供领导关心的，与行业特征、企业特征密切相关的关键数据指标，如投资构成与收益占比、年度投资计划完成比等。

4. 简洁易用原则

数据看板不同于具体业务数据统计与分析，需遵循"直观分析、操作简练、易用分析"的原则。

5. 凸显形象原则

数据看板的表现形式需要与企业形象、领导习惯等相结合。

（二）董事长领导看板

董事长、总经理看板是汇聚了集团经营管控核心要素与指标的综合看板，主要由关键指标分析、指标异常预警、行业对标分析、产业对标分析等内容构成。董事长领导看板主要包括以下内容。

（1）关键指标分析选择领导关心的生产经营核心指标，如通过经营目标日、月、年完成情况来分析集团经营状况，未完成的可红色预警显示。每个指标有异常可以追溯查询，可以按照板块、单位、趋势、项目、时间等维度进行分析。

（2）指标异常预警是依据指标预先设定的预警值与实际值进行比较，达到预警戒线则给予报警。报警方式包括红绿黄灯、声音、邮件等方式及时提醒领导给予关注和跟进。

（3）行业对标分析是通过获取行业对标指标的分布水平，如优秀、良好、一般、较差等，了解集团在行业内指标的表现情况。

（4）产业对标是通过对标集团不同产业板块、不同下属企业的经营发展指标，以了解不同产业板块之间的差距。

参考集团财务分析报告、经营分析报告，结合其他省管企业经营管控指标体系，形成董事长总经理关注的指标，包括但不限于以下指标（表6-2）。

表6-2　企业经营管控指标体系

编号	一级指标名称	二级指标名称
1	营业收入	
2	营业成本	
3	利润总额、净利润	
4	产品产量	
5	产品销量	
6	产品库存	
7	产品价格	
8	产品成本	总成本
		单位成本
9	经营性现金流量	
10	四金占用	存货
		应收账款
		预付账款
		其他应收
11	借款总额	长期借款
		短期借款
		其他
12	资金集中度	
13	国有资本保值增值率	
14	资产负债率	
15	利润率	
16	经济附加值	
17	从业人数	
18	人均	人均收入
		人均利润

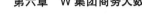

（三）分管财务领导看板

分管财务领导看板主要为 W 集团财务总监提供，综合分析集团及下属单位的财务状况、改善财务绩效、规避财务风险。财务分析看板主要从财务分析主题中提炼重要指标进行综合分析，指标包括营业收入、营业成本、利润、毛利率、资产负债率、速动比率、应收票据及应收账款、存货周转率、应收账款周转率、资金存量、资金集中度等指标。其主要分析内容包括集团总体经营状况、集团及各单位对收入和利润达成的分析，财务能力分析与财务绩效分析，资金流动性分析及资金集中度分析等。

（四）分管人力资源领导看板

分管人力领导看板为 W 集团分管人力领导提供，进行人力资源总体情况、人员结构情况的分析，为人员资源规划打基础；通过薪酬构成优化、绩效考核提升员工工作动力，提高人均产能。对关键人才进行集中管理，留住企业核心资源，并通过培训和资源开发对其他员工进行能力提升，从而为集团做出更大的贡献。搭建针对 W 集团的基于战略的人力资源规划模型、基于素质模型的潜能评价模型、基于任职资格的岗位匹配度模型、基于关键绩效指标的考核模型、基于业绩与能力的薪酬分配模型，从而达到优化人员结构，提升人员绩效。

（五）分管投融资领导看板

为分管资本投资的领导提供投融资看板分析，包括投资布局分析、投资收益分析、资金计划等内容；并对 W 集团投资的企业进行综合画像，从经济规模、经营、财务、效益等各方面进行综合分析，及时掌握被投企业的经营状况和健康度。

（六）综合运营指挥看板

通过综合运营指挥看板，可支撑集团每周/月度/半年/年度的运营分析会的召开，直观地揭示、分析、解决问题。将集团领导重点关注的内外部数据，在会上集中分析，形成上下一盘棋，统一调度指挥。

二、大数据分析主题

W 集团经营管理分析主题通过不同的分析指标和内容，实现各类数据的多维度、关联分析，并辅以智能化的挖掘分析，为决策层、管理层和职能部门提供专业化的决策数据支持。

（一）经营管理

财务分析主要为集团财务管理人员分析企业财务状况、预算执行情况、资金计划与执行情况进行全面分析，主要包括：预算及费用分析、收入利润分析、资产规模分析，其中预算分析融合到各分析主题中进行各项指标的预算完成分析。

其中，财务分析指标体系如图 6-8 所示。

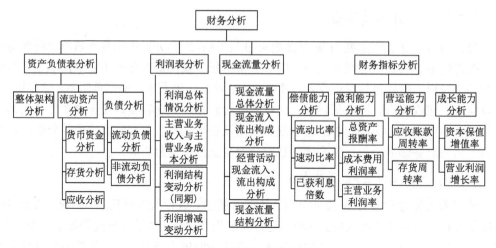

图 6-8　财务分析指标体系

1. 财务综合分析

财务综合分析主要是选取财务报表分析和财务能力分析中有限的重要指标进行综合分析，主要指标包括营业收入、营业成本、利润、资产负债率、速动比率、应收票据及应收账款、存货周转率、应收账款周转率。

2. 财务报表

1）资产负债表分析

资产负债表的分析中主要包含了资产负债表中主要指标分析和报表结构分析。资产负债表是反映企业在一定时期的财务状况的会计报表，通过对资产负债表的分析我们可以了解企业的资产与负债构成及状况。可以通过对资产负债表项目金额及其相关比率的分析，帮助报表使用者全面了解企业的资产状况、盈利能力，分析企业的债务偿还能力，从而为未来的经济决策提供参考信息。

流动资产分析包括货币资金分析、存货分析、应收分析。

（1）货币资金分析：从货币资金的结存量和货币资金周转率两个方面进行分析，评价企业的支付能力和使用效率。

（2）存货分析：对现有库存进行分析，直观地为领导展现企业目前存货占比情况，防止企业存货在流动资产中占比过高影响企业资金流动性，降低盈利能力增加经营成本。

（3）应收分析：应收分析包括应收账款、应收票据等方面的分析，通过对应收分析可以了解到企业应收在流动资产中的占用情况，防止应收占比过高导致企业资金周转不足甚至遭受坏账损失的风险。

负债分析通过对负债结构分析，判断企业负债的主要来源、偿还期限，进而揭示企业抵抗破产风险的能力和融资能力。对企业进行负债结构的财务分析，了解各项负债的性质和数额。

（1）流动负债分析：如果一个企业的流动负债构成比重越大，则企业偿还债务的压力越大，公司领导可以通过分析流动负债占负债总额比重是否合理，了解企业是否存在债务风险。

（2）非流动负债分析：非流动负债占负债总额比重的高低反映了企业借入资金成本的高低和筹措非流动负债成本的水平。企业在经营过程中借助外来长期资金的程度越高，相应地企业偿债压力也就越大。

2）利润表分析

利润表分析是分析企业如何组织收入、控制成本费用支出来实现盈利的能力，评价企业的经营成果。通过对利润表的水平分析，从利润的形成角度，反映利润额的变动情况，揭示企业在利润形成过程中的管理业绩及存在的问题。

（1）主营业务收入与主营业务成本分析，可以分析营业收入与营业成本的变动情况，了解企业经营现状，深层次地分析影响收入的因素，较为具体地把握公司获利能力高低的原因。

（2）利润结构变动分析，主要是在对利润表进行垂直分析的基础上，揭示各项利润及成本费用与收入的关系，以反映企业的各环节的利润构成、利润及成本费用水平。

（3）利润增减变动分析，通过与去年同期、近期的对比分析，了解利润的增减变动情况，直观地反映企业的经营情况与收益。

3）现金流量分析

根据业务现状流动性差、资金归集需要进一步加强、集团关注三张表等方面，对现金流量表进行规划分析，主要通过现金流量指标、现金流量表结构进行分析，体现现金流的现状、变化。可以将现金流量表分成以下主题进行分析。

（1）现金流量总体分析主要是对现金流量表主要指标进行分析，通过指标分析可以对获取现金的能力做出评价、对偿债能力做出评价、对收益的质量做出评价、对投资活动和筹资活动做出评价，了解集团及各单位整体的现金流状况，为领导决策、业务人员优化现金流方向提供支持。

（2）现金流入流出构成分析包括对经营现金流、投资、筹资三个方面进行分析，通过占比、同比、增减额来分析集团及各单位现金流现状、变化趋势及流入流出主要途径。

（3）经营活动现金流入、流出构成分析主要是针对经营活动现金流流入、流出进行占比、同比、增减额的分析，揭示集团及各单位经营现金流的现状、变化趋势及流入流出主要途径。

（4）现金流量结构分析主要包括对经营活动、投资活动、筹资活动三个方面进行结构分析，同一时期现金流量表中不同项目间的比较与分析，分析企业现金流入的主要来源和现金流出的方向，并评价现金流入流出对净现金流量的影响。

4）财务指标分析

财务指标分析主要是对重要财务评价指标进行详细分析，结合W集团目前销售收入完成较好，但是净利润增长率较行业比还有很大的提升空间等的现状，财务指标分析内容主要从四个主题方面进行建设。

a. 偿债能力分析

偿债能力分析主要分析指标有：流动比率、速动比率、已获利息倍数等。

流动比率用来衡量企业流动资产在短期债务到期以前，可以变为现金用于偿还负债的能力，比率越高，说明企业资产的变现能力越强，短期偿债能力亦越强，反之则弱。领导可依据界面中展现的流动比率指标分析情况判断企业的偿债能力，随时地了解企业的现状，快速做出正确的决策。

速动比率的高低能直接反映企业短期偿债能力的强弱。公司领导根据对速动比率分析的结果进而了解公司的短期偿债能力，提前对可能风险做出应对措施。

已获利息倍数是指公司息税前利润相对于所需支付债务利息的倍数，可用来分析公司在一定盈利水平下支付债务利息的能力。这个比率越高说明偿债能力越强。

b. 盈利能力分析

盈利能力分析主要分析指标有毛利率、净资产收益率、总资产报酬率、成本费用利润率、主营业务利润率等，其中重点关注后三个指标。

总资产报酬率表示企业包括净资产和负债在内的全部资产的总体获利能力，用以评价企业运用全部资产的总体获利能力，是评价企业资产运营效益的重要指标。

成本费用利润率指标表明每付出一元成本费用可获得多少利润，体现了经营耗费所带来的经营成果。该项指标越高，利润就越大，反映企业的经济效益越好。

主营业务利润率指企业一定时期主营业务利润同主营业务收入净额的比率。它表明企业每单位主营业务收入能带来多少主营业务利润，反映了企业主营业务的获利能力，是评价企业经营效益的主要指标。

c. 营运能力分析

营运能力分析主要指标有应收账款周转率、存货周转率等。

应收账款周转率指企业在一定时期内赊销净收入与平均应收账款余额之比。它是衡量企业应收账款周转速度及管理效率的指标。应收账款周转率高，表明收账迅速，账龄较短；资产流动性强，短期偿债能力强；可以减少坏账损失等。

存货周转率不仅可以用来衡量企业生产经营各环节中存货运营效率，而且还被用来评价企业的经营业绩，反映企业的绩效。

d. 成长能力分析

成长能力分析主要分析指标有资本保值增值率、营业利润增长率等。

资本保值增值率是指企业年末所有者权益扣除客观增减因素后同年初所有者权益的比率。该指标表示企业当年资本在企业自身的努力下的实际增减变动情况，是评价企业财务效益状况的辅助指标，反映了投资者投入企业资本的保全性和增长性，该指标越高，表明企业的资本保全状况越好，所有者权益增长越快，债权人的债务越有保障，企业发展后劲越强。

营业利润增长率是指企业本年营业利润增长额与上年营业利润总额的比率，它反映了企业营业利润的增减变动情况。营业利润率越高，说明企业百元商品销售额提供的营业利润越多，企业的盈利能力越强；反之，此比率越低，说明企业盈利能力越弱。

通过搭建财务指标分析页面，设计各指标分析模型，将各类的财务指标分析结果快速、直观地展现给公司领导，领导可以根据分析结果了解公司财务和经营情况，及时地发现公司存在的问题，同时可根据每个指标的分析结果，查到问题症结所在，快速正确地做出决策。

（二）资金分析

资金分析重点围绕资金管理的"两个存量"（资金存量和融资存量）和"一个变量"（现金流，主要围绕资金流向收支结构和经营活动因素分析）开展，并对资金账户、担保、结算、计划等进行主题分析。资金分析指标体系如图 6-9 所示。

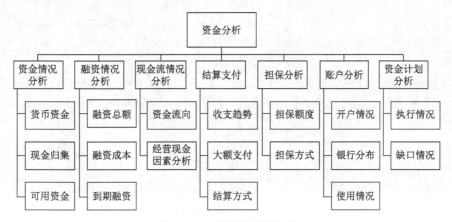

图 6-9　资金分析指标体系

资金整体分析效果示例如图 6-10 所示。

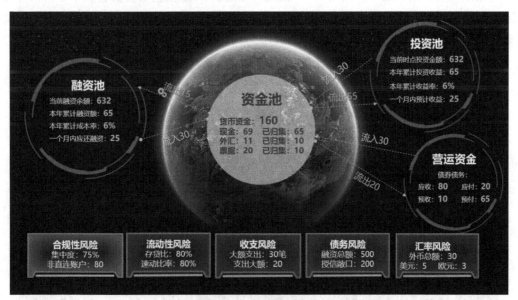

图 6-10　资金整体分析效果

资金分析内容构成如下。

1. 资金情况分析

及时掌握集团的资金和票据情况，资金监控、变动趋势、外币汇兑风险；归集情况分析，有利于盘活存量、资源调剂政策的制定，提高执行效率和业务协同。效果示例如图 6-11 所示。

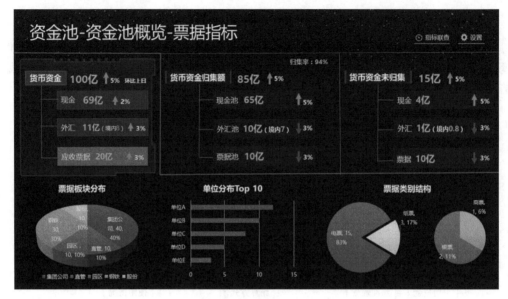

图 6-11　资金情况分析

2. 融资情况分析

集团长期以来存在"负债高""利息重"的现状，融资情况分析有利于了解内外部融资现状，融资方式、融资额度、融资成本，有利于有息负债的管理政策的制定，融资成本比较，融资方式的调整。效果示例如图 6-12 所示。

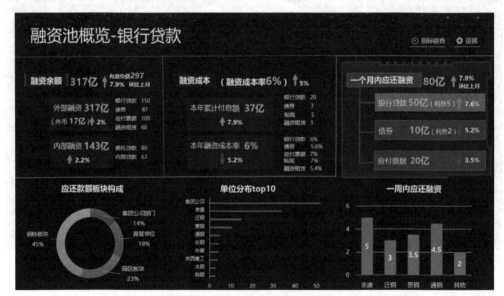

图 6-12　融资情况分析

3. 现金流情况分析

针对"流动性差"的问题，可以重点对经营现金流因素进行分析，对影响实现本期利润的因素进行全面揭示，如存货的变动影响，财务费用变动影响；从关键指标的变动中发现对利润的影响因素，对重点单位进行趋势跟踪，从财务指标的变化回看管理效果。

4.结算支付

通过对结算支付情况中大额监控、支付流向、支付趋势、支付类型进行分类列示；掌握大额支付情况，围绕结算支付相关业务及过程，对结算支付情况进行了解。

5.担保分析

对担保方式、担保单位、担保性质、使用方式、担保人、担保比例等进行分析；掌握成员单位担保情况，进行风险管理，制定相应管理制度。

6.账户分析

分析开户情况、银行分布、使用情况；加强集团资金集中管控，防范财务风险，提示长期不用账户，促进账户管理水平提高。

7.资金计划分析

分析月度资金计划的执行情况，缺口情况；规范各单位制订计划的严谨性与可执行度，合理筹措、调配资金。

（三）人力分析

人力分析包括劳动力情况分析、人力成本情况分析、人才持续竞争力分析、人力运营分析、人员运营分析等，将从人力资源总量、分布、年龄、学历、专业、技术等级、人才储备、能力、薪酬、编制等维度建立人力分析体系，揭示用人成本和用人绩效、贡献。人力分析体系如图6-13所示。

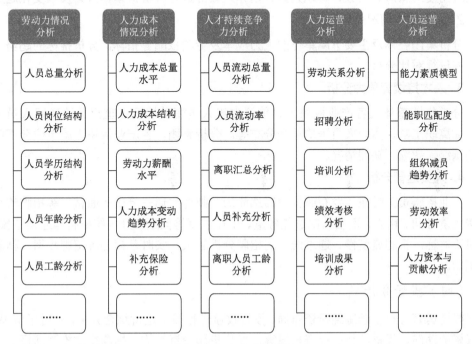

图6-13　人力分析体系

从不同的分析维度、分析量度、分析方法、统计参数等角度为切入点，对人力资源数据进行多维分析，如图 6-14 所示。

图 6-14　人力资源数据多维分析

人力分析内容构成与主要指标如下。

1. 劳动力情况分析

从集团、产业板块等角度对人员总数进行分析，了解各板块、企业的从业人数及在岗职工数。从年龄、性别、学历、政治面貌、岗位等角度对集团内所有在职人员进行分析，以了解公司内部的人力资源结构，为引进人才、提拔管理干部提供依据。从集团、板块等角度对新入职人数、离职人数、退休人数等进行分析，掌握人力发展变化趋势。

2. 人力成本情况分析

分析集团整体及主要下属单位的人力成本及劳动报酬等指标，分析指标的趋势、构成，并进行对比分析。

3. 人才持续竞争力分析

分析集团整体及各产业板块下属单位本年人员变动情况；重点关注离职人员的构成，如离职工龄、离职人员平均业绩分布等。分析集团、各产业板块下属单位分部门编制的满编、超编、缺编情况。

4. 人员运营分析

企业招聘员工时在"发布职位－筛选简历－邮件沟通－笔试－面试"等招聘流程上耗费大量时间、精力，面临着筛选任务重、工作重复等问题，且传统招聘沟通渠道狭窄，信息不对称，招聘速度慢。通过统一的招聘分析看板，实时掌握各种招聘数据，精准快速招聘。

（四）投资分析

投资运营分析主题围绕投资布局、投资收益进行投资运营综合分析，及时了解 W 集团投资的动向、投资结构、投资规模等，优化集团投资结构，提高集团投资回报率。围绕被投企业进行综合画像，从经济规模、经营、财务、效益等各方面进行综合分析，让

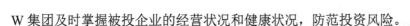

W集团及时掌握被投企业的经营状况和健康状况，防范投资风险。

具体来说，可以分析总投资额、总体投资进度、各板块投资额、投资构成等；重点分析投资成本以及在投项目的投资进度，计划有无异常等；提供投资综合查询、多维分析服务，满足领导业务人员灵活查询、多维分析的需要等。

（五）风险分析

按照"业务指标优先、共性指标优先、可获取指标优先、月度指标优先"的原则科学地制定风险管理指标，提供直观的指标预警功能，主动提示风险，实现及时动态风险管控。优化资产负债管理结构，对投资与融资进行合理布局，减少由期限错配造成的流动性风险。

（六）党群分析

以"全面从严治党"为核心，从党风、党纪、党建三个方面着手，打造宣传教育、两个责任、效能监察、组织管理于一体的展示平台，助力企业构建"阳光明亮、活力充沛、效能优异、廉洁自律"阳光党建。

阳光党建分析内容主要包括：组织机构和党员分布、三会一课和两学一做。

（1）组织机构和党员分布：直观展示各党支部的构成，点击每个党支部可以清楚地看到该党支部下正式党员和预备党员分布，以及党员的年龄构成。

（2）三会一课：直观展示每个党支部定期学习和研讨的参会人员，组织学习的时间和次数。

（3）两学一做：展示各党支部定期开展两学一做的活动，及时做好跟踪和宣传工作。

三、移动分析

通过移动分析工具，可以将企业的各类经营数据以移动App、微信公众号等方式快速推送给领导，让企业领导实时获取信息化成果，实现数字化、精细化企业运营管控。移动分析在新时代成为企业领导看数、用数的利器，让领导实时掌握企业动态，随时随地精准决策。

移动端分析应用因使用方便、效率高，得到了企业领导的欢迎与认可。它具有以下显著特点。

（1）随时随地为领导提供所需的决策信息。通过整合企业内部各个业务系统数据，建立集团经营总况、集团考核、预警分析、预测分析等分析主题，为企业领导随时随地提供高效、及时、高质量的决策信息。

（2）多维度组合分析结果一张图呈现。移动分析满足用户多维度多主题展示在一张图上的要求，让企业领导在一个页面不用跳转就可以查看到所需要的信息。

（3）高颜值可视化快速抓取关键信息。提供完美的视觉体验，支持橘、蓝、红等多种皮肤风格。支持图形、表格自由组合展示，满足用户个性化查询的需求。通过不同的颜色渲染效果帮助用户迅速抓取关键信息。

第五节　W集团大数据决策支撑平台介绍

一、数据采集平台

浪潮 Udata 爬数工具主要由三部分组成：URL 管理器用于对需要爬取的 URL 和已经爬取过的 URL 进行管理；HTML 下载器将 URL 管理器中对应的 URL 网页进行下载，存为字符串，然后将字符串传给网页解析器解析；HTML 解析器一方面会解析出有价值的数据，另一方面，由于每一个页面都有很多指向其他页面的网页，这些 URL 被解析出来之后，可以补充进 URL 管理器，以备之后爬取。浪潮 Udata 爬数工具通过以上三部分的配合，可以完成对互联网信息的抽取，并为后续的数据解析提供基础。

二、数据管理平台

浪潮 DMP 数据管理工具主要功能如下。

（1）对各个系统的数据进行有效的分析整理。从数据源抽取出所需的数据，经过清洗整理，最终按照预先定义好的数据管理模型，将数据加载到数据管理仓库中去。

（2）利用数据管理平台整合资源、规范应用。从业务管理的本质出发，抽象出所需数据的集合，将各个应用系统中异构的信息资源整合在一起，并通过合理的应用分布，减轻核心业务系统的压力。以数据管理平台系统软件为基础，高效、可靠地抽取和筛选各个应用系统的有价值数据，同时指导和规范数据分析系统的开发和应用，实现信息资源的最大增值。

（3）具有多种数据源，采用多种方法全量采集，贯穿用户使用产品的整个生命周期；提高了数据采集的时效性，从而提高后续数据应用的时效性；支持大规模数据集成，成本比传统方式低，数据聚合清洗的效率巨大；充分考虑用户规模与数据规模的增长，做好数据资产积累的准备；提供简单易用的用户体验，零代码建立传输任务，降低企业用户使用门槛等。

三、大数据可视化分析平台

（一）报表工具

报表模块是数据仓库分析应用层的重要组成部分，是运行在 Internet 环境下的通用报表系统。报表模块主要是用于编制数据仓库系统中所使用的固定报表，如企业系统中的报表、销售报表等。预定义报表系统从数据集市中获取所需数据，对获取的源数据进行处理，生成报表的各项指标，并集成到信息门户当中，用户可以从 Web 页面直接调用报表，查看报表。

报表模块主要包括创建报表、设计报表格式、定义报表公式、报表数据处理、报表打印以及图文并茂的报表分析功能，另外，系统还提供了强大的格式、公式、数据的保护功能。使用这些功能完全可以满足编制各种会计报表和操作权限控制的要求。

使用报表工具，实现企业级报表制作、汇总、合并和分析，能够完成各种周期（年、季、月、日、实时）、各种格式（固定、行变动、列变动、行列均变动）、各种业务的报表制作，并能对报表进行趋势、构成、追溯等分析。

（二）万能查询

万能查询模块使用特定的客户端链接到数据集市，针对关心的指标进行查询，然后根据查询的结果，随时调整查询方法。万能查询可以完成业务逻辑到数据库结构映射层，最终用户无须了解底层的数据库，只需按业务逻辑规则即可快速简洁地定义查询需求，系统自动完成连接操作、条件定义等复杂的 SQL 定义操作。

■　友好的用户操作界面，查询提供向导式操作界面，通过简单的鼠标操作，完成对图形查询生成器操作，方便用户操作。

■　联查钻取功能，查询报表之间支持联查钻取，通过鼠标的点击，实现数据的明细查询，钻取数据之间的关联关系。

■　支持多种异构数据源取数，可以同时连接多数据源，甚至异构数据源，从而使系统能够很好地应用在复杂环境中。

■　查询结果支持多种导出方式，用户查询的结果可导出为 Excel 等保存。

■　支持离线报表应用，将查询结果导出为包含数据的离线包，用户可在离线情况下查看报表数据，进行交互式报表分析。

■　支持查询数据过滤功能，用户在查询报表界面，即可通过鼠标进行数据过滤。

（三）Web 仪表

Web 仪表是浪潮大数据在新 Web 平台框架基础上开发的工具软件，基于最新的 HTML5 技术开发，快速实现用户查询报表的需求，如图 6-15 所示。使用此工具，用户可以查询出在不同约束条件自己所关心的特定数据；同时 Web 仪表能提供强大的报表制作和图形展示功能，能够制作/展示多种形式的报表。

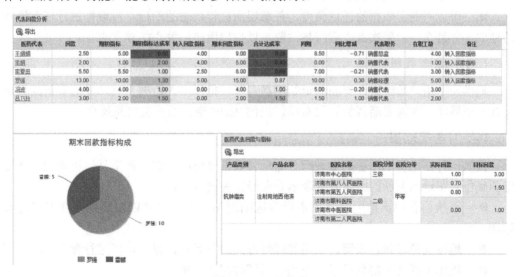

图 6-15　Web 仪表

■ 友好的用户操作界面，通过简单的鼠标操作，完成报表数据分析的功能，方便用户操作。

■ 具有多样化的图形展示：面积图、横条图、饼图、多级圆饼图、柱图、线图、双 Y 轴图、雷达图、泡泡图、联合图、红绿灯、瀑布图、股票图等。

■ 支持钻取联查功能，联查类型包括图表联查、图形联查等。

■ 支持对图形上的标记点进行更加细致的描述，如达成率超过 100%的，可增加特殊标记符号。

■ 支持图形增加标记线/标准线，如增加销售额标准预警线，以衡量每月达成情况。

■ 采用部件方式进行布局，用户能更加方便地进行图形化的组合。

■ 图表数据支持对每列数据设置红绿灯/背景色。

（四）指标工具

指标工具是浪潮商业分析系统的重要组成部分，灵活简单的设置，丰富完善的功能，适用于煤炭企业对集团及下属公司的财务指标监控与分析。指标工具包括指标初始设置（量度、维度、指标体系等初始数据定义）、各种指标查询分析（普通指标分析、多维指标分析等）以及自动预警（支持自定义标准值和预警值）等功能，能够完成煤炭企业的各种财务指标的分析、预警及决策支持。

（五）多维分析

提供一个交互式多维分析工具，可以满足最终用户基于数据仓库的分析定制需求。用户可以利用此工具进行 Cube 数据的展现，切片、切块旋转分析，并能图表联动。

■ 提供强大的 OLAP 分析处理能力，支持多维数据模型。

■ 支持多线程体系结构，支持更快的响应时间和性能、更多的并发用户。

■ 多维分析模型支持数据小计、分组小计等功能。

■ 多维分析的数据模型，容易实现字段之间的运算功能。

■ 可以对业务数据的任意角度、任意层面进行动态的剖析，对数据进行任意层次的钻取，并且在同一层次上进行跨越钻取，以找出用户所关心的异常点。

（六）综合展板

提供一个用户最终组合界面的定制工具，可以把以上大数据工具形成的分析结果组合在一个界面，并能灵活调整界面布局，提供 Portal 形式的关键信息展现。

（七）电子地图

提供一种在电子地图基础上进行企业运营数据分析展示的一种工具，可直观地通过地图底色、跟地图关联的图表方式表示企业经营关键数据。

■ 系统内置中国地图及各省市行政区的地图，用户也可以根据需要开发自定义地图。

■ 地图支持背景色设置，采用红绿灯方式的背景色设置，可以进行预警。

■ 地图支持文字信息显示，对当前区域数据进行描述。

■ 地图支持对于区域信息图形化标记，如彩旗。

- 地图支持钻取联查功能。
- 支持与第三方地图集成。

（八）智能报告

智能报告是浪潮商务智能的一个工具，提供一个 Word 报告定义的工具，可以满足最终用户完成经营报告等功能的定制需求。用户可利用此功能扩展报告模板，系统自动生成分析报告，报告的内容包括图表、关键数据和对运行情况的常规分析。

第六节　W 集团商务大数据应用价值

一、管理价值

搭建商务大数据应用，实现 W 集团的经营管理从信息化向数字化转变，通过实时的数据获取与挖掘分析，实现业务过程管控和经营结果掌控。通过商务大数据应用，实现如下核心管控和决策能力提升。

（1）投资过程动态掌控。通过全面采集储备项目、在投项目、已投项目的整体数据，并将数据结构化、标准化，形成可横向、纵向进行多维分析和展现的指标与主题，实现对投资类业务投前、投中、投后的全过程动态监控。同时，通过采集外部数据，实现对拟投和在投业务的行业发展趋势预测、政策解读、标杆企业对标等。有效辅助投资业务决策。实现投资有进有退，进退有据。

（2）资金动态一目了然。整合银行授信数据、融资数据、债权投资数据、资金头寸数据。形成直观分析主题，采集并分析金融政策及金融市场动态，让高层实时掌控当前融资能力和效率、资金成本以及预测未来一定期间融资能力、资金成本等数据，为投资业务提供资金维度的决策支持依据。

（3）风险预先识别和防控。梳理并固化投资业务、资金业务、外部市场、内部管理和运营、法务相关领域的风险指标，根据平台采集数据，动态识别、分析、预测风险，为高层应对风险提供数据支持。

二、应用价值

（1）建立统一的数据中心，统一数据标准。通过商务大数据应用的建设将 ERP 数据、填报数据、外部数据等进行采集汇总，形成集团数据中心。以数据中心为基础，在建设过程中对数据仓库提出标准化规范，以应对系统扩展需求。

（2）通过搭建指标体系和分析体系，将数据分析流程化、标准化。历史数据有据可查，执行回顾方便快捷。

（3）打破信息孤岛，实现数据共享。实现集团数据的统一汇总；可对详情数据进行"钻取"，层层穿透。满足领导随时查看整体或明细数据，了解集团或下属各单位的经营情况的需求，提高决策的时效性、及时性。实现纵向贯通，横向协同，在组织间形成更多的协同和集成。从用户层面，可实现不同层级参与者的数据应用，实现数据共享，解决信息孤岛问题。

（4）优化数据分析体系，面向多层级提供多样数据服务。建设集团统一的数据分析系统，将集团整体数据整合到一个分析平台，从数据中客观反映业务问题，提示业务部门及时拿出解决方案，使得数据分析有效果、解决方案能落地、领导检查有目标。系统规划建设集团统一的财务分析、人力分析、投资分析等各个主题，并对领导关注的投资、资金来源、资金成本、风险等问题进行专题分析，找出短板，重点突破。

通过仪表盘、自助分析、智能报告等信息化分析工具的使用，改变数据分析的方式，提高数据分析的工作效率；通过设置合理的权限，可以将系统的分析页面内容提供给相应人员，并对关键数据控制查看范围。搭建集团看板，为集团高层领导提供"一站式"信息查询服务；通过分析中心、自助分析、报表查询提供给基层管理人员更多的分析工具。

（5）依托系统分析平台，提供可视化展现。通过分析平台专业的模型和构建工具结合集团领导的管理需求，搭建企业各类分析主题的分析模型，形成专题分析应用，为相关的分析人员提供各种分析工具。大部分数据从系统自动提取，提高了数据准确性和工作效率；分析展示方式灵活多样，为数据分析人员工作能力提升创造了空间。对数据进行各类图形化的展示，使数据更易于理解，数据反映的规律一目了然，分析指标的对比、差异、预测能够直观展示。

思考与练习

1. W 集团商务大数据应用建设成效。
2. W 集团商务大数据应用建设经验。

参 考 文 献

陈敏，张东，张引，等.2015. 大数据浪潮——大数据整体解决方案及关键技术探索[M]. 武汉：华中科
　　技大学出版社.

冯登国，等.2018. 大数据安全与隐私保护[M]. 北京：清华大学出版社.

何克晶，阳义男.2017. 大数据前沿技术与应用[M]. 广州：华南理工大学出版社.

蒋学勤.2017. 大数据创造商业价值案例分析[M]. 成都：电子科技大学出版社.

李学龙，龚海刚.2015. 大数据系统综述[J]. 中国科学：信息科学，45（1）：1-44.

潘云鹤，宗宇伟，张绍华，等.2018. 大数据产业发展总体战略研究[M]. 上海：上海科学技术出版社.

王黎明，陈颖，杨楠.2008. 应用回归分析[M]. 上海：复旦大学出版社.

王震，周颖，黄赪东，等.2019. 面向大数据应用的区块链解决方案综述[J]. 计算机科学，46（S1）：
　　6-10.

辛阳，刘治，朱洪亮，等.2018. 大数据技术原理与实践[M]. 北京：北京邮电大学出版社.

徐晋.2014. 大数据经济学[M]. 上海：上海交通大学出版社.

张克平，陈曙东.2017. 大数据与智慧社会：数据驱动变革、构建未来世界[M]. 北京：人民邮电出版社.

赵守香，唐胡鑫，熊海涛.2015. 大数据分析与应用. 北京：航空工业出版社.

中国互联网协会.2021. 中国互联网发展报告（2021）[M]. 北京：电子工业出版社.

朱扬勇.2018. 大数据资源[M]. 上海：上海科学技术出版社.